Günter Gaus
Kein einig Vaterland

Günter Gaus
Kein einig Vaterland

Texte von 1991 bis 1998

Mit einem Vorwort von Friedrich Schorlemmer
und einem Gespräch mit Daniela Dahn

edition ost

ISBN 3-932180-63-1
© *edition ost, Berlin 1998*
Alle Nachdrucke sowie Verwertung in Film, Funk
und Fernsehen und auf jeder Art von Bild-, Wort-
und Tonträgern honorar- und genehmigungspflichtig.
Alle Rechte Günter Gaus vorbehalten.
Einbandgestaltung: Rudolf Grüttner
Titelfoto: Ullstein Bilderdienst;
Leipziger Montags-Demo am 11. Dezember 1989
Druck: Druckerei zu Altenburg GmbH

Die Deutsche Bibliothek – CIP-Einheitsaufnahme
Gaus, Günter: Kein einig Vaterland : Analyse und Kritik /
Günter Gaus. – Berlin : edition ost 1998
ISBN 3-932180-63-1

Der traut sich was!
Vorbemerkungen zu einem bemerkenswerten Buch

Der Adrenalinspiegel geht sprunghaft hoch: aus Begeisterung! (Endlich sagt's mal einer so deutlich!«) Oder aus Verärgerung. (»Das ist spalterischer Schwachsinn!«) Günter Gaus sagt wenigstens, was schiefläuft und warum. Er sieht, wo es schmerzt. Er benennt den wunden Punkt, die wunden Punkte, wo zuviele schönredend darüber hinweggehen, während die anderen nur verbittert schweigen oder larmoyant jammern. Dort setzt er seine spitze Feder an, seine spitze Zunge ein. Und er weiß genau, wovon er redet, auch wenn man nicht allem zustimmen muß, was er sagt. Er läßt jedenfalls keine Ausflüchte zu.

Inzwischen gilt die Regel: Wer heute überhaupt noch gehört werden will, muß zuspitzen, in der Sprache und in der Sache. Und wer sich nicht wehrt, der spielt sowieso keine Rolle mehr. So setzt Gaus sich als ein ausgewiesener Westdeutscher für die Belange der Ostdeutschen ein, die längst resigniert, zu leise geworden oder auch mundtot gemacht worden sind. Welche Chancen hat man denn angesichts der westdeutschen Deutungsmacht über Vergangenheit und Gegenwart deutscher Teilung und Vereinigung?

Hier schreibt einer mit besonderer Liebe zu den Menschen aus der DDR, mit der Bereitschaft, sie zu verstehen, ihnen sogar ihre Irrtümer und Anpassungsleistungen nicht zum Vorwurf zu machen. Das hängt eng mit seinem Menschenbild zusammen, daß er bei fast jedem seiner Interviews durchblicken läßt. Er kann die Stärke des Menschen darin sehen, daß er sich seinen Schwächen zu stellen vermag. Das ist nicht zuletzt darin begründet, daß auch Gaus seine eigenen Schwächen kennt, ja mutig genug ist, sie zu benennen. Er kann sich vorstellen, wie es Menschen in der DDR, in dieser alternativlosen Gesellschaft ergangen ist. Gaus will jedenfalls andere Menschen in ihrem krummen und gekrümmten Lebensweg respektieren. Er sieht die Aufgabe im vereinten Deutschland darin, daß wir nun miteinander einen aufrechteren und geraderen Weg gehen, ohne daß sich jemand moralisch steif macht oder den ganz geraden und »sauberen« Weg vorzuschreiben sich anheischig machen sollte; dies ist die pure Ideologie, die zur puren Verlogenheit führt – damals wie heute. Andererseits kann solche »gnädige« Beurteilung zur Selbstrechtfertigung jedweden Opportunismus, jeder noch so schäbigen Anpassungsleistung und jeder noch so verblendeten Haltung oder Handlung führen; Gaus ist vor manchem seiner Bewunderer zu warnen.

Wenn Gaus über die DDR und die Menschen in diesem östlichen Teil des geteilten Landes spricht, dann geht er gar das Wagnis solcher mißbräuchlichen (Selbst-)Entschuldigung ein.

Gleichzeitig kann er ganz unerbittlich sein. Wenn Gaus spricht, strömt alles Blut in den Kopf. Er legt ihn ein wenig zur Seite und schaut seinen Gegenüber oder sein Publikum genau an. Diesen Gestus spürt man noch beim Lesen seiner Reden und Aufsätze, seiner Analysen und Kritiken von 1991 bis 1998. Kompromißlos kann er sein, der er den Kompromiß für moralisch gerechtfertigt ansieht. Radikal kann er fragen, aber er ist allem Radikalen feind.

Da er lange schon kein Amt mehr hat, muß er auch nicht Rücksicht nehmen. Er kann fragend Schneisen schneiden und die verteidigen, die systematisch stumm gemacht worden sind. Er, der typisch Westdeutsche, der vor seiner Funktion als »Ständiger Vertreter« die DDR nicht kannte, weil er eben keinerlei Verwandte, also keine Gelegenheit hatte, in die DDR zu kommen, kam als Bundesdeutscher nach Ostberlin, machte sich aber offen in dem geschlossenen Land, sah nicht über den Mief hinweg, half einzelnen Bedrängten, rauszukommen.

Er versuchte, im Zusammenhang der Entspannungspolitik behutsam die Fenster zu öffnen. Aus einem scharfsinnigen SPIEGEL-Journalisten wurde ein politscher Diplomat, der genau wußte, wo die Schwachstellen, wo die Empfindlichkeiten der anderen Seite waren.

Doch auch die Stärken suchte er, die dieses Land und seine Menschen trotz allem hatten. Er versammelte von Anfang an besonders diejenigen um sich, die in diesem ummauerten Land anderes und mehr wollten, nämlich Gerechtigkeit und Freiheit zugleich. Gaus wollte wirklich Ent-Spannung. Er wollte und will wirklich das Zusammenkommen der Deutschen. Behutsam, aufrichtig, ohne Rechthaberei. Er traut sich zu übertreiben, weil die anderen untertreiben. Er verteidigt Ostdeutsche in dem Maße, wie sie abgeurteilt werden und ist dabei doch ganz und gar kein Ostalgiker. Was er will, ist Differenzierung. Die Reihe »Zur Person« hat auch ihn geprägt, im Reflex auf seine Partner/innen.

Ich will nicht verschweigen, daß ich heftigen Streit mit Günter Gaus noch im Frühjahr 1989 hatte, als ich – gewissermaßen noch auf exterritorialem Gebiet, nämlich im Berliner Devisenhotel Metropol – mit ihm und Marlies Menge zu einem Frühstück verabredet war.

Mir war sein wohlwollend-verständnisvolles Verhalten gegenüber den Zwängen der DDR-Führung und ihrer hartnäckigen Perestroika-Verweigerung nicht nur zu weitgehend, sondern sehr befremdlich, weil da einer sprach, der in diesem eingemauerten Lande (seit dem 13. August 1961) mit Atemnot nicht 28 Jahre hatte leben müssen. Meine Geduld war zu Ende, zumal die Ausrede nicht mehr galt, Moskau ließe keine Öffnung zu.

Seine Motive waren mir verständlich, nur seine Perspektive so »politisch«, daß sie beim einzelnen Menschen, der hier die Schnauze mit guten Gründen voll hatte, nicht mehr ankam. Schließlich war die Perspektive dieses ehemaligen hochverdienstvollen Ständigen Vertreters in der Hannoverschen Straße doch eine der Priviligierten geblieben – sowohl der Gesprächspartner auf Staatsseite, in der eben auch nicht alle Idioten waren, und andererseits der abwechselnd gehätschelten und geohrfeigten DDR-Intellektuellen.

Ich erwähne dies, weil ich in den letzten neun Jahren erleben mußte, wie tief ein antikommunistisches Gedankengut in der Bundesrepublik Deutschland verwurzelt ist – völlig unabhängig davon, ob es stalinistische Kommunisten noch gibt. In der DDR hat es größere und kleinere Funktionäre gegeben, die wahrlich zum Fürchten waren, selbst wenn sie alles, was sie taten, natürlich in bester Absicht taten. Für den Frieden zumal. Gerade deshalb waren sie so und so öd.

Jetzt erlebe ich, wie sich der mediale Mainstream als Deutungsmacht über die Geschichte der DDR so legt, daß frühere Gegner des Systems beinahe unmerklich mehr an der DDR verteidigen als verteidigenswert war, einfach, weil sie die Arroganz und Tadellosigkeit der »Sieger« nicht akzeptieren wollen, und andererseits ihre eigene Würde behalten wollen. Das bleibt eine Gratwanderung in einem Land, in dem vierzig Jahre lang ein Gemisch aus Angst und Überzeugung, Opportunismus und Fanatismus, verlogener Doppelzüngigkeit und bornierter Eingleisigkeit, vorauseilendem Gehorsam und überzeugter Beflissenheit vor den Mächtigen, aus romatischem Glückliche-Zukunft-Pathos und kaltschnäuzigstdümmlichster Machtanmaßung herrschte.

Also, auch ich grüße jetzt die hier aufgestellten Geßlerhüte in dem Wunsche, daß niemand mich mißverstehen möge, der mit Erstaunen vernehmen mag, wie sehr ich dieses Buch von Günter Gaus goutiere.

»Das Maß an Freiheit einer Gesellschaft (kann man) zuverlässig daran ablesen, wieviele Lippenbekenntnisse zum Herrschenden oder wenigstens Vorherrschenden der einzelne ablegen muß, damit er nicht zu seinem Nachteil auffällig wird.« Diese Erkenntnis durchzieht die Aufsätze, Reden und Vorträge von Günter Gaus, der sehr provokativ seine These entfaltet, daß die »Vereinigung der beiden deutschen Nachkriegsgesellschaften mißglückt ist«. Eine Mischung von Selbsttäuschungen, Irrtümern, konzeptioneller Kurzatmigkeit hat den Anschluß des armen deutschen Staates an den reichen begleitet.

Günter Gaus nimmt nie ein Blatt vor den Mund. Nach der Vereinigung schon gar nicht. Er läßt kein Reizthema aus, schon gar nicht die PDS. Die selbstgerechte Ideologie des Antikommunismus identifiziert Gaus als genauso totalitär wie die kommunistische selbst.

Zugespitzt formuliert er: »Gäbe es die PDS nicht, so müßte man sich noch mehr fürchten, denn wo sollten sie alle plötzlich geblieben sein, ihre Gesinnungsgenossen, potentiellen Wähler? Einfach nur umgedreht?« Daß es die PDS gibt, ist eben auch ein Ausdruck dafür, daß es Menschen gab und gibt, die bestimmte Überzeugungen vertreten, die man selbst für irrig hält, wie diese umgekehrt die unsrigen. Oder: Daß das »Naturrecht des Marktes« die sozialen und politischen Probleme nicht lösen kann, hat sich zwar längst herausgestellt. Doch die herrschende Politik »handelt« immer noch so weiter, als ob sie noch handeln würde. Die Systemveränderung sieht er »von rechts« längst in Gange und beklagt die Pseudodemokratisierung, die unkontrollierte Macht der Wirtschaftseliten, »die Despotie der Märkte« und das weltweite Erstarken des Sozialdarwinismus. Aber »Linke« bleiben die Sündenböcke.

Daß manche Widerständler aus der DDR nun ihre eigene Bedeutung aus der Menge ihrer Stasiakten ablesen, hält er für eine Verirrung. Gaus kann sich in die Ostdeutschen und die Veränderungs- und Anpassungsleistungen, die sie denn in den letzten acht Jahren erbracht haben, sehr gut hineindenken. Er ist einer, der ihr Fürsprecher ist, und er spießt all die neuen Totschlagargumente auf, wie etwa dieses: Wenn einer – zumal ein Ostdeutscher – das jetzige kapitalistische System für nicht tauglich bei der Lösung der ökosozialen (Welt-)Probleme hält, dann wird ihm sofort vorgeworfen, er wolle wohl die DDR wiederhaben.

Könnte es nicht gar sein, daß das jetzige System an seiner eigenen Kritikunfähigkeit und Veränderungsunwilligkeit (oder -unfähigkeit!) genauso zugrunde gehen wird wie das kommunistische? Wieviele Tabus beherrschen die öffentliche Meinung unter den Bedingungen der Freiheit? Es hilft nichts: es gibt noch länger Ost- und Westdeutsche. Es gibt eine Trennung, die ausgerechnet aus der Begegnung rührt, nicht aus der Zeit der Unmöglichkeit, einander zu begegnen.

Daß »die Bürgerrechtler« mit Gaus im Clinch liegen, nimmt nicht wunder, obwohl diese Verallgemeinerung auch zu den Klischees der herrschenden Deutungsdominanz gehört, als ob nur bestimmte, öffentlich gehandelte Bürgerrechtler den aufrechten Gang gepachtet hätten. Gaus ist zuzustimmen, wenn er fragt, ob Vergangenheitsaufarbeitung so sinnvoll geschehen kann, daß ehemalige Bürgerrechtler »aus ihrer Vergangenheit eine immer während Gegenwart zu machen versuchen«. Inzwischen ist die

»Selbstgefährdung durch Selbstzufriedenheit des Westens« erkennbar in ein kritisches Stadium gekommen.

Günter Gaus nimmt sich die Freiheit, die zahlreich aufgestellten Geßlerhüte nicht zu grüßen. Das kann in der Tat mißverstanden werden, als ob er die eine Seite der Wirklichkeit verschweigen oder die Machenschaften der einstigen Diktatoren des Proletariats verharmlosen würde. Er hält daran fest, daß er als Intellektueller stets »Skepsis statt Verklärung« gegenüber dem eigenen System obwalten lassen müsse. Gaus läßt keinen Ost-West-Konflikt seit der Vereinigung aus, verweist immer wieder auf die Geburtsfehler, die sich im Laufe der Jahre immer erkennbarer und folgenreicher rächen. So wie etwa die SED-Gerontologen-Führungsriege das Ende der Utopien durch die erfüllte Utopie als »real existierenden Sozialismus« verkündete, so kommt erneut das Gerede vom Ende der Utopie auf, indem das nun herrschende, sieghafte System sich zur »faktisch gewordenen Utopie« erhebt. Gaus fürchtet – nicht nur in diesem Punkt –, daß die Sieger sich schnell am Leichengift des Besiegten infizieren könnten.

Günter Gaus ist ein Fürsprecher der kleinen Leute, obwohl er selbst eher zu den feinen Leuten gehört, die zwar nicht »hoch zu Roß« sitzen, aber doch gern hoch zu Pferde reiten. Aber gerade unter denen, die es sich leisten können, durch die Landschaft zu reiten, brauchen die kleinen Leute Fürsprecher. Die Spielregeln der Oberen beherrschend, behält er im Blick, wie es der Masse der einfachen Leute geht, denen in einem alternativlosen System mit einem für sie zunächst durchaus verlockenden Zukunftsangebot nichts übrig blieb, als mehr oder weniger begeistert mitzumachen, Befehlende und Befehligte, als Ordner oder als Ein- oder Untergeordnete zu leben. Welche Verführung in der sozialistischen Idee lag, ist dem notorischen Skeptiker Gaus durchaus bewußt, zumal, wenn die Wahrheit ideologisch so besetzt wird, daß sie parteilich wird.

Gaus wird bisweilen zum Entschuldiger der alltäglichen Ängste, ist mißtrauisch gegen alle (selbsternannten) Helden, gar gegenüber moralischen Rigoristen jeglicher Couleur, geht aber eben nicht hinweg über die Leiden der Verfolgten, der Bedrängten und

Mundtotgemachten im eingemauerten Arbeiterparadies. Da andere inzwischen nur noch von »Mauer und Stacheldraht« zu reden wissen, wenn sie über die DDR reden, fühlt sich Gaus berechtigt, darüber nicht auch noch andauernd zu reden.

So schäbig etwa der Stasispitzelapparat des Mielkeschen Wahrheitsministeriums war, so relativ bleibt doch der Erkenntniswert der Stasiakten für Beschreibung und Bewertung des realen Lebens in der DDR. Er legt sich direkt mit dem obersten Verwalter und beständigen moralisch-politischen Kommentator an, weist auf die Folgen der Instrumentalisierung des Gauck'schen »Zauberbergs«, eben dieses 110 km langen Wustes aus Gemeinheit, Verrat, Banalität, lebenszersetzender Gemeinheit und menschlicher Schäbigkeit hin.

Aber was geschieht heute? Man vergesse nicht den schäbigen Umgang mit Stefan Heym, als er als Alterspräsident des Bundestages 1994 die Eröffnungsrede halten sollte und zuvor durch das Feuer von Stasiverdächtigung geschickt wird.

Wer eigentlich ist verantwortlich und hätte sich zu entschuldigen? Zu den großen Skandalen im vereinigten Land zählt Gaus die Methoden zur »Vergangenheitsbewältigung«, die unter dem Strich dazu angetan sind, die Trennung in der Einheit eher zu vertiefen als zu überwinden. Die IM-Hysterie reißt nicht ab. Ausgerechnet in dieser Situation wagt es Gaus immer noch – nachträglich – für E. H. ein gutes Wort, ein mitverstehendes Wort einzulegen und daran zu erinnern, wie er einst hofiert wurde, selbst in München, und sich hofieren ließ, es sichtlich genoß, dieser Kleinwildjäger aus Wandlitz, der doch auch ein Antifaschist mit jahrelanger Todeszellenerfahrung war, mit einem romantischen FDJ-Bau-auf-Bau-auf-Pathos unter Schalmeienklängen. Gaus wäscht ihn nicht rein, in keiner Phase, aber er versucht, ihm Gerechtigkeit widerfahren zu lassen, wo der Eindruck erweckt wird, Honecker gehöre zu den Schwerstverbrechern der Weltgeschichte.

Wer zurückschaut und seine persönliche oder politische (Mit-) Schuld nachträglich zu erkennen vermag, hat die Chance – und muß sie bekommen! – daraus für sein künftiges Verhalten persönliche Schlüsse zu ziehen.

Gaus beherrscht das Kunststück, zu polarisieren und zu differenzieren, zu polemisieren und versöhnlich zu wirken.

Hier bezieht einer Position. Es lohnt sich mit ihm zu streiten, weil man (un-)mißverständlich weiß, woran man mit ihm ist. Und das tut gut in einer Zeit des obwaltenden Zynismus und Mainstream-Opportunismus.

Wer Widersprüche aufzeigt, muß auch mit dem Widerspruch rechnen. Das aber wird produktiv, wenn die Absicht die Annäherung an die Wahrheit bleibt.

Friedrich Schorlemmer,
Wittenberg, im Juli 1998

Redeentwurf für
den 3. Oktober 1991

*Henning Vorscherau, der Erste Bürgermeister Hamburgs, war 1991
Präsident des Bundesrates. So war er protokollarisch zuständig für die
Ansprache zum ersten Jahrestag der wiederhergestellten staatlichen Einheit Deutschlands am 3. Oktober 1991. Voscherau bat Gaus um einen
Redeentwurf, den er dann aber nicht übernahm. Der Entwurf von Gaus,
eine frühe Analyse des Zustands und der Entwicklung der Einheit unter
den Deutschen, wird hier im Wortlaut veröffentlicht.*

Wir sind versammelt am ersten Jahrestag des Zusammenschlusses
der beiden deutschen Nachkriegsstaaten. Das heißt, wir haben die
Schwelle zur Vereinigung Deutschlands gerade überschritten. Erst
an einem künftigen 3. Oktober – niemand kann verläßlich sagen, in
wie vielen Jahren – wird es eine Zusammenkunft unter diesem
Datum geben, die nicht beherrscht wird von den Bedrängnissen
und Hoffnungen des langwierigen Vereinigungsprozesses, sondern
die bestimmt sein wird von den ganz normalen Nöten und Erwartungen Deutschlands als mitteleuropäischer Industriestaat in
gewiß auch dann noch schwierigen Zeiten.
Der historische Vorgang, der den 3. Oktober als nationalen Festtag
für uns Deutsche gestiftet hat, wird, wenn er in Jahren bewältigt
worden ist, eine bewegende Erinnerung für jene sein, die ihn mit-
erlebt, ihn mitgestaltet haben. Für die Nachgewachsenen mag er,
wenn sie aus ihrer Gegenwart für einen Besinnungs-Augenblick
zurücksehen, ein ehrwürdiges Ereignis markieren, das jedoch auf
ihre Vorhaben, Ermutigungen und Belastungen nicht mehr unmittelbar einwirkt. Darüber wollen wir dann froh sein – denn es wird
bedeuten, daß unser Land in der Normalität angekommen ist.
In diesem sich neigenden Jahrhundert war Deutschland für Jahr-
zehnte aus der europäischen Normalität herausgefallen: mit bösen

Folgen für sich und seine Nachbarn. Verschuldet und erlitten haben die Deutschen seit 1933 die Konsequenzen ihres Tuns wie ihrer Unterlassungen. Nach dem Krieg hat es 1945 in allen Teilen des verbliebenen Deutschlands, hat es in allen seinen Besatzungszonen idealistische Vorsätze gegeben, ein anderes, ein gutes Vaterland, Mutterland aufzubauen. Aber noch einmal führte der Weg der Deutschen, nun unter den Bedingungen des Kalten Krieges, in eine schreckliche Besonderheit: Er führte in die Zweistaatlichkeit, in die Trennung, zur Monstrosität einer Mauer inmitten einer Stadt. Über lange Zeit hin mußten sich die Anstrengungen in der deutschen Sache damit begnügen, Teilnormalisierungen zu bewerkstelligen, die Folgen der Trennung erträglicher zu machen: eine Politik, die in ihrer pragmatischen Genügsamkeit nicht diskreditiert ist, obwohl sie nicht verhindern konnte, daß für viele Menschen die Gegebenheiten unerträglich blieben – oft mit tragischen Konsequenzen.

Wenn wir unsere Geschichte in ihrer Wirklichkeit annehmen und sie nicht als Lieferantin von rhetorischen Versatzstücken gebrauchen wollen, dann ist der heutige Tag wie geschaffen, uns all dessen, was war, bewußt zu sein: der Opfer, der Täter – und des gewöhnlichen Mitläufertums, das in allen politischen Systemen und gesellschaftlichen Institutionen zur großen Versuchung der Menschen gehört. Was ist es, wenn potentielle Mitläufer ertappte Mitläufer vorwurfsvoll Mitläufer nennen? Bewußt sein wollen wir uns der guten Vorsätze der Deutschen, Kommunisten unter ihnen, nach dem Kriege – gerade auch wegen dem, was dann folgte. Zuverlässiger als jedes Recht-behalten-haben kann uns das Berücksichtigen auch der Absichten und ihrer sozialen Ursprünge sensibel machen für die schützende Einsicht, wohin es führt, wenn nicht der Mensch in seiner Natur das Maß aller irdischen Dinge ist, sondern wenn Abstraktes ins Konkrete hineingezwungen werden soll. Nicht nur Ideologien haben diese Gewalttätigkeit in sich; auch der Nationalismus verfügt über vergleichbare Wahnhaftigkeiten. Werden die Menschen im Osten und Südosten Europas, ebenso wie die in der DDR, der einen bösen Erfahrung entronnen, nun die andere wieder machen müssen?

Die Irrtümer und Selbsttäuschungen, die Vergeblichkeiten, der Opportunismus, das Ermatten, die Mühen des »Dennoch«, die ungleichen Chancen beiderseits der Elbe: auch dieses alles, wahrhaftig, ist Teil der Vereinigungslasten des deutschen Volkes. Wird jemand Anstoß nehmen?

Anstößig könnte dieser Tag nur sein, wenn er einer der Selbstgerechtigkeit wäre. Die Zufälligkeit des Geburtsortes, ob Braunschweig oder Magdeburg, ob Dresden oder Hamburg, hat für die große, große Mehrheit von uns, hier im Saal wie draußen im Lande, über Lebensläufe mitentschieden. Der Grenzsoldat, der aufatmend den Wachewechsel quittierte, weil auf seiner Wache kein »Vorkommnis« seine Entscheidung verlangte; der Kreis-Parteisekretär zwischen den Trümmern seines Idealismus, unter dem Druck von oben, inmitten der vorherrschenden Anpassung, vor dem Ausweg in die Selbstherrlichkeit, die sein System folgenloser für ihn als unseres bereithielt: Warum ist es nicht Allgemeingut unter uns Alt-Bundesbürgern, auch in diesen Biografien, von böseren Verstrickungen zu schweigen, Möglichkeiten auch unserer Entwicklung, bei anderem Geburtsort, zu erkennen?

Auch wir Westdeutschen wären nicht alle bei der Minderheit in der DDR gewesen, die zuerst aus ihrer Nische heraustrat und das Widersprechen, das Widerstehen einübte. Dies festzustellen heißt nicht, fünf gerade sein lassen zu wollen. Im Gegenteil: Ernst genommen und nicht nur für eine Feierstunde dahingesagt, kann es die Augen öffnen helfen für jene Gerechtigkeit, die ein Volk erhöht. Den Gerichten, was der Gerichte ist – aber nicht schon wieder ein Mitläufertum, diesmal bei der Jagd auf Sündenböcke, die auch gleich unsere verschwiegenen Selbstzweifel an unserem Verhalten in bestimmten Situationen, Selbstzweifel an unserer Entscheidung zwischen Karriere und weitgehendem Karriereverzicht mit in die Wüste tragen.

Seit dem 3. Oktober 1990 – ein Jahr schon, ein Jahr erst liegt er zurück – sind uns die Möglichkeiten eingeräumt, die Normalität des Zusammenlebens eines Volkes in einem Staat Schritt für Schritt zurückzugewinnen. So viel auch im vergangenen Jahr dafür getan wurde, und es wurde viel getan – noch immer sind es, ganz unvermeidlich, eher Chancen als Ergebnisse, deren wir uns an diesem Tag erfreuen können. Dieser Tag: Hamburg ist als erstem Land im Bunde die Aufgabe gestellt worden, den Nationalfeiertag des 3. Oktober auszurichten: der Beginn einer Abfolge unter den Ländern, die den Behauptungswillen des Föderalismus der Bundesrepublik demonstrieren wird. Der Hansestadt, die nicht frei ist von der Lust an Traditionen, würde es gefallen, wenn eine künftige Tradition des deutschen 3. Oktober hier begründet würde: immer ein Tag der Freimütigkeit zu sein.

Wir werden den schweren Anforderungen der Vereinigung, bis sie nach unseren Kräften erfüllt sein wird, über Jahre hin zu dienen haben. Welche Lösungen die Politik auch finden wird, um die Schwierigkeiten zu meistern: Es werden nach den Regeln unseres Tuns strittige Lösungen sein; manche nur teilweise richtig, obwohl ihre jeweiligen Urheber heftig das Gegenteil beteuern werden; keineswegs immer in allem und allen gerecht; Kompromisse, die nicht nur sachbezogen sind. Aber wichtiger als dieser Blick, der von Zeit zu Zeit freilich auch gut tut – wichtiger noch ist die Unverblümtheit, die Deutlichkeit, mit der ausgesprochen wird, daß die soziale, ökologische, wirtschaftliche und kulturelle Sicherung unserer Gesellschaft im vereinigten Deutschland kein einmaliger Kraftakt sein wird, nach welchem wir, wenn er in zwei, drei Jahren vollbracht ist, nur noch ernten und wieder in den vergleichsweise üppigen Gefilden der alten Bundesrepublik rasten, die dann noch schöner und größer geworden sind. So wird es nicht sein, so wird es wohl zu Lebzeiten der meisten von uns nie mehr sein. Wir werden mehr noch als bisher zu erbringen haben: wenn nicht durch Verzicht mittels Einsparungen am in Westdeutschland Gewohnten, dann durch lang andauernde erhöhte finanzielle Leistungen – was bekanntlich ungute Folgen für die Wirtschaft und die Qualität unseres Geldes mit sich bringen kann.

Leisten wir nicht, was notwendig ist, so werden wir den sozialen Frieden nicht behaupten können; so werden zunehmend Gruppen, Schichten an den Rändern unserer Gesellschaft entstehen, für deren Lebensumstände – nicht im Vergleich zur hungernden Dritten Welt, aber im Vergleich zu unserem mehrheitlichen Wohlergehen – wir uns zu schämen haben. Ich ziele nicht auf eine Utopie, wohl aber erhebe ich einen moralischen Anspruch, wenn ich sage: Das soziale Gewissen einer Gesellschaft kann nicht beruhen auf den materiellen Verhältnissen des Durchschnitts, es muß beunruhigt sein wegen der existentiellen Bedingungen der Schwachen.

Die Aufgabe, die nicht auf uns wartet, sondern schon auf uns lastet, bedarf zu ihrer Bewältigung nicht nur unseres guten Willens, nicht nur – der Hamburger stockt zunächst vor manchen hochgestimmten Worten – unseres Opfersinns. Hinzukommen muß – bei allem förderlichen Parteienstreit über die jeweils richtige Sachlösung – eine Koalition der gemeinsamen Einsicht, die die normalen Funktionen von Regierung und Opposition nicht außer Kraft setzen darf, aber die doch von Fall zu Fall Parteigrenzen überwinden muß. Und dabei ist doch schon der gute Wille, Geschichte hin, Geschichte her, keineswegs bei allen jederzeit vorhanden. Oder er stößt doch, wo grundsätzlich vorhanden, gelegentlich an die Grenzen, die von den jeweils eigenen, speziellen Prioritäten gezogen werden.

Ich deute nicht auf eine gesellschaftliche Gruppe im besonderen. Unser politisches System, wir kennen kein besseres, basiert auch auf einem Verteilungskampf zwischen Gruppen, vertreten durch Parteien, Gewerkschaften, Verbände. Es macht, so scheint mir, keinen Sinn, sonn- und feiertags zu schmähen oder wider besseres Wissen zu leugnen, womit wir werktags viel zu tun haben. Der Politik ist es vorrangig aufgegeben, nach Menschenmöglichkeit Sorge zu tragen, daß ein Ausgleich zwischen Begünstigten und Benachteiligten herbeigeführt wird. Wie das geschieht, wie Ausgleich, Begünstigung und Benachteiligung im konkreten Fall zu definieren sind – das ist dem offenen Konflikt anheimgegeben.

Wir kämen – nach meinem Verständnis und sehr gegen meinen Geschmack – in eine bedenkliche Nähe zu Regimen, die glauben wollten und glauben machen wollten, aus ihrer Erziehungs-Diktatur werde ein neuer Mensch hervorgehen, würden wir die Augen davor verschließen, daß dem alten Adam, der alten Eva der Eigennutz gewöhnlich vor dem Gemeinnutz geht. Wir wollen uns auch heute nicht besser machen, als wir sind – und setzen vielleicht gerade damit einen wesentlichen Unterschied zu einer Ideologie, die den Menschen befreien wollte und ihn dafür in ihr Prokrustes-Bett zu zwängen versuchte. Warum sollten wir also verschweigen, daß manche Gutgestellte in der alten Bundesrepublik maulen über die Lasten des Gemeinschaftswerks der deutschen Vereinigung?

Wir stehen nicht unter dem Beweiszwang totalitärer Systeme, der verlangt, in der Öffentlichkeit allzeit den Eindruck einer geschlossenen hochherzig gesinnten Gesellschaft zu verbreiten. Die Menschen in der DDR haben den weiten Abstand zwischen den öffentlichen Ansprachen, den Appellen, dem Beweihräuchern und der Realität, auch der Realität ihrer Gefühle und Stimmungen, täglich nachmessen können. Unsere Art von Öffentlichkeit mit ihren Konkurrenzmechanismen läßt solche Entfernung der Hervorgehobenen von der Wirklichkeit nur im bescheidenen Maße zu; gepriesen sei sie dafür.

Aber da wir wahrhaftig in Zeiten dramatischer Geschichte leben, drängt sich ganz natürlich dann und wann ein gewisser Tonfall auf unsere Lippen: Er ist durchaus angemessen dem, was historisch vorgeht, er überhöht die Fakten nicht. Aber er birgt doch die Gefahr, daß seinetwegen sozusagen die Alltagssprache in der politischen Öffentlichkeit zu kurz kommt: und damit auch das Verständnis sich mindert, jedenfalls ungenügend Ausdruck findet, daß die historischen Ereignisse stets auch in Einzelschicksale münden – oft als Bedrängnis, als Konfrontation mit Ungewohntem, als Überforderung.

Haben wir nicht acht darauf, so können auch in unserem System die zwei Öffentlichkeiten – die stets beide existieren und sich normalerweise durchdringen – weitgehend ihre Beziehung zueinander verlieren: die Begriffswelt der Ansprachen, Leitartikel, bildungsbürgerlichen Feuilletons und das allgemeine Bewußtsein der breiten Mehrheit, die ihre Zufriedenheiten und Sorgen im historisch Vollmundigen nur verfremdet, verbildet wiederfindet. Eine solche Entwicklung würde das Wesentliche unserer Demokratie schädigen, würde das ohnehin angelegte Auseinandertreiben der politischen Klasse und der anders beschäftigten Bürgerinnen und Bürger verstärken, würde den Anteil der bloßen Lippenbekenntnisse in der öffentlichen Kommunikation erhöhen.

Dem zu steuern heißt nicht, Stimmungsmehrheiten nach dem Munde zu reden; darf nicht bedeuten, populistisch zu argumentieren und dem oft gefährlich gesunden, sogenannten Volksempfinden Opfer zu bringen. Wohl aber verpflichtet es an diesem Tag – wie an jedem anderen, aber an keinem zweiten so sehr wie dem heutigen –, zu bekennen, daß die Vereinigung der Deutschen in einem Gemeinwesen, einem Staat nicht nur dem Selbstbestimmungsrecht unseres Volkes Genüge tut, nicht nur das Glück der individuellen Freiheiten, den Segen der Rechtsstaatlichkeit für die Deutschen in der ehemaligen DDR im Gefolge hat – sondern auch von Mißverständnissen und Ernüchterungen, Kränkungen und Enttäuschungen begleitet ist, Stockungen und sogar Rückschläge kennt. Wir wissen das alle. Die Schatten sind unvermeidlich. Aber wir dürfen über sie nicht immer nur – damit wir uns darauf berufen können, es doch gesagt zu haben – in Nebensätzen sprechen, die wir an unsere Hauptsätze fürs Geschichtsbuch anhängen.

Wird denn die historische Chance, die den Deutschen mit der Vereinigung gegeben ist, kleiner, wird sie geringer wertig, wenn wir ihre Mühsal für viele Menschen im Osten deutlich beim Namen nennen? Mühsal also; Ungewißheiten, Ängste um den Arbeitsplatz; konkrete Identitätsverluste, die nicht mir abstrakten Begriffen, auch nicht mit Westgeld, sondern nur im Laufe der Zeit mit neuen konkreten, zuverlässigen Verankerungen der persönlichen Lebensumstände in der vorerst noch unvertrauten, weithin westlich bestimmten Gesellschaft wettgemacht werden können. Um es bei der Gelegenheit dieses Tages zu sagen: Die Ostdeutschen haben keineswegs – sozusagen kollektiv und grundsätzlich – dankbar zu sein für das, was die seit bald nach Kriegsende begünstigten Westdeutschen in Erfüllung ihres oft beschworenen Verfassungsauftrags für die Vereinigung leisten. Es handelt sich bei dem, was vorgeht, nicht um Gunstbeweise gegenüber entfernten, bedürftigen Verwandten, die man ins Haus nimmt, damit sie zur Hand gehen können. Die Ostdeutschen hinwiederum sollten verstehen, daß den westdeutschen Landsleuten bei den Vereinigungslasten nicht alle Zeit das Herz historisch höher schlägt, sondern daß sie, mal verstohlen, mal mit dümmlichen Ossi-Witzen, ihr eigenes Haushaltsbuch durchrechnen. Und, immerhin, erbringen sie ihren Solidaritätsbeitrag.

Es ist heute auch der Tag, nicht im Nebenbei, sondern betont darüber zu sprechen, daß wir aus dem Westen des vereinigten Landes den schwierigen Umstellungsprozeß der Menschen im Osten oft mit Unbedachtheiten noch erschweren.

Freimütigkeit ist auch an dem Tag, der ihr nach meinem Wunsch traditionell gewidmet sein soll, keine leichte Sache. Aber sie soll zu ihrem Recht kommen. Haben nicht wir Tarifpartner zunächst alle unbedacht gehandelt, als wir, ganz gewohnheitsmäßig mit Tabellen, Prozenten umgehend, Berufsjahre auf dem Papier getilgt haben? Ich nehme als ein Beispiel nur die Krankenschwestern aus der ehemaligen DDR, die, nun alle als Anfängerinnen eingestuft, als Gruppe zuerst auf das Unbedachte aufmerksam machte. Wenn eine Minderbezahlung, geboten aus Finanznöten, damit erreicht werden sollte, hätte man sie nicht anders, hätte man sie nicht offen begründen müssen? Falls etwaige Stasi-Mitarbeiterinnen aus dem Kreis der Krankenschwestern von einer neuen Festanstellung ausgeschlossen werden sollen – wie rechtsstaatlich war dann wohl der verdeckte Ausweg über eine restriktive Tarifvereinbarung? Wie soll man es nennen: Ausgerechnet erbrachte Krankenpflegejahre pauschal zu streichen, sie Menschen abzuerkennen, die sich derzeit ohnehin mit der Frage quälen, ob sie einen großen Teil ihres Lebens als verloren abbuchen müssen? Sie müssen es übrigens nicht, es war trotz allem auch ein Leben mit privatem Glück und Unglück für die große Mehrheit, so meine ich, gestützt auf Einblicke, die aus Interesse an den Deutschen »drüben« – wie man sagte und im Westen wohl auch noch einige Zeit gedankenlos sagen wird – schon vor der Wende herrührten.

Aber ich bin ein Begünstigter, ein Westdeutscher, der behutsam zu sein hat mit seinem Mutmaßungen. Und ganz zurückhaltend in seinem Urteil über erkennbar nachträglich empfundene Einengungen des Privaten, über das bekannte bedrückende Maß hinaus, von denen manche Männer und Frauen aus der ehemaligen DDR, die nicht zur Schar der frühen Abweichler zählten, heute sprechen. Der Mensch, der sich schwach fühlt, unsicher ist, nimmt sich die Anpassung an den landläufig vorherrschenden Ton, an die Erwartung, die an ihn herangetragen wird, als sein gutes Recht.

Nicht behutsam muß ich sein im Widerspruch gegen die schrecklichen Simplifizierungen, die über das einstige Leben in der ehemaligen DDR, über den unterschiedlichen Zwang des Sicheinfügens, über das Sich-Arrangieren, das noch keine Schuld begründet, im vereinigten Deutschland im täglichen Gebrauch sind, mehr westlich als östlich intoniert. Was dort gewesen ist, war schlimm genug. Es bedarf nicht der kolportagehaften Vergröberung. Ihr widerspreche ich nicht, weil ich an erwiesener Schuld deuteln, den Grundirrtum der einstigen Machthaber bemänteln will. Beileibe nicht. Mein Widerspruch gegen die schrecklichen Vereinfacher gründet sich auf die Sorge, wir könnten, jedenfalls für einige Zeit, aus dem Bewußtsein verlieren, daß nicht alles, was jetzt aufgedeckt wird, systemimmanent war, sondern uns Menschen in allen Systemen eigentümlich ist.

Eine politische Utopie hat abgewirtschaftet. Unser Mangel an Differenzierung beim Mustern der entschwundenen DDR könnte uns nun der Selbstgefährdung durch utopische Vorstellungen von der Immunität unseres Systems ausliefern. Manches, vieles im damaligen »Drüben«, das uns heute gelegentlich geradezu dämonisiert präsentiert wird, gibt es in anderer Art und Weise auch in unserer politischen Ordnung. Haben wir nicht auch schon bedenkliche Seilschaften in der alten Bundesrepublik enttarnt gesehen? Daß sie bloßgestellt werden konnten – darin liegt der unvergleichliche Vorzug der pluralistisch organisierten Gesellschaft. Dieser aber ist abhängig von unserer Kritikfähigkeit gegenüber Mängeln, Fehlentwicklungen, Gleichgewichtsstörungen der Macht in unserem eigenen politischen Gehäuse. Selbstgefälligkeit schwächt unsere Aufmerksamkeit, lähmt die Kraft, unser politisches System auch unter neuen Herausforderungen funktionstüchtig zu erhalten, führt zur Erstarrung.

Vor allem aber widerspreche ich dem Hang zur Schwarz-Weiß-Einfärbung, weil damit aus der Vereinigung der deutschen Teile vorrangig eine Systemfrage wird, mit der Gefahr von Siegerallüren bei dem einen und anderen Westler, und weil so das Bemühen um ein Zusammenwachsen auf der Basis eines verständnisvollen Interesses an Lebenswirklichkeiten unterhalb, außerhalb des ideologischen Netzes zurücktritt. Wir sollten uns mehr Fragen wechselseitig stellen.

Ich bleibe, wieder beispielhaft und weil ich sie im Zusammenhang mit der anstößigen Tarifvereinbarung schon einmal erwähnt habe, bei den Krankenschwestern aus der einstigen DDR. Darunter waren solche, die der SED angehörten; andere, die sich zu einer Blockpartei gesellt hatten; auch Parteilose. Fragen über Fragen tun sich auf, wo wir in unserer tonangebenden Öffentlichkeit derzeit allzuoft fraglose Antworten parat haben.

Waren die SED-Genossinnen Krankenschwestern wegen dieser Parteizugehörigkeit grundsätzlich in ihrer Moral jenen unterlegen, die bei Blockparteien oder, als Parteilose, beim Kulturbund oder der Deutsch-Sowjetischen Freundschaftsgesellschaft herbergten? Kann man nicht auch sagen, die Blockparteilerinnen hätten ihre Moral bis in einen Kompromiß hinein überdehnt, der erst seit der Wende als verdeckte Widerstandshaltung gelten konnte? Aber bei wie vielen war es tatsächlich doch eine Absage an die herrschende Partei?

Und bei wievielen SED-Genossinnen waren es idealistische Motive, die sie – nach NS-Zeit, nach dem Krieg, im Kalten Krieg – zu ihrer Parteinahme veranlaßten? Was wissen wir über das schmerzhafte Abstumpfen ihrer Erwartungen? Und über die alltägliche Lebensroutine aller, aus der oder jener oder keiner Partei – über den routinierten Umgang mit dem Vorgegebenen im Normalfall? Ich weiß auf keine dieser Fragen eine allgemeine Antwort. Aber ich kann erkennen, daß in den Fragen ein wesentlicher Teil der Realität enthalten ist, aus der sich, hinter gestanzten Formeln und Tagesparolen, nationale Identität bildet. Manche der Fragen werden ohne heute schlüssige Antworten bleiben: weil die Zeit, in der sie schon einmal auf die damals angemessen erscheinende Weise

beantwortet worden sind, inzwischen aus dem waltenden Bewußtsein weithin entschwunden ist.

Ich breche hier ab. Einst werden Historiker das Wort nehmen.
Mögen sie frei von dem Hochmut der Nachgeborenen sein, den es
dann und wann auch in ihrer Zunft gibt.

Vor uns liegt das Jahr bis zum nächsten 3. Oktober. Alte Sorgen
werden sich bis dahin als zählebig erwiesen haben, neue werden
hinzugekommen sein. Der Nord-Süd-Konflikt, in unseren Breiten
vor allem aus dem Osten kommend, wird seine Forderungen drän-
gender stellen.

Die Produktivitätssteigerungen der Wirtschaft in den neuen
Ländern des vereinigten Deutschland, die zu erwarten sind, kön-
nen nicht als die ganze Antwort auf die Frage gelten, was – im
Osten wie Westen des Landes – künftig aus dem Leben der
Menschen werden soll, die wir zwar sozial absichern können –, die
wir aber auch im Alter von Mitte fünfzig aufs Altenteil schicken.

Genug. Bei allen Sorgen haben wir auch die Chancen, bis in einem
Jahr ein paar ordentliche Schritte vorangekommen zu sein.

September/Oktober 1991

25

Wir müssen aus dem Sumpf auf festen Boden

*Im Jahr 1992 begann, von Bertelsmann organisiert, eine Veranstaltungs-
reihe in Dresden: »Zur Sache: Deutschland«. Zeitzeugen, Politiker,
Schriftsteller, Intellektuelle sollten sich äußern über die Verhältnisse in
Deutschland nach der Wende. Als erster Redner sprach am 2. Februar
1992 Gaus. Was er seinerzeit im überfüllten Dresdner Schauspielhaus
sagte, wird hier abgedruckt. Anfang des Jahres hatte die Gauck-Behörde
mit ihrer Arbeit begonnen. Gaus wies auf Tendenzen eines neuerlichen
Auseinanderlebens der Menschen in Deutschland hin.*

Mächtige Hüte sind im vereinigten Deutschland aufgestellt. Man
mag nicht glauben, daß Hüte mächtig sein können, aber diese sind
es. Sie sind nicht kleidsam noch wärmend, nicht praktisch noch
witzig. Ihre Macht allein ist Schmuck genug. Wie Wegweiser stehen sie auf hohen Stecken im Land. Man tut gut daran, sie zu
grüßen: demütig würde als übertrieben gelten, aber respektvoll
sollte der Gruß schon sein. Keinesfalls kann man zur Sache kommen – hier also auf einige Teilaspekte der derzeitigen geistigen und
seelischen Verfassung der Deutschen und der gegenwärtigen
Beschaffenheit ihrer Gesellschaft, wie ich sie zu erkennen meine –,
bevor den Hüten nicht der Achtungstribut gezollt worden ist.
Würde man ihn verweigern, so wäre man alsbald in Unterstellungen verstrickt, denen zu entkommen alle Kraft verbrauchte: bis
zum Verstummen hin. Also grüßt man besser: vorbeugend, klüglich, gelehrig. Hat man erst oft genug gegrüßt, so winkt manchen
Grüßenden eine Prämie: Sie sehen schließlich die Macht der Hüte
als die rechtmäßige und einzig wahre an. Friede dann der Asche
ihrer Freiheit.
So wird es mit mir hoffentlich nicht enden. Aber anpassen will ich
mich immerhin dem deutschen Gruß unserer Tage. Also beuge ich

meinen Kopf, mache meinen Diener vor den Geßler-Hüten im Lande. Ich buchstabiere, was auf die Hutbänder gedruckt ist, ich spreche willig nach: Ja, das SED-Regime war auf seine Weise totalitär; ja, es gab keine Machtkontrolle von unten nach oben; ja, in der DDR fehlte es an Rechtssicherheit; ja, es gab bösartige Drangsalierungen und Einengungen von Amts wegen; ja, Frauen und Männer, die als Andersdenkende auffällig geworden waren, wurden auf vielerlei Weise verfolgt; ja, auch den Menschen, die sich nicht auffällig machten, blieb manches versagt, worauf sie in der politischen Zivilisation unserer Zeit einen verbrieften Anspruch haben. Ja, ja, ja. Habe ich einen Hut der Art, die nach dem schweizerischen Landvogt Geßler benannt worden ist, übersehen? Er sei gegrüßt.

Zu den kleinen Skandalen im heutigen Deutschland gehört, daß solche banalen Einsichten, wie sie auf einem Hutband Platz finden, zunächst ausdrücklich beteuert werden müssen, wenn man auf das Sein und Bewußtsein der Deutschen in Ost und West vor der Wende und seit ihr – ein Sein und Bewußtsein, das von den Hutbändern nicht umfaßt wird – freimütig und differenzierend zu sprechen kommen will. Die öffentliche Debatte, wie sie vorherrscht, verlangt das Bekunden von Selbstverständlichkeiten als eine Unterwerfungsgeste. Oft erschöpft sie sich in der Unterwürfigkeit gegenüber den Schlagzeilen in großen Lettern, die nicht alle immer ganz oder halb falsch sind, aber doch alle fast immer eine Verfälschung sind durch Vereinfachung oder Verallgemeinerung: Agitation, welche die Agitatoren gewöhnlich nicht als solche erkennen, sondern für die Ausübung ihres journalistischen Berufes ansehen. Wer darüber argumentativ hinausgehen will, gerät in Verdacht – falls er das Wort solange behält. Wir waren einmal einsichtsfähiger; jedenfalls die kleine Schar Westdeutscher, die sich früher schon für die Lebensumstände der Menschen in der DDR interessiert hat. Aber historische Zeiten brauchen wohl eine schlichte Ausstattung im Geistigen, damit die Hochstimmung durch den Alltag kommt.

Zu den größeren Skandalen unserer geistigen Provinz ist zu rechnen der weitgehende Verlust an Kritikfähigkeit gegenüber dem politischen System, das die Westdeutschen zu ihrem unverdienten Glück nach 1945 beschert bekamen und das nun auf das Beitrittsgebiet der Bundesrepublik, die ehemalige DDR, ausgedehnt worden ist. Kritik am eigenen Haus war ohnehin keine vorrangige politische Tugend der Alt-Bundesbürger gewesen. Wer sie unter ihnen zu nachhaltig pflegte, dem wurde anempfohlen, doch nach »drüben« zu gehen, falls es ihm zu Hause nicht passe, falls er auch an der besten aller Welten noch Mängel zu entdecken meinte. Drüben, also in der DDR, wäre, das ist wahr, eine öffentliche Kritik am sie beherrschenden System anders gehandhabt worden als mit der Aufforderung, das Weite zu suchen. Ja, hätte man sich darauf verlassen können, daß es damit sein Bewenden haben würde und die Aufforderung als Angebot zu verstehen sei, so wäre in der DDR gewiß eine lebhafte öffentliche Systemdebatte geführt worden.

Ich dachte schon seinerzeit, daß der unterschiedliche Umgang mit Kritikern von höchster Bedeutung für die davon betroffenen Menschen sei, aber daß er nicht rechtfertige, die Augen vor möglichen Fehlentwicklungen des eigenen, sehr geschätzten pluralistischen Systems zu verschließen. Immer wenn dieser Umstand und vergleichbare weitere zwischen hüben und drüben in meinem damaligen Staat, der alten Bundesrepublik, nicht nur zum Nachweis wesentlicher Vorzüge des westlichen Systems benutzt wurden, sondern auch dämpfend wirken sollten auf kritische Prüfungen des eigenen politischen Gehäuses – dann immer habe ich gemeint, wir ließen unser System im Stich; wir rückten es näher heran an die verkrusteten Strukturen des Ostens, in denen Systemkritik als der Sündenfall des Ketzers galt.

Und wie nahe stehen wir nun, seit der Wende, dem untergegangenen System, nicht in den politischen Abläufen, wirtschaftlichen Regelungen und sozialen Verhältnissen, aber mental? Die öffentliche Diskussion, auch unter den feinsten Feuilletonisten und bedeutendsten Leitartiklern, begnügt sich so gut wie ganz mit schmeichelhaften Systemvergleichen. Die Aufdeckung der Scheußlichkeiten und Widerwärtigkeiten, des Schwachsinns und des Wahnwitzes eines Apparates, der partiell offenkundig zum schieren Selbstzweck wurde: die Innereien eines Staates, die sein Zusammenbruch bloßlegt, veranlassen nicht schlechthin zu erhöhtem Mißtrauen gegen staatliches Menschenwerk und dessen moderne Machtmittel, die offenen und die verdeckten. Sie dienen vielmehr der moralischen Überhöhung der eigenen politischen Einrichtungen, die aber doch auch nur von gewöhnlichen Menschen betrieben werden, denen von Natur aus Machtsicherung ein höherer Zweck ist als Machtbeschneidung, wenn es um die eigene Macht geht.

Nun freilich muß ich rasch einen weiteren Geßler-Hut grüßen und versichere dabei ohne Vorbehalt: Ja, ich erkenne und anerkenne die wahrlich wesentlichen Unterschiede zwischen DDR und BRD. Nein, ich leugne nicht, daß ein halbwegs gut funktionierender Hygienedienst, manche Medienorgane reinlicher als andere, die Säuställe auf unserem Hof gelegentlich ausmistet.

Kann ich, darf ich zur Sache zurückkommen, Herr Hut? Er wird bewegt vom Wind der öffentlichen Meinung, und ich nehme es dreist als zustimmendes Nicken.

Also: Der fast total gewordene Mangel an kritischer Distanz der meisten publizistischen, professoralen und intellektuellen Wortführer größeren und kleineren Kalibers gegenüber den Machtstrukturen und dem Machtvollzug im siegreichen System; die Genügsamkeit, alles Eigene grundsätzlich in Ordnung zu finden durch den Vergleich mit dem Unterlegenen; die Leichtfertigkeit, mit der auch pragmatische Sorgen vor wachsenden Unzulänglichkeiten des Bestehenden als Ausfluß von Sehnsucht nach einer Utopie denunziert werden; die intellektuelle Selbstaufgabe, die darin liegt, das relativ erheblich Bessere nun auch gleich, mehr oder weniger verhüllt, ins absolut Gute zu transponieren; die Blindheit dafür, daß mit eben diesem Schritt vom Relativen ins Absolute die angeblichen Verächter alles Utopischen das eigene System in den Rang einer schon in der Gegenwart Realität gewordenen Utopie erheben – die Summe all dessen ergibt eine Geisteshaltung, die ihrer Art nach auch den angepaßten Intellektuellen des entschwundenen Systems zu eigen war, ob sie nun aus Überzeugung oder Anpassungsbedürfnis als solchem sich eingeordnet hatten. Der Sieger kann sich schnell am Leichengift des Besiegten infizieren; eine Metapher, die medizinisch nicht standhält, die derzeit jedoch im übertragenen Sinne für das vereinigte Deutschland von Belang ist.

Da unsere Ordnung aus guten Gründen die andere abgelöst hat, werden weithin alle gesellschaftlichen Fragen als erledigt angesehen: beantwortet durch den Verlauf der Geschichte. Es herrscht ein Tonfall der Gewißheit, der boshafte Vergleiche mit dem marxistischen Zungenschlag von der historischen Gesetzmäßigkeit aufdrängt. Die wachsende Entfremdung zwischen politischer Klasse und Bevölkerung auch im Pluralismus; die zunehmenden Gleichgewichtsstörungen im System; die verstärkte Gefahr populistischer Entartungen – was verschlägt es? Wir lassen uns das intellektuelle Leben in großen Zeiten nicht vergällen.

Eine Selbstgefährdung durch Selbstzufriedenheit. Dementsprechend, Ausnahmen bestätigen die Regel, wird das westliche System samt seinen Schwächen über die Elbe gereicht wie ein Geschenk, an dessen Vollkommenheit Fragen zu richten nicht die demokratische Lernfähigkeit der Ostdeutschen beweist, sondern deren Undankbarkeit. Sollen sie doch nach drüben gehen. Ach so. Außerdem würden sie gewiß in ihrer ganz überwiegenden Mehrheit auch nicht gehen wollen. Aber warum sind sie dann nicht dankbarer?

Den Mangel an kritischer Distanz zu beklagen heißt nicht, einer hochmütigen Systementrücktheit das Wort zu reden. Im Gegenteil. Wer kann denn wollen, daß sein Gemeinwesen zum alleinigen Besitz derer wird, die unmittelbar politisch handeln? Aber Skepsis statt Verklärung kennzeichnet die gesellschaftliche Funktion des Intellektuellen – vor allem gegenüber dem eigenen politischen System. Ob die Verklärung künstlich beatmet wird von einem ideologischen Dogma oder sich herstellt durch einen leichtgemachten Vergleich, so oder so, die Mitwirkung an ihr führt in dem einen Falle zur Agitation, im anderen zum Geschäft von public relations. Zwischen beiden ist der Weg nicht weit.

Zu den großen Skandalen in vereinigten Land zählt die Methode der Vergangenheitsbewältigung. Auf diesem Felde stehen die Geßler-Hüte besonders dicht. Einigen von ihnen will ich meine Achtung nicht erweisen. Was sie auf ihren Bändern behaupten und fordern und damit dem, der grußlos vorübergeht, als Unterstellung androhen, ist so dumm und schamlos, daß ich eher die Unterstellung ertragen will als mir ein Verschontbleiben durch Kopfbeugen einzuhandeln. Ich kann mir das leisten, so vermute ich. Ein paar Zitate aus meinen Büchern, nun ja. Ich bin in Deutschland kein Ausländer aus dem Osten oder Süden, der unbedingt mit einer ungezügelten Bösartigkeit gegenüber seinem Anstößigsein rechnen sollte. Auch betreibe ich nicht die Wiedereinstellung auf einen Arbeitsplatz noch strebe ich ein öffentliches Amt an, was beides die Grußpflicht einschließt. Welchen Hüten ich den Respekt verweigere? Es wird sich zeigen.

Viele Gespräche, die ich geführt, viel Post, die ich erhalten habe nach Fernsehinterviews, in denen ich in den vergangenen zwei Jahren handelnde und behandelte Menschen aus Ostdeutschland zur Person befragte, haben Ratlosigkeit unter meinen privaten Gesprächspartnern und Briefeschreibern zutage gefördert. Die meisten, fast alle der Frauen und Männer, äußerten das Bedürfnis, sich nachdenklich, selbstkritisch auseinanderzusetzen mit dem, was hinter ihnen lag; in ihrem Teil Deutschlands, der Deutschen Demokratischen Republik. Opfer, Täter, Mitläufer: Alle meldeten sich zu Wort, wobei offensichtlich war, daß die Übergänge zwischen den Gruppen in der Regel – mit bitteren, schrecklichen Ausnahmen unter den Opfern – fließend waren.

Einige reklamierten ausdrücklich, unter die Täter gerechnet zu werden: Sie waren keine Gesetzesbrecher gewesen; keine unglückseligen Grenzsoldaten, auf deren Wache, nicht zwei Stunden früher oder später, es zum Ernstfall gekommen war; keine Denunzianten, wie sie – warum denn nicht zunächst einmal glaubhaft? – versicherten. Dennoch wollten sie sich nicht zu den Mitläufern gesellen, sondern beharrten auf ihrer Täterschaft: als überzeugte Sachwalter einer Idee, einer Ideologie, einer Staatsordnung, die ihnen das Abmühen hatten wert erscheinen lassen; denen sie, der aufgeklärte Westler schüttelt sich, einen Glaubenskredit eingeräumt hatten. Sachwalter eines bösen Irrtums, Opfer einer Selbsttäuschung. Aus einem bestimmten Blickwinkel, aus dem der Schlaumeier, konnten sie wie Dummköpfe aussehen.

Jedenfalls keine strahlenden Figuren, nicht die Spur vom neuen Menschen an ihnen, den die Lehre verkündet hatte.

Es gab in den Gesprächen und Briefen Versuche der politischen Rechtfertigung. Aber häufiger waren die Bemühungen, sich zu erklären. Manche trugen vor, in ihrer Parteiorganisation bei dem und jenen Anlaß für die Maßregelung, die Rüge eines Genossen gesprochen zu haben: wohl nur halben Herzens, aber dennoch mit voller Stimme und im Einklang mit allen anderen. Im tiefsten Grunde war dabei der sehr gewöhnliche Charaktermangel zum Zuge gekommen, der in der Regel in allen gesellschaftlichen Systemen die Oberhand behält, wenn die Menschen, weil das die Situation verlangt, sich in Mehrheit und Minderheit scheiden. In Ordnungen, die den Menschen bequemer sind als geschlossene Systeme, Dogmengefängnisse, wie die SED eines war, sind die Gelegenheiten, bei denen man sich entscheiden muß, gewöhnlich nicht ritualisiert; werden sie nicht als Selbstreinigungsprozesse mystifiziert, auch wenn tatsächlich Positionskämpfe ausgefochten werden oder wohlgefällige Protokolle für »oben« zu Papier kommen sollen. Jedoch: Auch im Mitmachen oder Widerstehen auf pluralistischer Grundlage wirkt der erwähnte Charaktermangel, man wird sagen können: gewohnheitsmäßig, mit – wenn etwa in einem Firmenvorstand, einem Ärztekollegium, einem Lehrkörper westlicher Art Mehrheiten und Minderheiten sich bilden. Auch dabei wird, verdeckt oder offen, über berufliche Aussichten mitentschieden. Die Weltliteratur lebt nicht zuletzt von Charaktermängeln.

So viele Banalitäten auf so vielen Hutbändern. Aber diese, die vom systemübergreifenden Charaktermangel, hat derzeit in Deutschland wenig Denkmale, die ihr ins allgemeine Bewußtsein helfen können. Um auf einem gesamtdeutschen Parteitag das Gefieder von Delegierten zu glätten, das sich bei manchen östlichen Parteifreunden wegen des herablassenden Pharisäertums westlicher Christdemokraten schließlich doch gesträubt hatte, wird schon einmal eingeräumt, daß auch nicht jeder Westdeutsche zu den frühen Gründern des »Neuen Forum« gehört hätte: eine Wahrheit, die jedoch aufs ganze gesehen eine rhetorische Floskel bleibt. In ihrem Schutze kann man eher noch ungenierter auf die herrschende – der westdeutschen Mehrheit angenehmere, auch dienlichere – Vorstellung zurückkommen, wonach bis zur Wende gute und schlechte Menschenart reinlich durch Elbe und Mauer getrennt waren.

Die Einsicht, daß in allen Systemen viele der gesellschaftlichen Schikanen, Zurücksetzungen, Lumpereien, die den Menschen widerfahren können oder an denen die sich beteiligen oder zu denen sie schweigen, schon hinlänglich von den charakterlichen Eigenschaften des alten Adam und der alten Eva bewirkt werden, überall und immer, bevor die jeweiligen politischen Ordnungen das Ihre dazu tun oder manches verhindern – diese Einsicht führt stets ein kümmerliches Dasein, heute hierzulande ist sie in eine tiefe Ohnmacht gefallen. Dabei könnte allein sie die Musterung der Vergangenheit zu einer gesamtdeutschen Selbstprüfung machen, falls eine Urteilsfindung in Moral und Ethik überhaupt als ein gesellschaftlicher Vorgang möglich ist und nicht in Wahrheit stets ein individueller Akt bleibt. Aber dann gingen die für eine populistische Politik gebotenen Pauschalisierungen, die Verabsolutierung der Systemunterschiede, der westdeutsche Köhlerglaube an das eigene Gefeitsein verloren. Am Ende käme heraus, daß es auch Kommunisten von gutem, lauterem Charakter in der DDR gegeben hat – nicht als ein diskussionstaktisches Zugeständnis, ein flüchtiges »gewiß, ja« im Nebensatz, um sogleich wieder auf dem »Aber«-Hauptsatz beharren zu können, sondern als Frucht der Erkenntnis, daß es mit den guten Charakterzügen wie mit den weniger guten ist: Es gibt auch sie in allen Ordnungen.

Unter anderem mit dieser Erkenntnis würde die Vergangenheitsbewältigung der Deutschen den ihr angemessenen Schwierigkeitsgrad erreichen, bis zu dem das Populäre nicht hinaufkommt; auch die intellektuelle Variante des Populismus, bekannt aus feinsinnigen Feuilletons, nicht. Das Tragische gewönne einen weiteren Aspekt. An die Stelle von Ausrufezeichen träten Fragezeichen. Aus der politischen Abrechnung, die der Westen so lange hat aufschieben müssen und für die nun die Mehrheit der Ostdeutschen, die sich in der DDR klüglich bedeckt gehalten hatte, als Kronzeuge dienen muß, schwankend zwischen Verständnislosigkeit und neuerlicher Anpassung – aus der Abrechnung könnte eine Vereinigung werden in der geschärften, heilsamen Besorgnis, wohin es mit den Menschen und ihren politischen Absichten und Werken böse kommen kann: in wechselnden Formen, mit unterschiedlichen Methoden, aber an jedem Ort.

Gewiß schiebt dem das pluralistische System, bei all seinen Mängeln, stärkere Riegel vor, als sie im untergegangenen Regime eingebaut waren. Aber wenn es richtig ist, daß im funktionierenden Pluralismus die Rechtssicherheit und andere Kontrollmechanismen dem Machtmißbrauch einige Grenzen ziehen – dann trifft es ebenso zu, daß in ihm das Erwarten deutlichen Widerspruchs aus gegebenem Anlaß eine geringe Zumutung ist, verglichen mit der Forderung, sich einer solchen Tat inmitten totalitärer Strukturen zu erkühnen. Der Auftritt von Christa Wolf auf dem berüchtigten 11. Plenun des Zentralkomitees der SED im Dezember 1965 stürzt mich in Zweifel, ob ich in einer vergleichbaren Situation wie sie aufs Podium ginge, um gegen die erkennbare Richtung der Mächtigen und die sie begleitenden Zwischenrufe der Mitläufer meine abweichende Meinung vorzutragen. Das war zu einer Zeit, als die SED noch schärfere Zähne hatte als später.

Verglichen damit, ich wiederhole es, wiegt die Zumutung beschämend gering, sich in unserem Freiheitssystem allemal so zu verhalten wie damals Christa Wolf. Ich mache daher auch kein Aufhebens von dem stets allgemeinen Widerstand westdeutscher Rundfunkredakteure gegen parteipolitische Pressionen. Kein Lokalreporter in Westdeutschland zögert, gegebenenfalls die einflußreichen Freunde seines Verlegers zu attackieren. Mir ist die Selbstverständlichkeit bekannt, mit der altbundesrepublikanische Leitartikler immer das kritisch treffendste Wort wählen, selbst wenn ihr schmeichelhaftes Einvernehmen mit den Großen in Bonn vorübergehend getrübt wird. Ich weiß, daß sie niemals vor ihrem Manuskript sitzen und an dessen Schlußfassung, bevor sie es in den Druck geben, noch die eine oder andere Schärfe glätten. Mir ist, zum Beispiel, der laute öffentliche Protest noch im Ohr, den Marcel

Reich-Ranicki erhob, als Joachim Fest die »Frankfurter Allgemeine« auf seine Weise in den Historikerstreit führte. Oder habe ich nur gemeint, nun sei ein öffentlicher Widerspruch fällig? War da gar nichts zu hören gewesen außer in camera caritatis? Ach, warum können wir Westler uns in den Ostlern nicht erkennen? Seit der Wende im November 1989 sind vom Westen aus hochgestimmte moralische Postulate und ethische Maßstäbe für das richtige Verhalten unter totalitären Gegebenheiten in Umlauf gesetzt worden: Postulate und Maßstäbe, ins Land gebracht aus dem sicheren Port des Westens, die keinerlei Verbindung haben mit den Wirklichkeiten des gewöhnlichen Menschen – seinen Stärken und Schwächen, seinem gelegentlichen Mut wie seinem häufigen Mangel daran. Auch mit diesem Rechthaben auf der Basis menschenferner Reinheitsgebote sind gegenwärtig viele westdeutsche Präzeptoren der ideologischen Selbstfesselung dem geschlossenen Denken näher, als mir wegen meines pluralistischen Systems geheuer ist. Wir müssen darauf hoffen, daß unser System besser ist, als wir es sind; daß sich in ihm verkapselt, womit wir es – ausgerechnet in der Stunde seines Triumphes – vergiften.
Außerdem wird die Zeit das ihre tun. Selbst den Prenzlauer Berg werden die Intellektuellen, an häufigen Weidewechsel gewöhnt, eines nicht so fernen Tages abgegrast finden. Politiker – Ausnahmen bestätigen die Regel, vor allem bei vermuteten Wahlkampfvorteilen – werden das Thema gering achten, sobald sie ganz wahrnehmen, es dämmert ihnen schon, daß das natürliche Leserinteresse an den großen Balkenschlagzeilen über noch eine Aufdeckung nicht identisch ist mit den vorrangigen Sorgen und Bedürfnissen ihrer arbeitslosen Wähler; der sächsischen Industriearbeiter und brandenburgischen Genossenschaftsbauern beispielsweise, die noch für manches Jahr in großer Zahl ehemalige Industriearbeiter und Genossenschaftsbauern und sonst nichts sein werden. Wenn es dann, zu meinem Bedauern, zu mehr als einem Kolportagestück von den Gefährdungen und Selbstgefährdungen der Menschen in modernen Staaten und – so oder so – demokratischen Gesellschaften nicht gekommen sein wird – zu mehr nicht als zu einem Oberflächenbefund, griffig in seiner Grobkörnigkeit,

dann wird daran nicht allein die Verstocktheit von Kommunisten und Blockparteilern die Schuld tragen.

Woher rührt die Ratlosigkeit der ostdeutschen Gesprächspartner und Briefeschreiber, von der ich eingangs dieser Textpassage gesprochen habe? Viele von ihnen grübelten über ihre moralische Verstrickung ins Unrecht, die sich aus einem zu langen, zaudernden Abschied von Irrtümern, die einmal ihre Hoffnungen waren, ergeben hatte. Auch Mitläufer zeigten sich betroffen. Ratlos waren fast alle, weil sie die Vergangenheit, wie sie ihnen nun überwiegend präsentiert wurde, nicht wiedererkannten. Die DDR ist nicht so gewesen, wie sie von ihren Regierenden dargestellt worden ist. Aber sie war auch nicht so oder nur in Teilen so, wie sie jetzt, nach der Wende, beschrieben wurde. Weder hatte es einen frühen, massenhaften Andrang zu Oppositionsgruppen gegeben, noch hatte die große Mehrheit der Frauen und Männer in der DDR ihr Leben in Furcht und Schrecken verbracht. Privates Glück wie privates Unglück hatten ihren Vorrang für die allermeisten Menschen ungeachtet der Stasipräsenz behaupten können. Es herrschte, anders als in vielen Landstrichen der Erde, keine materielle Existenznot.

Vor dem Hintergrund dieser Tatsachen, die nicht widerlegt worden sind von der Wende, müßten die Frage nach einer moralischen Schuld durch Mittäterschaft oder Gewährenlassen beginnen, wenn sie zu Antworten über die Minderheit der Opfer hinaus führen sollten. Zu suchen ist im Blick auf die DDR nicht nach dem Verhalten der Menschen unter einer Verfolgung, die auch den Unauffälligen direkt bedroht, vor der es kein Ausweichen gibt und der gegenüber also die Trennung einfach zu sein scheint zwischen verzweifeltem Widerstand und verzweifelter Passivität und – schwieriger schon – verzweifeltem, nicht überzeugtem Mittun als einer anderen Form der Unterwerfung; obwohl Berichte aus Ghettos und Todeslagern ergeben, daß nicht einmal in ihnen die gewöhnliche Menschennatur sich auf eindeutige Begriffe bringen läßt. Danach ist nicht zu suchen. Für die DDR besteht das Fragwürdige in der Unmerklichkeit, mit der das persönliche Arrangement mit den gesellschaftlichen Normen, stillschweigend oder durch Lippenbekenntnis begründet, übergehen konnte in eine Komplizenschaft.

Aber auf welchem Meßtischblatt, außer auf dem der ganz individuellen Selbstbesinnung, soll denn dieser Übergangspunkt markiert werden? Ein Punkt, der in Wahrheit kaum je einer war, sondern in der Regel konturlos auslief in noch einen und noch einen Kompromiß mit dem Bestehenden, aus unterschiedlichen, keineswegs immer opportunistischen Motiven, oder zu weiter andauernder Gleichgültigkeit gegenüber allem, was nicht zum engsten Umfeld gehörte. Kein Punkt, der durch einen Blitzschlag erhellt wurde, von dem aus der Anstoß zu Einsicht und Umkehr überwältigend hätte werden können. Es gab keine Sammeltransporte von Juden zu sehen – und als sie einmal zu sehen gewesen waren, hatten auch nicht alle Großeltern der jetzt Erwachsenen sie wahrgenommen. Wenn am Arbeitsplatz morgens jemand fehlte, ohne in Urlaub oder krank zu sein, dann hatte er sich so gut wie immer, nichts anderes war man gewohnt, unterstellen zu müssen, die Ausreise ertrotzt oder war entlassen worden, weil er noch mitten in der Auseinandersetzung darüber war: in einem Kampf der Schikanen, den die Kolleginnen und Kollegen anteilnehmend oder skeptisch über die Weisheit des Ausreiseantrags seit Monaten verfolgten. Der Versuch eines illegalen Grenzübertritts galt als leichtsinnig, paßte zur Bedenkenlosigkeit jüngerer Leute. Von einer gestatteten Reise nicht zurückzukommen und Frau und Kinder im Stich zu lassen – wie sollte man das wohl nennen? Der prominente Literat, der ohne Zwischenstation, oder der Aufmüpfige, der nach kurzer Haft nach drüben abgeschoben wurde – im vorherrschenden Empfinden der Zurückgebliebenen, der Unauffälligen hatten sie ziemlich preiswert erreicht, was sie, wie man vermutete, im Grunde gewollt hatten. So habe ich es öfter gehört, die Rede ist von der Mehrheit der Bevölkerung und von der Zeit nach den stalinistischen Jahren der DDR.

Wer seinerzeit solche Vorgänge wie das Abgeschobenwerden, die Ausbürgerung allein oder ganz überwiegend nach seinen Interessenwerten eingeschätzt hat, dem mag heute rückblickend eine Schuld bewußt werden, weil er sich damals nicht über seinen Horizont hinaus mitbetroffen fühlte. Aber wenn er nun die Koordinaten sucht, auf denen er zu seiner moralischen Schlappe gelangt ist, dann findet er sie nicht mehr. Die jetzt nachgestellten Spuren seiner möglichen Mitschuld führen in Gefilde, in denen er sich nach seiner Kenntnis der Vergangenheit niemals aufgehalten hat. Das Zurückliegende, an dem er sich überprüfen soll, wozu er auch, mit abnehmender Bereitschaft, willens ist, wird ihm von den tonangebenden, westlich gestimmten Medien grob verfälscht dargeboten. In diesem Reich der Dämonen mochten andere ihre Not gehabt haben, er und seinesgleichen hatten nicht in ihm gelebt.

Sie haben nach ihrer mehrheitlichen Erinnerung in einem Gemeinwesen ihr Auskommen gesucht, an dem sie manches in Ordnung fanden; bedeutend mehr als unzulänglich ansahen, vor allem im ständigen Vergleich ihrer Lebensumstände mit denen der bessergestellten Vettern und Basen aus dem Westen; und vieles als einengend, lästig und vage bedrohlich zu ertragen hatten. Chancen könnten verkürzt werden, aber manche, Ausbildungschancen vor allem, hatte das System auch eröffnet – nicht nur für Genossen. Ganz oben auf der Liste des Bedrückenden standen der Mangel an Reisefreiheit, die beleidigende Augenauswischerei der Medien, die arrogante Willkür in Ämtern. Alles in allem ermattete, erschöpfte das Regime die Mehrheit der Bevölkerung eher, als daß es sie durchgängig trotzig werden ließ. Es gab auch Spaß, Erfolge, Kollegialität, gänzlich unpolitische Mißgunst, Ehekrisen, Versöhnungen, Kümmernisse mit den Kindern, strahlende Feiertage: alles Teile des Knäuels, in dem unter anderem auch steckten zweckmäßig verschleierte Distanz zum Politischen; Desillusionierungen; Durchstechereien; routinemäßige Planmanipulationen; Untertänigkeit vor Leitungsebenen, aber auch Widerspruchsgeist in Fragen, die sich im Rahmen hielten; redliches oder opportunistisches oder aus beidem gemischtes Engagement in der Hauptpartei, den Nebenparteien und Massenorganisationen.

Vom System vorgegeben war, daß es stärker und direkter als die pluralistische Ordnung ins Private hineinwirkte, in die Erziehung der Kinder etwa; um so vieles stärker und direkter, daß hier Quantität in Qualität, eine despotisch wirkende Qualität umschlug. Aber je mehr eine Familie sich den Absichten und Umständen nach im Unauffälligen bewegte, also zum Beispiel weder eine SED-Bindung besaß, die auf niedriger Ebene zunächst einmal Auffälligkeit verschaffte, noch eine aktenkundige Abweichung, etwa zu einer deutlichen kirchlichen Aktivität hin, sich leistete – desto eher war es ihr möglich, auch unter den gesellschaftlichen Bedingungen der DDR eine Normalität des Lebens zu empfinden und zu praktizieren.

Das muß jenen Westdeutschen, die nur ein nachträgliches Interesse an der DDR nehmen, schier unbegreiflich sein. Es fällt uns Menschen allgemein schwer, in andersartigen Lebensumständen anderes als deren Andersartigkeit zu erkennen – normal ist nur das jeweilige Wuppertal. Bessergestellte im besonderen scheinen die Annehmlichkeiten ihrer Verhältnisse unter anderem mit dem Verlust ihrer Vorstellungskraft bezahlen zu müssen, wie findig die weniger Begütigten darin sind, eine ihnen mögliche Normalität durch Anpassung ans Gegebene zu behaupten: offenbar die Befriedigung eines Grundbedürfnisses. Für die Normalität, welche die Mehrheit der Menschen wo irgend möglich sich schafft – notfalls auch unter übleren Bedingungen als denen der DDR –, gibt es kein Urmeter, wie es als Metallstab, allen Einflüssen entzogen, in Paris aufbewahrt wird. (Und selbst dieser Grundstecken des Längenmaßes ist, wie moderne Messungen ergaben, nicht ganz genau.)

In der DDR waren für die Mehrheit der Bevölkerung Verhältnisse vorherrschend, die relativ erheblich schlechter waren als im anderen deutschen Staat und relativ erheblich besser als in den meisten Gegenden der Welt. Wir müßten nur den Blick heben, dann könnten wir es sehen. Bin ich noch immer nicht gänzlich von Illusionen befreit, wenn ich erwarte, eine solche Tatsache könne auch angesichts der gegenwärtigen deutschen Hutmode festgestellt werden, ohne daß dahinter geargwöhnt wird: eine Entschuldigung für die teils eingeborenen, teils aus einer besonderen Situation sich entwickelnden Fehler, Vergehen, Verbrechen in der DDR; eine Gleichgültigkeit in der Frage, ob es, wenn es denn so war, nicht hätte so bleiben können; eine Geringschätzung der Nöte auch der Unauffälligen im Land; ein beschwichtigendes, selbstbeschwichtigendes Aufrechnen der Repressionen dort gegen massivere Unterdrückung anderswo? Sollte ich besser davon ausgehen, daß unsere öffentliche Diskussion derzeit bodenlos ist, also ohne ein Fundament selbstverständlicher gemeinsamer Gesittung? Ich denke, ich habe niemals stärker an der Beständigkeit unseres Pluralismus gezweifelt als beim Beobachten der Vereinigung der beiden deutschen Nachkriegsstaaten. Es steht außer Frage, daß die Siegerpartei – die sich weithin wie eine solche benimmt, aber um keinen Preis so genannt sein will – in vielen Fällen nichts anderes verfolgt, ahndet als bloße Gesinnung, ohne dies in ihrer Befangenheit auch nur immer wahrzunehmen. Darin vor allem findet sich das Bestürzende: im bewußtlosen Abweichen vom Unterschied zum Vergangenen, der grundlegend sein sollte. Es ist kein Vergehen, es ist nicht moralisch anstößig, sich eine DDR ohne Fehl und Tadel gewünscht zu haben. Der Mangel an Einsicht in reale Möglichkeiten steht auf einem anderen Blatt.

Das heutige unmerkliche Fehlverhalten; das Stillschweigen der Wächter politischer Moral darüber; der weitgehende Verzicht auf Gewissensanspannung im Differenzieren zwischen Gesinnung und nachgewiesener justitiabler Schuld: Hier kann sich dem, der will, erschließen, wie dünn die Linie ist, jenseits der die Teilhabe am moralisch und ethisch Verwerflichen beginnt. Das westdeutsche Beispiel aus der Gegenwart weist den Weg zu ostdeutschen Verfehlungen in der Vergangenheit. Es muß nicht eine Partei allein unkontrolliert herrschen, kein Schnüffelapparat mit seinen Spitzeln das menschliche Zusammenleben pervertieren, bis er sich schließlich selber lähmt, aus der Menge seines Wissens am Ende wohl eher Ohnmacht als Macht bezieht, damit man spüren kann, daß etwas faul in einem Staate, einer Gesellschaft ist. Heinrich Böll fehlt uns. Sich auszumalen, was manchmal in Gesprächen geschieht, wie in Westdeutschland verfahren worden wäre, wenn die andere Seite gewonnen hätte, und aus diesem vergleichenden politischen Sittengemälde auf unsere Vorzüglichkeit zu schließen: Wie moralisch genügsam sind wir geworden? Nur die Lumpe sind bescheiden.

Ich würde der ostdeutschen Mehrheit, der nichts anderes als irrige Gesinnung, zum kleineren Teil, oder Mitläufertum, zum größeren

Teil, anzulasten ist, raten, einen ausgestreckten Zeigefinger gegen die westdeutschen Landsleute zu richten – müßte ich ihr nicht zu ihrem Fortkommen empfehlen, auch unter den neuen Gegebenheiten still mit dem Strom zu schwimmen. Viel ist erreicht, wenn der eine und andere Mitschwimmer künftig sich wenigstens nicht darüber täuscht, was er tut.

Das ist für die Schamanen jeder Gesellschaft, die sich so oder so auf ihre Volkslegitimität beruft, natürlich unerträglich: ein Menschenbild, das von der Geschichte immer wieder als authentisch nachgewiesen wird und den jeweiligen schmeichlerischen Beschwörungen seiner Tugenden hohnlacht. Nichts hat Kommunisten, wenn ich mit ihnen sprach, als ihre Partei das Land regierte, mehr irritiert als meine Zweifel an ihrem neuen Menschen. Die Selbsttäuschung der Idealisten und der Opportunismus der Machtpraktiker, die Lippendienste zynisch als Glaubensbekenntnis gelten ließen, waren ihre Anpassung an die Wirklichkeit. Die repräsentative Demokratie des Pluralismus läßt den Menschen gewöhnlich ihre bescheidenen Maße, was zu ihren Freiheiten gehört.

Aber in historischen Zeiten werden auch in ihr die Regel-Menschen rhetorisch in ein Prokrustesbett gezwängt, bis ihre moralischen und ethischen Dimensionen den gesellschaftlichen Klischees entsprechen. Die Art Mensch, die so als Figur einer öffentlichen Rede ins Leben tritt, gespeist aus dem bildungsbürgerlichen Wortschatz der politischen Klasse – diese Art Mensch setzt mehrheitlich, nein: hundertprozentig das Gemeinwohl über den Eigennutz, allemal. Zum Volk zusammengeschlossen, ist sie von höchstem Opfersinn, weitester Toleranz, tiefstem nationalen Empfinden bei gleichzeitiger – moderner Zusatz – Weltbürgerlichkeit beseelt. Sie kennt von Zeit zu Zeit nichts Schöneres, als der Humus der Geschichte, sozusagen ein freudiges Düngemittel, zu sein, weil sie so ihre Erfüllung findet.

Tatsächlich muß es schon viel unerträglicher sein, als es in der DDR für die Mehrheit der Menschen gewesen ist, oder muß als einigermaßen risikolos eingeschätzt werden, die Helden der späten Demonstrationen marschieren auf, oder muß einer fanatischen Aufwallung entspringen – in welch letzterem Falle man besser das

Weite sucht –, damit die Masse der Menschen sich unmittelbar politisch engagiert.

Der Schriftsteller Jürgen Fuchs, dem die aggressive Verteidigungsapparatur des Regimes Böses angetan hat, nennt sinngemäß – für mich sehr verständlich – das unablässige sozialistische Fahnenschwenken über den Sieg des Volkes, die Sicherung der Rechte des Volkes, den nun endlich regelmäßigen Stuhlgang des Volkes (alles meine Formulierungen, also mir, nicht Fuchs anzukreiden) als den ersten Anstoß für ihn, über den weiten Abstand zwischen Agitation und Realität in der DDR nachzudenken. Wann meldet er sich krank mit Brechdurchfall, ausgelöst vom pluralistischen Pathos, das die Kluft zwischen Alltag und Sonntag der deutschen Vereinigung füllt? Er müßte dazu den Kopf aus den Akten nehmen.

Auch so, wie wir mehrheitlich sind, muß nichts verloren sein, wenn wir unsere Ordnungen danach einrichten, daß in ihnen der hinfällige Mensch genommen wird, wie er ist, und der engagierten Minderheit, welcher auch immer, verwehrt ist, ihn zu überfordern. Mich irritiert, daß viele Kirchenleute unter jenen sind, die im Rückblick auf die DDR den Menschen und seine Schwächen aus dem Auge verloren haben. In den kurzen Besinnungsjahren nach 1945, angesichts der physischen und psychischen Überstrapazierungen, Verheerungen der Menschen, Opfer, Täter, Mitläufer, durch Nationalsozialismus und Krieg, dämmerte mir, geboren 1929, und ich habe früh und wiederholt geschrieben, daß wir gut daran täten, ein abendländisches Idol durch ein anderes zu ersetzen. Anstelle von Ikarus, der im Höhenflug der Sonne zu nahe kommt, so daß das Wachs seiner Flügel schmilzt und er abstürzt, sollten wir seinen Vater Daidalos preisen, der das Fliegen erfunden hat, aber in bekömmlicher Höhe praktizierte. Das war eine Absage ans Utopische, lange bevor derlei in diesen Monaten intellektuell modisch wurde, aber es war natürlich auch eine Utopie selber, mindestens eine Illusion: gerichtet auf die Selbstbescheidung der Engagierten, auf ihren Verzicht, alle Menschen, die Menschheit auf schwindelnde Höhe zu zwingen. Oder, bescheidener, aber auch nicht ganz von dieser Welt, die Auffälligkeit einer Bürgerinitiative für das gewöhnliche Menschenmaß auszugeben.

Derzeit versuchen wir uns in Deutschland an der Illusion, mittels Akteneinsicht und daran ohne weiteres sich anschließenden Aushangs des Gelesenen auf dem Marktplatz, da, wo früher der Pranger stand, eine der heikelsten Wechselbeziehungen zwischen Menschen – die von Schuld und Vergebung – zu einem öffentlichen Vorgang machen zu können, der Individuen wie Allgemeinheit von moralischem Schmutz säubert. Gutgläubigkeit, also hier an die reinigende Wirkung eines so verordneten Volksbads, kann das Tor zu manchem Schrecken öffnen, zu einer Barbarei, die einer vorangegangenen folgt. Es ist daran nach meinem Eindruck auch nicht nur Gutgläubigkeit beteiligt. Nichts gegen begründete persönliche Heimzahlung zum Beispiel, aber sie soll mir nicht moralisch kommen oder soll ihre spezielle Moral bekennen. Auch hört man – also: ich höre zuverlässig, kann es jedoch nicht belegen, aber das ist ja über ganz andere Sachen zu unserer herrschenden Moral geworden –, auch hört man, daß bei Blättern, die vornehmlich an Kiosken vertrieben werden, im Westen erfolgreich sind, aber ihre östlichen Leser noch nicht in wünschenswerter Zahl gefunden haben, sich in Verlagsbüros ein gesundes Geschäftsinteresse zu dem Verfolgungseifer der Redakteure gesellt; nicht so sehr bei den Marktführern, aber bei denen, die dichtauf sind. Aber ich zweifle nicht, daß die Journalisten aus eigenem Antrieb ihre Arbeit tun. Einen Steinbruch solcher Ergiebigkeit, einen ganzen zusammengestürzten Staat – was käme wohl zutage, wenn andere zusammenbrächen? – ausbeuten zu können, im Besitze des richtigen Eiferertums und einer Geburtsurkunde von der Sonnenseite der Elbe, wo die Gerechten siedeln – wer wollte sich da bedenken?

Ein Redakteur sitzt in einer Gesprächsrunde im Fernsehen einem Manne gegenüber, der in letzter Zeit viel beschuldigt worden ist, ohne daß ein Beweis erbracht worden wäre: der Redakteur zieht seinen erst nachmittags frisch gefangenen Kranich aus der Tasche, ein Papier unbekannter Herkunft, das eine Empfehlung enthält, aus der auf die Schuld des Mannes im Sessel gegenüber geschlossen werden soll: Die Szene wird zum Tribunal. Der Redakteur will sein papierenes, dubioses Beweisstück ins Gespräch bringen, damit sein Gegenüber ausruft: »Sieh da, sieh da« und endlich gesteht.

Zusammenbruch, ein letztes Wort vor dem Fernsehgericht, kein weiteres Federlesen, öffentliche moralische Exekution: Dieser Triumph der Gerechtigkeit bleibt dem Redakteur versagt. Aber es verließ auch keiner die Runde. Niemanden trieb die Erinnerung an einen zivilisatorischen Umgang mit Schuld und Vergebung – das stets im Munde bereitliegende hohe Ziel – aus dem Sessel.

Ich denke, es ist an der Zeit, daß einer aufsteht und nein sagt. Wir müssen aus dem Sumpf auf festen Boden. Der Abstand zwischen unserer politischen Gesittung und der vorherrschenden des vergangenen Regimes muß wieder größer werden; so groß, wie es menschenmöglich ist. Die Herstellung von Öffentlichkeit für die ganz ans Individuum gebundene Problematik von moralischer Schuld und ihrer Vergebung endet unvermeitlich als Schau. Dies gehört faktisch in das Herrschaftskapitel von Brot und Spielen. Intellektuell kennzeichnet der Versuch, Schuld und Vergebung durch Medienteilnahme zu demokratisieren, den Übermut, der ethischer Haltlosigkeit entspringt; natürlich spielt auch die sich verfestigende Angewohnheit hinein, als Leben nur noch gelten zu lassen, was das Fernsehen zeigen kann. Die Demokratisierung von möglichen Gewissensnöten ist in der Sache schauerlich, in den Formen gelegentlich komisch.

Vermutlich haben wir die Chance – falls sie uns je eingeräumt ist –, moralische Schuld im gesellschaftlichen Sinne nachträglich zu erkennen und daraus, jeder für sich selber, eine Mahnung für künftiges Verhalten abzuleiten, längst vertan. Allenfalls, wenn einer von dem Karussell heruntersteigen würde, das von jedem neuen Fundstück, jeder neuen Interpretation alter Fundstücke, von jedem aus dem Außenbezirk des Außenbezirks Prenzlauer Berg, der sich nun auch sein Stückchen von der Öffentlichkeit schneiden will, von jedem, der seine einstigen Ausreisemodalitäten heute im anderen Lichte sieht, wieder angestoßen wird, um nach einer weiteren Runde systemgemäß als Karussell an der selben Stelle zu halten, bis es neuerlich in Gang kommt – allenfalls, wenn einer abstiege, nein sagte und damit Schule machte, könnten jene Gespräche geführt werden, nach denen öffentlich, in Zeitungen, über Radio und Fernsehen, so heftig verlangt wird, daß die Heftigkeit alle Peinlichkeiten rechtfertigen soll. Gespräche unter vier Augen, im kleinen Kreis, ohne jede Öffentlichkeit, auch ohne Mitschnitt zum Zwecke späterer Vermarktung, kein Abschlußkommuniqué, nicht einmal intern das alles einebnende Schlußwort, das den Moderatoren öffentlicher Diskussionen stets so vortrefflich albern gelingt: Die Rede war doch dann von Gewissen, von Zweifeln, von Motiven, von Irrtümern, aber auch andauernden Gewißheiten gewesen. Es war nicht um Rechthaben und Unrechthaben gegangen, woraus später öffentlich Plus- und Minuspunkte sich ergeben würden. Sogar hatte es sein können, daß der jeweils Angegriffene einen Teil seiner Last dem Vorwurfsvollen aufgebürdet hatte, und der hatte es verstanden, wie auch umgekehrt. Die Außenstehenden würden es nicht erfahren, falls es zu solchem Austausch kommen würde; aber sie würden danach vielleicht eine Qualitätssteigerung der öffentlichen Auseinandersetzung wahrnehmen – denn sie sollte ja nicht gestoppt, ihr sollte der Sensationscharakter genommen werden. Ich mußte nicht erfahren, um eine Vorstellung von der Stasi zu gewinnen, welche Rolle der Mann von Vera Wollenberger gespielt hat.

Das Nein zum öffentlichen Rummel öffnet die einzige Tür, so meine ich, zu den anderen Gesprächen. Ich höre, daß da und dort im Land Menschen, die mit keinerlei Öffentlichkeit rechnen können, auf diese Weise miteinander gesprochen haben. Aber denen, die einen Platz auf dem Karussell besitzen, mag das schwerer fallen. Die Teilnahme an Öffentlichkeit scheint süß zu sein selbst für den, der vorgeführt wird. Nein, ich erwarte nicht zuversichtlich, daß es gelingen wird, das Ringelspiel auf die hier skizzierte Weise zum Stillstand zu bringen. Wir werden wohl noch eine Zeitlang Moral-Monopoly spielen.

Aber, wer weiß: Vielleicht hat die Mehrheit der Frauen und Männer aus der ehemaligen DDR hinter dem Rücken der Öffentlichkeit noch nicht vergessen, daß ihr auf der politischen Bühne des entschwundenen Regimes stets Minderheitenspiele vorgeführt worden sind, die ihre Sache nicht waren. Das könnte ihr den Blick schärfen dafür, daß es sich auch diesmal um eine solche Veranstaltung handelt. Ein Teil der Gesellschaft monopolisiert öffentlich seine speziellen Probleme aus seiner Vergangenheit, weswegen die

Mehrheit das Feld, auf dem sie ihre moralischen Niederlagen zu suchen hat, nicht wiedererkennt. Obwohl viele aus ihr, wie ich verstanden hatte, nach der Wende es anders wollten, wird sie sich dann wohl auch damit zufrieden geben, nichts zu finden. Selbst die Schufte sind nun halbwegs als eine Minderheit eingegrenzt: die Stasi und ihre Helfershelfer.

Der Schritt war wohlgetan. Ohne ihn wäre eine Abrechnung vom Westen her nicht möglich gewesen. Zunächst hatte man das nicht bedacht und war sehr allgemein an den Aufwasch herangegangen. Das hätte unversehens dazu geführt, daß so gut wie alle Erwachsenen in der DDR, wie das System angelegt war, nachträglich Täter durch Handeln, nicht durch Gewährenlassen geworden wären, die dann aber gleichzeitig, damit die Unterdrückung ihre andere Seite erhielte, auch als Opfer hätten dienen müssen.

Vielleicht hat in diesem unbrauchbaren Ansatz mehr Weisheit gesteckt als in der jetzigen Aufteilung, die freilich praktisch ist. Denn so, wie es war – ohne daß es für die Mehrheit so spürbar gewesen wäre, weder faktisch noch psychisch, wie jetzt pauschal kolportiert wird – stand zwischen den einzelnen aus der Mehrheit und der Stasi auch immer nur ein Mitarbeiter des allumfassenden Apparats, der über den einzelnen, die einzelne berichtete, daß er oder sie sich ordnungsgemäß verhalten, gegebenenfalls aufrücken können, reisetauglich sind, oder der nicht berichtete, weil eben alles in der geltenden Ordnung war. Genauso groß, einen Berichterstatter lang, breit und dick, ist der Abstand zwischen moralisch »gerettet« und »gerichtet«, der sich glücklich gebildet hat, so daß einerseits mit der Moral Attacke geritten werden kann, ohne daß andererseits alles niedergemacht wird, was als Wahlvolk dienlich ist. Jeder im Land weiß das oder kann es wissen, wenn er auch nur seine Logik wieder in seine Gewalt bringt. Ein Mitarbeiter nur, enttarnt oder noch unentdeckt, zwischen Mielkes Apparat und den moralisch Geretteten – oder die Stasi war nicht, was Gaucks zweihundert Kilometer Stasi-Akten vorspiegeln. Ich tippe eher auf die Omnipräsenz der Stasi. Das ist nun mein Problem nicht. Ich habe ausgebreitet, auf welche Art Vergangenheitsbewältigung ich – nicht optimistisch, aber auch nicht gänzlich verzagt, jedoch vergeblich wohl – gehofft hatte. Die Verlogenheit und den Irrsinn, die derzeit herrschen, müssen jene mit ihrem Gewissen abmachen, die dazu beigetragen haben oder schweigen.

Drei Gruppen mit unterschiedlichen Motivbündeln meine ich zu erkennen, die die Sache mit der Vergangenheit gegenwärtig besorgen; von auch vorkommender Reporter-Jagdlust als Selbstzweck zu schweigen. Das ist zum einen die Geistesfraktion des totalitären Antikommunismus, die sich keineswegs nur im Geistigen bewegt. Ich stehe ihr hilflos gegenüber wie allem Totalitären, weil ich aus Erfahrung weiß, sie ist, wie ihre fanatischen Verwandten zur linken Hand, rational nicht zu erreichen.

Da ist zum nächsten die Schar nicht mehr ganz so junger westdeutscher Feuilletonisten, Publizisten, die ich dennoch die Schar der »schrecklichen Kinder« nennen will, obwohl ich mich sonst sorgsam hüte, höheres Alter als solches argumentativ in den Streit einzubringen. Ich nenne sie trotzdem so, schreckliche Kinder nenne ich sie, weil sie nach meinem Eindruck die Möglichkeit lustvoll ergreifen, am Zusammenbruch der DDR endlich jenen moralischen Rigorismus auszuüben, welcher einstmals die 68er Bewegung sterilisiert hat. Diesmal wird die in die Jahre gekommene Jugendschar unterstützt, das hilft auch auf Feuilletonistensesseln, von der zuerst erwähnten Fraktion der totalitären Antikommunisten.

Ich warte nun darauf, daß im Kulturteil der FAZ, anderer Blätter und von Rundfunkstationen, sobald die DDR aufgearbeitet worden ist, der publizistische Streit mit den politischen und wirtschaftlichen Teilen der Organe ausbricht: über die schweren Menschenrechtsverletzungen zum Beispiel, die Armut und Hautfarbe in den USA auf sich ziehen. Einen Streit um Moral, ohne Ansehen des Systems und unnachgiebig, bei dem die Redakteure sicherlich die zuverlässige Unterstützung ihrer derzeitigen freien Mitarbeiter für die Reinigung der DDR finden werden.

Die dritte Gruppe ist die der Bürgerrechtler aus der DDR, die früh den Widerspruch – so, wie er ihr nicht zuletzt mit Hilfe von Stolpes Kirche möglich war – riskiert hat. Die Opfer der Stasi, die einen respektablen Nachweis für ihre Verfolgung erbracht haben, der von der Öffentlichkeit zur Kenntnis genommen wurde und nun von den vorher genannten Bewältigungs-Gruppen aus unterschiedlichen Motiven instrumentalisiert wird. Ich kann verstehen, daß diese Gruppe endlich auch einen Teil des öffentlichen Worts führen will. Aber erkennt sie nicht, daß ihre westdeutschen Unterstützer ihr dabei einen zweckgerichteten demokratischen Fundamentalismus im Argumentieren zubilligen, den sie ihr in der gesamtdeutschen politischen Praxis so wenig durchgehen lassen wie anderen alternativen Bewegungen aus der Alt-Bundesrepublik vorher?

Der Vorwurf an Manfred Stolpe, den Bärbel Bohley öffentlich erhebt, ist, daß er sie aus dem Gefängnis geholt hat, obwohl sie doch an jenem Ort noch längere Zeit für die Opposition Zeugnis ablegen wollte. Dazu ist zweierlei zu sagen: Erstens bezieht die friedliche Revolution der deutschen Wende einen wesentlichen Teil ihres Ruhms aus der Behauptung, man habe nicht sicher sein können, als man im Herbst 1989 auf die Straße ging, und sei dennoch gegangen, ob nicht in Leipzig oder andernorts ein Platz des Himmlischen Friedens wie in Peking sich auftun werde: ein Sterbeplatz für Hunderte. Das ist eine Frage der politischen Einschätzung, die keinen Zweifel am Mut der frühen Demonstranten rechtfertigt. Aber dann ist auch Stolpe und seinen Mit-Pragmatikern bis zu Bischöfen hinauf in ihrem Abwiegeln zuzubilligen, daß sie bei ihrer Gratwanderung zwischen Opposition und Regime schon vor dem Herbst '89 Schreckensbilder, wie sie wenig später in Chinas Hauptstadt zu sehen waren, vor dem inneren Auge hatten. Der eine Bischof, so hört man jetzt, hat Stolpe nicht gefragt, wie er seinen Auftrag der Kirche erfüllt. Wen beschädigt das? Der Konsistorialpräsident und die, die gefragt hatten, wie auch jene, die es ungefragt zuließen, was Stolpe tat – sie alle durften bei solchen Vermittlungen sogar einer hochmoralischen Gesinnung nach eine schrittweise Verbesserung der DDR zum Ziele haben, anstatt sie um jeden Preis reif machen zu wollen für ein Beitrittgebiet.

Zweitens macht es frösteln, wenn Gesinnungsethik, die im vorliegenden Fall zum Anspruch auf Märtyrertum tendiert, die Verantwortungsethik des politischen Handelns in moralische Zweifel zieht. Das gehört zu dem Verlust an Maßstäben, der freilich einen großen Teil der derzeitigen öffentlichen Diskussionen erst ermöglicht. Auch so ist es dahin gekommen, daß wir in einer Gesellschaft leben, in der Auschwitz die Singularität bestritten wird, die Schrecken der DDR jedoch als eine Einmaligkeit präsentiert werden.

2. Februar 1992

Amputation
einer Biographie

Am 29. Juli 1992 endete das monatelange Tauziehen um Erich Ho-
necker. Druck aus Bonn führte dazu, daß das einstige DDR-Staatsober-
haupt wenige Tage vor seinem 80. Geburtstag die chilenische Botschaft in
Moskau, in der er sich seit dem 11. Dezember 1991 befand, verlassen
mußte. Auf direktem Wege wurde Honecker in die Justizvollzugsanstalt
nach Berlin-Moabit verbracht. Er sollte wegen 49fachen Totschlags an der
Staatsgrenze und wegen Amtsmißbrauchs angeklagt werden.
Gaus setzte sich in der Folgezeit wiederholt mit Honecker und der Art sei-
ner öffentlichen Behandlung auseinander. Im August 1992 bezog er erst-
mals Stellung. (Dabei zeigt sich, daß Gaus bestimmte Bilder und Me-
taphern, die ihm besonders wirkungsvoll zu sein scheinen oder lieb sind,
mehrmals gebraucht.)

Ich stelle mir vor, Erich Honecker wäre im Jahr 1987 gestorben,
ein paar Wochen nach seiner respektvollen Bewillkommnung als
Staatsgast in der westdeutschen Bundesrepublik. Wir hätten noch
die Heimatlieder im Ohr gehabt, die dem seinerzeit 75jährigen
alten Mann, ein gesegnetes Alter, im Saarland gesungen worden
waren. Der bayerische Defiliermarsch wäre noch kaum verklungen
gewesen, mit dem Ministerpräsident Strauß das kommunistische
deutsche Staatsoberhaupt auf dem Münchner Flughafen eingeholt
hatte. Staatsmann neben Staatsmann, das Foto war viel beachtet
worden: der Gastgeber und sein zierlicher Gast, dessen dünnes
weißes Haar eine wohlkonservierte, würdige Greisenhaftigkeit anzeigte, indes die Figur so gereckt war, wie deutsche Turner seiner
Generation, aus bürgerlichen wie aus Arbeitersportvereinen, sich
strafften, bevor sie an den Barren oder die Ringe traten.
Hätte der Staatsratsvorsitzende der DDR kurz danach das Zeitliche verlassen, so wäre nicht nur das protokollarisch Gebotene

unter Staaten, die amtliche Beziehungen miteinander unterhalten, selbstverständlich gewesen: Der Bundespräsident wäre wohl selber zum Trauerakt nach Ost-Berlin gereist, bei triftiger Verhinderung hätte er sich hochrangig vertreten lassen; vom Bundeskanzler wäre ein ausführliches Kondolenzschreiben an den Staatsrat der DDR gerichtet worden, dessen verstorbener Vorsitzender gerade eben noch mit seinem Besuch in Bonn zur Verbesserung des Gutnachbarlichen beigetragen habe. Darüber hinaus wäre dem Toten in internationalen wie westdeutschen Nachrufen die damalige Gerechtigkeit zuteil geworden: Seine Verdienste an der Milderung der Teilungsfolgen in Deutschland und an der friedenssichernden Stabilität der europäischen Verhältnisse hätte man ihm zugebilligt. Aber das wäre vor fünf Jahren gewesen. Da stand die Mauer noch nicht. Honecker hätte das Monstrum noch nicht errichtet: mutwillig, aus heiterem Himmel, allein verantwortlich. Wer zu spät stirbt...

Wie sollte man nicht zynisch werden, wenn man betrachtet und bedenkt, was zutage kommt, seit Chilenen und Russen Honecker uns Deutschen ausgeliefert haben? Manches an der öffentlichen Bewältigung von Honeckers Rückkehr nach Deutschland verletzt zwar nicht mehr als den politischen Stil und den guten Geschmack, aber nicht jeder Satz, der in diesem Zusammenhang geäußert wird, ist nur komisch. Mit dem Bonus der Harmlosigkeit ihres Schwachsinns, auf den tonangebende Medien dieses Landes zunehmend angewiesen sind, können die Reflexionen rechnen, die ein Chefredakteur des Fernsehen anstellte, der zur Berichterstattung auf die Besucherterrasse des Berliner Flughafens Tegel geeilt war: Honecker habe einst gesagt, als er sich ins Pfarrhaus zu Lobetal geflüchtet hatte, am liebsten sehe er die »Tagesschau« – und nun, so sinnierte der leitende Fernsehjournalist vor der Kamera auf dem Flughafendach, lande Honecker just zur Zeit der »Tagesschau«.

So wird einem geläufig, wohin die Weltgeschichte als Weltgericht drängt: in die Tagesschau. An der Vermittlung solcher Einsichten kann man seine Freude haben. Aber vor anderen Äußerungen versagen Hohn und Spott als Immunisierung gegen eine Öffentlichkeit, von deren Herstellern man nicht weiß, was sie noch veranlassen könnte, wenigstens kurz nachzudenken, bevor sie sich ausdrücken. Nichts hilft gegen die Beklemmung, die der Satz auslöst, mit dem ein anderer Fernsehredakteur einen Tag nach Honeckers Eintreffen seine Nachrichtensendung eröffnete: »Honecker hat seinen ersten Tag hinter deutschen Gittern verbracht.«

Vermutlich ist sie in schrecklicher Unschuld vorgenommen worden: diese journalistische Amputation einer Biographie. Der Redakteur, so darf unterstellt werden, hatte nicht mehr im Sinn als eine griffige Einleitung. Läßt sich der Totalitarismus der Oberflächlichkeit, mit dem die deutsche Gegenwart heute von ihrer Vergangenheit befreit wird, deutlicher erfassen als in der Gedanken- und Ahnungslosigkeit des zitierten Satzes? Von Beginn der deutschen Vereinigung an hat sich das Plakative in den Medien mit der Wirklichkeitsferne der vorherrschenden politischen Phrasen aufs Zweckmäßigste verbunden. Dadurch ist mehr Realität aus dem öffentlichen Bewußtsein verdrängt worden als Honeckers erste Haft hinter deutschen Gittern.

Nur durch Verdrängung auch läßt sich der politische Ansatz des gegen Honecker beabsichtigten Prozesses behaupten: Es muß geglaubt werden, daß erstens die Mauer wegen Wandlitz gebaut worden sei, und daß zweitens sie, wenn schon gebaut, doch ohne Mauerschützen ihre Funktion hätte erfüllen können. Wer kann das glauben, ohne sich intellektuell Gewalt anzutun?

Was schließlich juristisch befunden werden wird, bleibt abzuwarten. Politisch aber können die Mauerargumente gegen Honecker in der Formulierung, die zu Gericht führen soll, im Handumdrehen zu einer selbstgebauten Falle des Westens werden. Denn wie will man moralisch rechtfertigen, daß man die Mauer im August 1961 nicht umstieß von West-Berlin aus, wenn doch nur Honecker hinter ihr stand und nicht die Weltmacht Sowjetunion, die ihren westlichen Vorposten nicht entvölkert sehen wollte? Lag nicht doch der Krieg auf den Straßen von Berlin am damaligen 13. August? Und falls er drohte – und alle Welt meinte, er drohe –, war dann der Mauerbau ein unverhältnismäßiges Mittel zu seiner Verhinderung?

An dieser Stelle so gut wie an jeder anderen kann gesagt werden: Ja, Hohes Gericht der Volksstimmung, im Hintergrund all solcher Erörterungen stehen die Toten, die die Mauer gefordert hat. Sind wir soweit, daß, wer gegen diesen Prozeß als eine Heuchelei argumentiert, beteuern muß, er achte die Toten? Welche Züge nimmt unsere Demokratie an?

Warum ausgerechnet der Mauer-Prozeß? Antwort: Weil unter westdeutschen Politikern, die niemals dachten, sie könnten beim Wort genommen werden, die Todesschüsse an der Mauer und ihre künftige Ahndung das stärkste Versatzstück jeder einschlägigen Rede waren. Unversehens wurden dann nach der Vereinigung Prozesse gegen Grenzsoldaten der DDR fällig, die das Unglück gehabt hatten, daß es in den zwei Stunden ihrer Wache, nicht vorher oder nachher, zu einer Grenzverletzung gekommen war. Nun freilich konnte man die »Kleinen« nicht allein auf der Bank der Angeklagten sitzen lassen.

Und zu Beginn einer politischen Epoche, die durch den Ansturm der armen Völker gegen die reichen gekennzeichnet sein wird, mit entsprechenden Abgrenzungen und Ausgrenzungen, samt dem Druck auf die Regierungen der Hungernden, ihre Leute im Lande zu halten – ausgerechnet jetzt wird das Menschenrecht auf Freizügigkeit, schön wär's, gerichtsnotorisch forciert.

7. August 1992

Zwei Öffentlichkeiten

Wieder wurde, diesmal im mecklenburgischen Schwerin, der Jahrestag der staatlichen Wiedervereinigung feierlich begangen. Inzwischen hatte es in Rostock-Lichtenhagen Gewalttaten von rechts gegen Ausländer gegeben. Im Bundestag wurde die Einschränkung des Asylrechts in Deutschland debattiert. Zum 3. Oktober 1992 schrieb Gaus über die zwei Öffentlichkeiten, die es im Land gibt: die der politischen Klasse und die der anderen Bevölkerung.

Niemand soll vergessen werden, nicht Mann noch Frau, weder jung noch alt, weder hoch noch nieder, wenn es nun den zweiten Jahrestag der staatlichen Einheit Deutschlands zu feiern gilt. Deshalb will ich vorsorglich auf jene unter uns hinweisen, die von der Rhetorik des offiziellen Festakts in Schwerin – Glänzendes ist zu erwarten – womöglich nur allgemein gestreift werden, obwohl doch ihr Geschick in den vergangenen zwei Jahren ganz besonders verbunden war mit den Folgen der Geschichte, die uns von Amts wegen an jedem 3. Oktober national erheben soll. So werden denn hier direkt genannt:

– Männer im vorzeitigen Ruhestand, die in dem Beiseitegestellt-werden im besten Alter dankbar eine soziale Wohltat erkennen sollen;

– die Frauen, für die kein Weg zurückführen wird auf einen Arbeitsplatz außerhalb der Familie;

– die Tausende, die unberücksichtigt bleiben bei den Aufbaumeldungen: 2.000 Beschäftigte, beispielsweise, lautet die Nachricht, die vollständig erst wäre, wenn sie hieße: 2.000 können bleiben von 20.000, die dort einmal ihren Platz im Leben hatten;

– solche Männer und Frauen, die aus keinem anderen Grunde als ihrer einstmalig redlich erworbenen Gesinnung in die Ecke verbannt werden;

– die Menschen, die kommenden Mietsteigerungen mit dem Gefühl entgegensehen, mit dem ein Kranker das Voranschreiten seiner Schwäche beobachtet;

- die älteren Ostdeutschen, die auf den Umgang mit der entschwundenen Herrschaft trainiert waren und spüren, daß sie das Zurechtkommen mit den neuen Ämtern nicht mehr erlernen werden;

– die Frauen und Männer, die allmählich das Selbstvertrauen verlieren, weil doch angeblich jeder Tüchtige auf dem Markt sein Glück machen kann;

– jene Ostdeutschen, die zu ihrem Leide über den neuen Anpassungszwängen die Erwartung aus der Wendezeit noch nicht ganz vergessen haben, sich nun niemals mehr anpassen zu müssen;

– die Ausländer, die an nationalen Feiertagen im Gastland, wenn schon einmal ein Bier mehr getrunken wird, abends besser gewappnet sein sollten; jedenfalls solche, die unter uns Deutschen ausländischer wirken als ein Däne oder Nordfranzose und erkennbar ärmer sind als japanische Manager auf Geschäftsreise.

Ich schließe die Liste hier – unvollständig, wie jedermann wissen kann, der es nur will. Nein, einen Punkt füge ich doch noch hinzu, von der anderen Seite der gesamtdeutschen Medaille sozusagen. Ich argwöhne nämlich, daß auf ihn die Reden in Schwerin nicht einmal flüchtig kommen werden. Also: Nicht unerwähnt bleiben sollen am 3. Oktober auch jene, die sich an der Vereinigung, wie es im Volksgut der Sprache heißt, materiell »gesundgestoßen« haben. Damit ist es dann aber auch genug mit der Miesmacherei in concreto. Nicht weiter soll auf die Lorbeerbäumchen gespuckt werden, die auf dem Festpodium stehen, das Orchester zwischen ihnen, das Rednerpult davor.

Nach Anmerkungen wie diesen wird gern gefragt, ob der Anmerker denn wohl die vergangenen Verhältnisse sich zurückwünsche. Das Rhetorische der Frage hat einen drohenden Unterton: Verlangt wird auf alle Fälle erst einmal die Auskunft, wes Geistes Kind man ist. Damit entspricht die gegenwärtige Frage der westdeutschen Aufforderung von einst, man solle sich doch »nach drüben« scheren, wenn man nicht zufrieden sei mit dem, was ist. In beidem, Frage jetzt und Aufforderung damals, läßt sich dasselbe Bedürfnis erkennen: sich ungestört durch Einwände von der Wirklichkeit so weit zu entfernen, bis sie aus der Distanz wie ein glattes, freundliches Abziehbild erscheint.

Unter den vielen Gegebenheiten, die in allen politischen Systemen die gleichen sind – viel mehr Gemeinsamkeiten als, sagen wir, Monika Maron sich bisher träumen läßt – gehört solcher Umgang mit der Realität zu den am deutlichsten erkennbaren. Boshaft zwar, aber doch nicht gänzlich falsch läßt sich sagen: In der DDR war am 7. Oktober jedes ihrer Jahre alles, alles, alles gut, gut, gut, soweit die öffentliche Rede ging. In der nun gesamtdeutschen BRD ist am 3. Oktober alles auf dem Wege, gut zu werden, soweit es nicht schon gut ist. Das Erwähnen von Verzögerungen des allgemeinen Glücks und von Eintrübungen der Gutartigkeit der Mehrheit bleibt auf Nebensätze beschränkt.

An solcher Schönfärberei in bescheidenem Maße nimmt die Gesellschaft zunächst noch keinen Schaden. Eine gewisse Verklärung der Realität (von Fakten wie Empfindungen) in ihrer Darstellung durch die Regierenden ist normal, unaufhebbar und wird von vielen Menschen sogar gewünscht: Ein gelindes Pathos ist die Zuckerwatte der staatlichen Repräsentation. Wird aber der Abstand zwischen der persönlichen Erfahrung mit der Wirklichkeit und ihrer öffentlichen Beschreibung, vor allem zu Festtagen, für viele Männer und Frauen zu groß, dann versinkt in dieser Kluft die Glaubwürdigkeit der politischen Klasse. Die Menschen in der DDR haben das Entferntsein der Ansprachen und Appelle von dem, was real existierte, auch von der Realität ihrer Gefühle und Stimmungen, täglich wahrnehmen können. Die zwei Öffentlichkeiten, die es (wiederum in allen Systemen) stets gibt: die von der politischen Klasse hergestellte und die der sogenannten Volksstimme (unter Regimen wie dem der DDR listig und verstohlen nur erhoben, aber doch hörbar) – sie berührten schließlich einander nicht mehr.

Wie weit ist unser pluralistisches System auf dem Weg zu zwei Öffentlichkeiten, die sich nicht mehr in einem vernünftigen Sinne wechselseitig durchdringen und beeinflussen, schon fortgeschritten? Die politische Klasse ist überfordert und ratlos. Warnungen vor der Breite und Tiefe des Grabens, der überbrückt werden müßte zwischen den Deutschen hüben und drüben – auch im öffentlichen Verständnis der Politiker – hat es schon 1990 gegeben: vergeblich. Wer die wirtschaftlichen Schwierigkeiten vorhersagte, kam noch glimpflich davon bei der Abfuhr, die er sich bei den selbstgewissen Siegern holte: Er hatte nur mangelndes Vertrauen in die Heilkräfte des Marktes bewiesen. Aber wer – nach einem Studium der Ostdeutschen schon zu Zeiten, als diese für die meisten Westdeutschen nur eine politische Metapher (»Brüder und Schwestern«) waren – auf unterschiedliche Entwicklungen von Mentalitäten und Wertbegriffen unter den Deutschen in den Jahrzehnten der Trennung hingewiesen hatte und früh das Entstehen einer Art Wendewut erkannte, der unterstellt doch, daß der Ablauf der Zeit und die Einflüsse selbst des mehrheitlich gewiß ungeliebten Systems stärker gewesen waren als die hehren Kräfte der Zusammengehörigkeit über die Elbe hinweg. Eine unsägliche Unterstellung.

Ihr gegenüber erlangte das bürgerlich-nationale Klischee materielle Gewalt und bewirkte die Entfernung der tonagebenden Öffentlichkeit von der Realität. So wie jeder, der vorher die Mauer überwunden hatte oder freigekauft worden war, die politische Freiheit gesucht hatte und kein Wirtschaftsflüchtling gewesen war (was aber doch auch ein menschenrechtlicher Fluchtgrund ist, meine ich), so war, was nun nach der Wende vorging, öffentlich eingebettet in nationale Vorstellungen, die, zurückhaltend ausgedrückt, dem Bildungsbürgertum eher zu eigen sind als jeder anderen Bevölkerungsschicht. Helmut Kohls und seinesgleichen Glücksgefühl über die Wiedererlangung einer deutschen Einheit (einer Einheit als solcher, die im einzelnen zunächst nicht weiter politisch-psychologisch bedacht wurde), geriet zur Richtlinie der einen Öffentlichkeit. Westdeutschlands führende Feuilletons, wo die feinere zeitgemäße Bildung ihren Ort hat, wurden folgerichtig zum geistigen Umschlagplatz, auf dem sich Nationalbürgerliches mit speziellen Vergangenheitsproblemen von Schriftstellern und Rezensenten zusammenfand: eine Vereinigung doch immerhin.

Der mecklenburgische Arbeitslose aber, als Beispiel nur genommen, hat mit der einen Sache (sagen wir, den Problemen Günter Kunerts) niemals etwas im Sinn gehabt und hat mit der anderen (Kohls persönlichem Glücksgefühl) wenig mehr als die Vorstellung verbunden, dabei gehe es um Sonntägliches, das die Erwartungen an einen guten persönlichen Alltag nicht schmälern dürfe. Ganz ähnlich hat er sich seinerzeit auch – und das mit dem guten Recht des Schwachen, der damals aber noch nicht arbeitslos war – gegenüber Honeckers persönlichen Sozialismusgefühlen verhalten. In bezug auf den Sozialismus ist er weiter als bis zu einem Lippenbekenntnis nie gegangen. Aus historischer Erfahrung muß man sagen: Wenn er und seinesgleichen mehrheitlich die nationalen Gefühle ernster nehmen als bisher, dann sucht man besser schleunigst das Weite.

Wie es mit den beiden Öffentlichkeiten im Lande beschaffen ist, wird an den offiziellen Reden zum 3. Oktober frisch zu überprüfen sein. Vielleicht besteht im Grunde der Kontakt zwischen beiden nur noch insoweit, als die Öffentlichkeit der politischen Klasse zunehmend aus der anderen den Populismus der Stammtische übernimmt: also Verständnis bekundet, wo sie aufklärerisch widersprechen müßte. Aber wer kann sich schon der materiellen Gewalt eines Klischees entgegenstemmen?

2. Oktober 1992

Das Ende einer deutschen Biographie

Am 12. November 1992 begann vor der 27. Großen Strafkammer des Berliner Landgerichts die Hauptverhandlung gegen Erich Honecker, gegen Mielke, Keßler, Albrecht, Streletz und Stoph. Den sechs Angeklagten wurde vollendeter und versuchter Totschlag an 68 Flüchtlingen vorgeworfen.

Hätte ich Gelegenheit gehabt, Honecker zu sprechen, zwei Fragen hätten mich brennend interessiert: Wann fing es seiner Meinung nach an, mit der DDR endgültig schiefzulaufen? 1985, als die Signale aus Moskau so falsch gedeutet wurden, oder lange vorher? Und: Worin bestanden die entscheidenden Strukturmängel des Sozialismus? Vielleicht hätte er mir nicht mehr geantwortet, weil er an einer Selbstbefragung, gründlich und in Ruhe, schon nicht mehr interessiert war.

Der Wille, die DDR-Geschichte juristisch aufzuarbeiten, hatte die unvermeidliche Zuspitzung auf Totschlag zur Folge. Der Prozeß setzte erstens voraus, daß Honecker die Mauer allein und aus Böswilligkeit gebaut hatte und also anzuklagen sei. Das ist geschichtslos. Wahr ist, an der Elbe 1961 existierte tatsächlich die gefährlichste Militärgrenze der Welt. Daß Honecker das auch gesagt hat, macht ja noch nicht, daß es falsch ist. Und es ist auch wahr, der kalte Krieg wurde 1961 von beiden Seiten heftig geführt und hatte eine Zuspitzung erreicht, daß die Alliierten – wie an ihrem Verhalten abzulesen – ganz froh waren über den Bau der Mauer. Die Lage in Berlin, dem westlichen Vorposten und unmittelbaren Gegenüber der großen Sowjetunion – und sie war eine Weltmacht damals – schien außer Kontrolle geraten zu können.

Die Mauer war ein grausames Beispiel für die Folgen falscher Politik auf beiden Seiten. Aber sie war auch das, was Gelegenheit bot, die nun einmal errichteten barbarischen Anlagen wieder durchlässig zu machen, auch auf beiden Seiten. Der Prozeß gegen Honecker hat diese Dimension außer acht gelassen.

Wirkliche Schuld muß deshalb dennoch verhandelt werden. Ich denke aber, daß der Bau der Mauer der falsche Punkt war. Denn es hat, zweitens, keinen Sinn, so zu tun, als sei die DDR eine abtrünnige Provinz der Bundesrepublik gewesen. Es gab zwei voneinander unabhängige deutsche Staaten, von der ganzen Welt anerkannt. Fragen, die diese Staaten zur Sicherung ihrer Grenzen stellten, mögen furchtbare Folgen gehabt haben, aber so zu tun, als gäbe es nun eine Ahndungsmöglichkeit für das Verhalten von Staatsoberhäuptern, ist populistisch. Man will sich nicht nachsagen lassen, die Kleinen hängt man, die Großen läßt man laufen. Aber wenn man so etwas verhindern will, muß man Gesetze machen – und diese Gesetze müssen ganz und gar frei sein von dem Ruch, sie hätten etwas mit dem Sieger und den Besiegten zu tun. Wenn das nicht geht – und es ging nicht –, dann folgt ein Prozeß wie der gegen Honecker einer verständlichen Forderung der Opfer und dem populistischen, oberflächlichen Wunsch der Öffentlichkeit.

Einen Grund, den Prozeß einzustellen, sahen die Richter in der Verletzung der Menschenwürde Honeckers. Nun steht außer Zweifel, daß er die Menschenwürde vieler Leute verletzt hat. Natürlich kann man sich auf den alttestamentarischen Standpunkt stellen, Auge um Auge, Zahn um Zahn, aber auf die Zivilisationsentwicklung der letzten zweihundert Jahre halten wir uns viel zugute und sollten sie nicht aufs Spiel setzen. So wie dieser Prozeß medial und populistisch begleitet worden ist, war da nicht auch unsere Menschenwürde in Gefahr, verletzt zu werden?

Natürlich wird es für jemanden, dessen Lebenszeit in Gefängnissen verlorenging, für jemanden, dessen Sohn, Vater oder Bruder betroffen war, schwer sein zu begreifen, daß mit der Entlassung Honeckers aus der Haft nicht seine Entlassung aus der Verantwortung verbunden ist. Es gibt Situationen, in denen einiges offen bleibt. Man muß vor den berechtigten Emotionen der Angehörigen von Opfern auch manchmal verstummen.

Aber ich würde, drittens, sehr sorgfältig differenzieren wollen zwischen der Situation von Opfern und jenen Leuten, die in der DDR unter ganz normalen Umständen gelebt haben. Es gehört ja auch zu den Dingen, die man nach dem deutschen Abschluß dieser deutschen Biographie erwähnen muß, daß es bis jetzt weder mit der Vereinigung wirklich funktioniert hat, noch mit der Aufarbeitung von Vergangenheit. Und das hat auch damit zu tun, daß die Menschen Ostdeutschlands andere Probleme haben. Unsere Art von Öffentlichkeit, die mehrheitlich aufs Sensationelle setzt – der Honecker-Prozeß war so etwas –, weist nicht unbedingt den Weg zur Wahrheit. Möglicherweise könnte die Befreiung von dieser Prozeßführung eine vernünftige Vergangenheitsbewältigung, über das Induviduelle hinaus, überhaupt erst in Gang bringen. Wir haben uns durch die Eloquenz einiger Schriftsteller, die ihre speziellen Existenzbedingungen und die Probleme mit der Stasi in die Öffentlichkeit gebracht haben – was ihr Beruf und also in Ordnung ist –, angewöhnt, ausschließlich darin DDR-Realität zu sehen. Wir haben den normalen, gewöhnlichen Menschen, die normalen Lebensumstände, die nicht so grauenhaft waren, wie sie von uns dargestellt werden, in denen der normale Mensch durchgekommen ist, aus den Augen verloren. Dieser Mensch befindet sich in unserer Vergangenheitsbeschreibung nicht wieder. Nur wenn wir die DDR sehen, wie sie wirklich war und nicht, wie es das Sensationsbedürfnis derzeit verlangt, gibt es eine winzige Chance zu einer gesellschaftlich relevanten Vergangenheitsbewältigung.

22. Januar 1993

Die Durchquerung
der DDR-Wüste rückwärts

Ein reichliches Jahr waren die Stasi-Akten offen, auf dem Markt wurden Biographien – im Wortsinne – beendet oder zerstört, der Streit über den Umgang mit den Hinterlassenschaften des MfS hielt unvermindert an. Im Bundestag diskutierte eine von Rainer Eppelmann (CDU) geleitete Enquête-Kommission »Aufarbeitung von Geschichte und Folgen der SED-Diktatur in Deutschland«, im Osten konstituierte sich im Januar 1993 unter Leitung des Philosophen und DDR-Dissidenten Wolfgang Harich die »Alternative Enquête-Kommission Deutsche Zeitgeschichte«. Im Westdeutschen Feuilleton forderten einige, anders als bislang mit den Akten zu verfahren.

Jetzt soll die Debatte zu Ende sein. Die Herren der Geschichte, Westdeutschlands zwei führende Feuilletonisten, haben, verschleiert der eine, unverhohlen der andere, der Bevölkerung geraten, von nun an zurückhaltender zu sein oder es überhaupt genug sein zu lassen mit den Urteilssprüchen aus Stasi-Akten. Schon wieder eine Wende also in Deutschland. Sie bahnte sich an, als Schirrmacher den Daumen nicht nach unten kehrte über den Müller und also auch die Wolf nicht gänzlich ausschloß vom Nießnutz aus seinem Differenzierungsvermögen. Das junge Talent konnte sein Wendemanöver, das nicht sein erstes war und sein letztes nicht gewesen sein wird, sogar auf der Titelseite seines Frankfurter Blattes vollführen, wo sonst die Erwachsenen die Geschäfte der Welt begutachten.

Da mußte auch Greiner das Steuer herumwerfen. Andernfalls drohte das Feuilleton der »Zeit« in ein unbehagliches Abseits zu geraten: dahin, wo die Minderheiten ihr Leben fristen. Diese Feststellung wird besser ein wenig erläutert; vor allem den Ostdeutschen unter uns, die der Schulung für das Erkennen feiner Unterschiede noch weithin ermangeln. Also: Natürlich sind die

Feuilletonisten und ihre Konsumenten aufs ganze Volk gesehen immer eine Minderheit; freilich von der Sorte, deren Sorgen andere Minderheiten gerne hätten. Aber diese Kulturbagage als die ganze Welt genommen (wofür sie sich gern nimmt), verhält sie sich mehrheitlich untereinander wie der ganz gewöhnliche Pöbel: Wehe dem, den sie zu ihrer Minderheit schlägt.

Der Kulturteil der »Zeit« hat in der Regel bei wichtigen, folgenschweren Fragen die Mehrheitsposition, die stets von der Frankfurter Allgemeinen Zeitung vorgegeben wird, nie verfehlt. Gewiß, Unterschiede bei Rezensionen und anderem Kleinviehzeug der Kultur hat es oft gegeben und dabei wird es auch bleiben. Der Pluralismus garantiert auch die Freiheit des verschiedenen Geschmacks. Sogar Abweichungen von der Linie der FAZ in der moralisch-publizistischen Verwertung von Akten der Stasi sind dann und wann vorgekommen. Aber seit das Ganze angefangen hat, im Sommer 1990, als die Vereinigung zu Sieg und Niederlage geriet, hat im Grundsätzlichen die Kultur der »Zeit« sich ans Feuillton der FAZ gehalten. Greiner ging Schirrmacher bei Fuß, als das erste Jagdtreiben gegen die sogenannte Staatsdichterin der DDR eröffnet wurde.

Dieser gelegentlich kaschierte, auch manchen Redakteuren wohl bewußte, aber im gemeinsamen Gefühl, die überlegene Moral unter den Deutschen zu besitzen, nie zweifelhafte Einklang der beiden Kulturherrschaften – dieser Einklang war jedoch in den letzten drei Wochen gefährdet. Publizistische Eigensinnigkeiten auf seiten der »Zeit« schienen der FAZ einen Vorsprung beim Hören des Graswachsens und einer schnellen Anpassung ans Gehörte zu sichern. Es gab einen gewissen Überdruß unter dem Publikum. So kam es zu Telefonaten zwischen Gauck und Schirrmacher und den Wolfs: Es läßt sich schlußfolgern, daß der Behördenleiter nicht ohne Milde war, der Redakteur nicht ohne Geduld.

Der »Zeit« aber blieb der bevorstehende Wetterumschwung zunächst verborgen. Iris Radisch drängte ins Spiel und hatte dabei nicht weniger gegen Müller in der Hand als in anderen Fällen allemal zum feuilletonistischen Schuldspruch genügt hatte – nun sollte es, gemäß der FAZ, zu wenig sein. Anstatt sich gewarnt zu fühlen, ließ das Hamburger Organ auch Fritz Raddatz noch, bildlich gesprochen, über mehr als eine Seite, Müller und Wolf im Auge, aufbrüllen vor wütigem Schmerz und seufzen vor traurigem Verlangen. Die »Zeit« mit Volldampf auf dem Kurs von gestern.

Aber von einer Ausgabe zur anderen brachte Greiner dann seinen Kulturteil wieder auf die – endgültige, vorläufige? – Frankfurter Linie: Schluß mit der Stasi-Debatte. Dabei mag es ihm eine angenehme, nützliche Nebenwirkung gewesen sein, daß nun Frau Radisch, die nach häufigem Hörensagen auf Greiners Posten strebt, mit ihrem Müller-Artikel als wenig umsichtig und wetterfühlig erscheint. Und was ist mit dem treuherzigen Raddatz? Ach, Raddatz: den haben sie schon öfter in die Minderheit geschickt.

Wovon ist bisher die Rede gewesen? Vor allem Ostdeutsche könnten sich mit der Antwort schwertun. Oberhalb der Fernsehunterhaltung und der Ansprachen des Bundeskanzlers existieren die Deutschen in West und Ost mehrheitlich noch immer intellektuell getrennt voneinander. So erschließt sich denn auch der gebildeten Leserin, dem gebildeten Leser im Osten nicht ohne weiteres die herrschende Öffentlichkeit des Landes, zu dem sie gerechnet werden. Gerechnet. Schirrmacher, Greiner? Feuilleton der FAZ, der »Zeit«? Da hat für viele im Osten der Westen einen weißen Fleck: nichts Näheres bekannt. Und selbst bei Ostdeutschen mit einiger Ahnung geht manches über die Köpfe hinweg oder bleibt unter dem Horizont ihres Begreifens oder fällt zwischen die Standpunkte ihres Interessiertseins. Das ist ganz unabhängig von Intelligenz. Es hat seinen Grund darin, daß mit der Wende der westliche Teil des Landes neuerlich die Alleinvertretung des Ganzen übernommen hat: Ein Anspruch wurde wiederbelebt, der einst vom Westen her zum Kalten Krieg gehörte. Zu welchem Krieg gehört er heute?

Wenn man sich fragt, wovon bisher die Rede war: Aufgehellt wurde hier ein Teil der Innenansicht jener Außenansicht, die geltend macht, es gehe um Gewissensfragen, um moralische Schuld und opportunistische Verstrickung im Stasi-Staat. Enthüllt werden sollte anhand von Akten, so sollte die Außenansicht glaubhaft machen, als der Aktenmarkt etabliert wurde, ein »Auschwitz der Seelen«. Selbst ohne einen Blick auf die Innenansicht weiß man: Schamloser kann ein Vergleich nicht sein.

Vergangenheitsbewältigung, wie es genannt wird. Die Durchquerung der DDR-Wüste rückwärts. Es schwindelt einem beim Zusehen. An den Fingern einer Hand ist nicht mehr aufzuzählen, von wie vielen verschiedenen Motiven die Spurensucher, Vermesser und Nachrichter, bewußt wie unbewußt, sich antreiben lassen. Gemeinsam ist so gut wie allen nur, daß ihnen der angebliche Zweck ihres Tuns – zu analysieren, was gewesen ist – längst ein Mittel zur Selbstbefriedigung geworden ist. Pfauenräder werden geschlagen; biographische Höhepunkte, die von der Zeit abgetragen worden sind, sollen aus den Akten eine ewig andauernde Bedeutung erlangen; schwach begabte Literaten zehren von ihrer einstigen, seinerzeit aktenkundig gewordenen politischen Auffälligkeit; Medienmärkte werden bedient; der Journalismus wird zum Weltgericht, Strafkammer DDR.

Merke: Die Tragödie der vergangenen vierzig Jahre war, zum Glück, ganz so grausam nicht, wie sie heute gern beschrieben wird. Aber das ihr nachfolgendes Rüpelspiel hat komische Züge, die nicht zu übertreffen sind.

Schon regt sich Dankbarkeit da und dort, weil Schirrmachers Leitartikel und Greiners Appell auf Schluß der Debatte einige Vernunft aufweisen. Wie bitte? Es gab Vernünftige genug, Unverdächtige, die – wegen der Gefahr, die Chancen einer Besinnung zu vertun – gewarnt haben, als die Feuilletonchefs und ihre Trabanten die Meßlatte eines irrealen moralischen Rigorismus an jedes Knie legten, das nicht zuzeiten durch die Mauer oder durch die Elbe in den Westen gekommen war. Damals wurden die Stimmführer des Chors der Kulturredakteure (und auch der Chor selber) vielen aus der DDR, über die sie das vae victis anstimmten, immer ähnlicher. Kein Gedanke daran, weder im Text, noch zwischen den Zeilen, daß Staaten unter allen Systemen mittels der Menschen zu hysterischen Monstern werden können – wenn nicht strukturell gesicherte Machtkontrollen dem entgegenwirken. Im Gegenteil: Während angeblich die Stasi-Problematik aus den Akten ins Bewußtsein gehoben werden sollte und in Wahrheit nur nach den Regeln der Willkür über Menschen der Stab gebrochen wurde, sind gleichzeitig rechtliche Kontrollmechanismen gegenüber dem Staat (etwa im Asylrecht) unter allgemeinem Beifall vermindert worden. Niemand in der tonangebenden Öffentlichkeit im Deutschland nach der Wende hat in der DDR ein mögliches Menetekel an der eigenen Wand erkennen wollen, sondern hat in ihr nur einen Anlaß zur Selbstgerechtigkeit gesehen. Nichts als die Wiederaufstellung des Prangers haben uns die Stasi-Akten gebracht.

Keine Dankbarkeit. Noch nicht einmal Erleichterung, bevor ich nicht weiß, ob die neue Linie durchgehalten wird. Im übrigen baue ich auf die düstere Zukunft, in der die schnell wachsende Spannung zwischen Arm und Reich in Deutschland die Ost-West-Problematik in der guten alten Zeit unwichtig machen wird. Da werden dann den Feuilletonisten, die unsere Gesellschaft stabilisieren helfen, ganz andere Themen zur Pflicht: Demut und Bescheidenheit, Innerlichkeit als Transquilizer.

12. Februar 1993

Der amerikanische Traum – sächsisch

Am 1. April 1993 verlangten mehrere Tausend Metaller aus Sachsen die Einhaltung der 1991 geschlossenen Tarifverträge, die der Arbeitgeberverband wenige Tage zuvor aufgekündigt hatte. Damit setzten sich die bundesweiten Proteste der Stahl- und Metallarbeiter fort. Am 26. März bereits hatten rund 100.000 in Bonn gegen die angekündigten Massenentlassungen in der Stahlindustrie und die Schließung von ganzen Fabriken demonstriert... Tarifautonomie und Rechtssicherheit waren erkennbar gefährdet.

Und im thüringischen Bischofferode besetzten Mitte des Monats 700 verzweifelte Kali-Werker bei laufender Produktion ihren Schacht. Die Förderung sollte nach der Fusion mit der Kali und Salz AG Kassel zum Jahresende eingestellt werden. Von den einst 30.000 Kali-Werkern in Thüringen waren nur noch 3.000 übriggeblieben. Nun standen auch die letzten Jobs zur Disposition.

Der real existierende Kapitalismus, nun er in den USA – wohl nur vorübergehend – unter gelinden Druck gerät, findet anderswo Gelegenheit, sich freier zu entfalten: Deutschland gibt sie ihm, indes Präsident Clinton sich bemüht, dem Monster einen leichten Zügel anzulegen. Man möchte glauben, der Weltgeist sieht seinen Sinn in kommunizierenden Röhren.

Natürlich steigt weder die soziale Sicherheit dort noch sinkt sie hier im Handumdrehen. Amerika, wo die Freiheit der Schwachen noch nicht an Land gegangen ist – die Freiheit von Angst vor dem ungebremsten Sturz ins Elend –, Amerika hätte viel europäische Entwicklung nachzuholen, bis seinen Ärmsten als deren gutes Recht zugebilligt sein würde, worauf sie bisher als Almosen hoffen müssen. Und vor allem Deutschland hat – in beiderlei Gestalt, in seiner westlichen wie östlichen Nachkriegsvariante – noch viel preiszugeben, um auf den amerikanischen Sozialstandard der Schwachen abzusinken. Aber wir sind auf dem Weg. Und wie die Umstände in den USA wie in der BRD sich entwickeln, kann man jetzt schon sagen: Amerikas soziales Netz wird, wenn überhaupt, weit weniger schnell geknüpft werden als das deutsche aufgelöst. Unterm Strich wird der unverhüllte Kapitalismus doch wieder einen Schritt weitergekommen sein. Weiter wohin?

Die Rede ist vom Kapitalismus, wie er wirklich ist: barbarisch effizient; mörderisch; eines Tages wohl auch selbstmörderisch. (Ist unsere Sprache womöglich schon so verkommen und wir mit ihr, daß die Formulierung: barbarisch effizient nicht mehr anklägerisch, sondern als respektvoll verstanden wird, wenigstens im Unterton?) Daß der Kapitalismus den real existierenden Sozialismus überdauert, hat nicht einen der ihm innewohnenden fürchterlichen Widersprüche widerlegt, deretwegen die Menschen einst ins Grübeln kamen, wie man ihn überwinden könnte. Er war nach dem Kriege so abstoßend für viele Frauen und Männer auf der Welt, daß seine Agitatoren in der Bundesrepublik nicht mehr wagten, ihn bei seinem Namen zu nennen. Statt dessen haben sie freundliche Umschreibungen für ihn erfunden, die sie seinem politischen Personal in den Mund legten: die freie Entfaltung des Menschen; den freien Wettbewerb; das freie Spiel der Kräfte; die Freiheit.

Der Kapitalismus ist der Vater aller besseren Freiheiten, so wurde und wird glauben gemacht – aber gewöhnlich unausgesprochen. Dieser Vater wurde meistens verleugnet. Wann je sagte ein westdeutscher Politiker, so lange er bei Sinnen war, unverbrämt: Ich trete ein für den Kapitalismus? Nur die flotten Spruchbeutel des Zeitgeists, die Randfiguren der politischen Klasse, niemals die für den ethischen Überbau und das Einschmeicheln beim Wähler Zuständigen, bekannten dreist, daß im Kapital und dessen Ismus ihre Heilserwartung sich erfüllt. (Im Kapitalismus ist dieses zynische Bekenntnis die Schwester der Scheinheiligkeit; die scheinbare Gotteslästerung. Die Gottesbeweise des Systems sind der Umfang der Versandhauskataloge und die Verkaufsplätze für Gebrauchtwagen an jeder Ortseinfahrt. Wer freilich nun meint, so gesehen bezeugten schon allein jahrelange Lieferfristen für schlechte Automobile und andere alltägliche Mängel die moralische Überlegenheit des anderen Systems, der hat etwas falsch verstanden.) Die semantische Verschönerung des Kapitalismus fiel den bundesrepublikanischen Politikern leicht, weil die große Mehrheit der Westdeutschen ihn wegen der besonderen Umstände nach dem Krieg nur in milder Form kennenlernte. In Härtefällen half der Schutzengel, den der Kapitalismus hat. Er verblendet die Menschen. Noch viele der Armen, die nichts erwerben können von dem, was die Schaufenster präsentieren, empfinden sich als Teil der Wohlstandsgesellschaft, wenn sie durch die Einkaufspassagen bummeln. Es handelt sich dabei um ein Verhalten, wie es auch der Nationalismus auslöst: Ich bin stolz, ein Deutscher zu sein. Die beiden gleichartigen Reflexe treten in der Regel auch bei den selben, zu kurz gekommenen Menschen auf.

Auf die meisten Ostdeutschen – um auch sie zu erwähnen, obwohl sie bis zur Wende nur Zaungäste des Kapitalismus waren – wirkte die Konsumseite der sogenannten freien Wirtschaft bei Verwandtenbesuchen und im Werbefernsehen ziemlich makellos. Am wenigsten hatten sie seinerzeit die Sache mit dem Geld verstanden. Es gab manche Verstimmung unter Ostdeutschen, wenn der westdeutsche Vetter (er hatte ein Geschenk angeboten) die elektrische Bohrmaschine beim nächsten Besuch nicht mitbrachte. Was hieß, sie war zu teuer für ihn? Sie war, man wußte es, im Geschäft »zu haben«. Was konnte Geld da noch bedeuten? In diesem Punkt hat man seither viel dazugelernt.

Aber der Kapitalismus ist in der alten Bundesrepublik nicht nur schöngeredet worden. Es war nicht der dritte Weg, den man erfunden hatte. Jedoch wurde im Namen der Sprechblase »Soziale Marktwirtschaft« ein System sozialer Sicherheiten entwickelt, von dem nur die allerdümmsten Unternehmerfunktionäre und Abgeordneten der Industrie nicht begriffen, daß es seine Kosten wieder einbrachte durch den in ihm begründeten sozialen Frieden im Land. Und wenn auf diese Weise politisches Bewußtsein verkümmert ist, wie dogmatische Linke wehklagen – was verschlug das angesichts des so gestifteten Wohlergehens einer großen Zahl

bedürftiger Menschen über eine lange Zeit? Deshalb ein Sozialdemokrat genannt zu werden: deshalb ist es nicht genierlich. Die
Alternative, wie sich erwies, war nicht von dieser Welt – auch nicht
im Bewußtsein der relativ Schlechtgestellten.

Vieles hat in der entschwundenen Bundesrepublik zusammenge-
wirkt, bewußt wie unbewußt, um die Brutalitäten des Kapitalismus
zu mildern; sozusagen zur Vervollständigung von Ludwig Erhards
herkulischer Tat (Ironie), deren Bedeutung mythisch höher zu ver-
anschlagen ist als real (keine Ironie). Es gab den Schock aus Krieg
und Nachkrieg, der für eine gewisse Zeit geradezu umstürzlerisch
wirkte: Die CDU gab sich vorübergehend ein beinahe sozialistisches Programm. Das wurde von anderen Programmen abgelöst,
aber nicht gänzlich überwunden. Der grundsätzliche Konsens zwischen den Tarifparteien war stabil.

Die christlich-demokratisch geführten Bundesregierungen haben
in den ersten zwanzig Jahren, von 1949 bis 1969, sozialpolitisch
den schieren Sozialdemokratismus praktiziert, der das Subsidia-
ritätsprinzip der christlichen Sozialehre hinter sich ließ und oft
über den Mittelstandsblock der Partei triumphierte. (Damals
waren die Hauptopfer des gemilderten Kapitalismus nur die Tante-
Emma-Läden in Handel, Handwerk und kleiner Industrie – nur.)
Die große Wirtschaft hatte keine prinzipiellen Einwände: Was
beschlossen wurde, war zu finanzieren. Denen »drüben« wurde
der Wind aus den Segeln genommen: Die bundesrepublikanischen
Gewerkschaften wurden in ihren Massen kleinbürgerlich. Würde
sich das nicht auszahlen am Ende?

Wird es sich auszahlen? Auch in der DDR lebten überwiegend
Kleinbürger. Dieser Stand wird nun binnen kurzem im Westen wie
im Osten Deutschlands unter einem sich schnell verschärfenden
Kapitalismus zu existieren haben: Denn in ihrer Ratlosigkeit
suchen die Herren im Land Zuflucht beim Kapitalismus pur. Wie
werden die Kleinbürger reagieren? In den vergangenen Jahrzehnten haben die Westdeutschen eine Amerikanisierung ihres Landes
kennengelernt (und gern gehabt), die sich auf die schnellen Veränderungen der Lebensgewohnheiten einer breiten Mittelklasse
bezog. Was der gesamtdeutschen Gesellschaft jetzt bevorsteht,

wird auch eine Amerikanisierung sein: Sie wird die Unterschicht betreffen. Diese Schicht wird sich schnell vergrößern, wird verarmen und soziale Sicherheiten einbüßen; sie wird – zunächst unmerklich – immer mehr Teile der Mittelschicht aufnehmen; eine beträchtliche Gruppe von Menschen wird unter das amtliche Existenzminimum absinken. Die Normalisierung des westdeutschen Nachkriegskapitalismus ist im Gange.

So wird endlich doch die Teilung der Deutschen in Ost und West überwunden werden. Künftig wird man auf beiden Seiten der Elbe nach arm und reich unterscheiden. Demnächst, darauf kann man wetten, wird es eine erste Liste der hundert reichsten Männer in den fünf neuen Bundesländern geben. Nur gebürtige Ostdeutsche sollten verzeichnet werden, damit ganz deutlich wird: Der amerikanische Traum ist nach Sachsen gekommen. Wer es nicht schafft, seines Glückes Schmied zu sein, muß sich dann schämen.

23. April 1993

Die Unschuld des schlichten Empfindens

In Gesprächen zitiert Gaus gelegentlich seinen Münchner Freund Fred Hepp, der sagte: »Alles hängt mit dem Ganzen zusammen.« Vielleicht muß man noch hinzufügen: »Nicht unmittelbar, aber irgendwie«; wenn man die intellektuellen und faktischen Veränderungen, die im staatlich geeinten Deutschland vorgehen, in eins sehen will. In Solingen kamen am 29. Mai 1993 fünf Türkinnen bei einem ausländerfeindlichen Brandanschlag ums Leben. Der Bundestag beschloß im selben Frühsommer, den Artikel 16 des Grundgesetzes (Asylrecht) einzuschränken. Literaten gestehen ihr nationales Empfinden und konstatieren dessen Fehlen bei anderen.

Martin Walser hat im »Spiegel« Nr. 26 vom 28. Juni 1993 ein Bekenntnis zur Nation abgelegt und den Mangel an Nationalbewußtsein unter den linken deutschen Intellektuellen aufgedeckt. Um in Fahrt zu kommen, benutzt Walser dabei seine Erinnerung an eine Talkshow im Februar 1989, zu der neben ihm unter anderen auch ich eingeladen war. Nach der Veranstaltung, die sich mit dem Heimatbegriff im geteilten Deutschland beschäftigen sollte und über vordergründigem Streit nicht zum Thema kam, notierte Walser (so berichtet er jetzt im »Spiegel«), ich hätte seinen Standpunkt oberflächlich und platt genannt.

Das wird wohl so gewesen sein. Ich hatte einige Jahre daran mitgewirkt, die Reisemöglichkeiten zwischen den beiden deutschen Staaten zu erweitern. Mir war bewußt, wie mangelhaft noch war, was hatte erreicht werden können. Ich bedauerte, daß nicht mehr Westdeutsche ohne familiären Anlaß in die DDR reisten: zum Beispiel nur, um ins Theater zu gehen oder Schloß Tiefurt zu besichtigen. Mich ärgerte, daß viele, die es hätten tun können, darauf verzichteten, weil ihnen das Regime der DDR nicht paßte. Wie ich es sah, obsiegte damit auch von westlicher Seite das Trennende über das, was an Zusammengehörigkeit immerhin praktiziert werden konnte. Ich nannte das: die Mauer als Brett vor dem Kopf tragen.

Walser hatte ein paar Monate vor jener Gesprächsrunde im Fernsehen, an die er jetzt erinnert, einen Vortrag gehalten, in dem er auf eindrucksvolle Weise seine Anhänglichkeit an Deutschland artikulierte. Das Niveau dieser Münchner Rede vom Oktober 1988 erreichte in der Talkshow niemand. Unter den TV-Bedingungen reduzierte sich zwischen uns die nationale Frage mehr oder weniger auf Theaterbesuche Westdeutscher in Leipzig und Dresden. Wer kommt schon zum Wesentlichen in Talkshows? Meinen Einwand, solche Theaterabende seien möglich, konterte Walser mit dem Hinweis, er habe auch gefordert, die Leipziger müßten in Stuttgart ins Theater gehen können.

Dies also teilt Walser jetzt aus seinen Notizen mit. Ich zweifle schon deshalb nicht an der Korrektheit seiner Wiedergabe jenes Wortwechsels zwischen uns, weil ich – gestützt auf Walsers Erinnerung – auch heute zum selben Urteil komme: Was er mir gegenüber ausführte, erscheint mir oberflächlich und platt. Sollte es ihm als geistige Hochseilakrobatik gelten: das Landen, nach dem Trommelwirbel, vor dem Applaus, im Selbstverständlichen – in der Forderung auf Freizügigkeit auch der Leipziger?

Nicht die Kühnheit des Verlangens (aus westdeutschem Munde im westdeutschen Fernsehen: mannhaft, mannhaft?) konnte einem die Rede verschlagen, wohl aber die Ungeniertheit, mit der es als Argument, als Beleg einer höheren Gesittung und Moral gar benutzt wurde. (Und jetzt noch benutzt wird.) Bedenkenlose Agitatoren, die so verfahren, spekulieren auf die Schlußfolgerung ihrer Hörerschaft: Wer die Platitüde nicht ausspricht, ist ein Schweinehund. Intellektuell ist das unappetitlich, in der Breite jedoch wirkt es.

Aber ist Martin Walser ein Agitator? Ausweislich seiner Texte ist seine Gefühlswelt reicher ausgestattet als sein Intellekt: Das macht seine Romane zu dem, was sie sind. Ich vermute, daß seine Heilssuche in der platten Selbstverständlichkeit – dem Wunsch, Leipziger sollen ohne weiteres nach Stuttgart fahren können – nicht agitatorischem Kalkül entsprang, sondern dem Willen zur Einfalt. Darin liegt die Unschuld der Stammtische, die es bekanntlich in jeder sozialen Schicht und auch jeder Auflagenhöhe gibt: Was tut man an ihnen denn mehr, als daß man die Wirklichkeit geringschätzt? Als daß man ihr den Abstand vom Erwünschten zur Last legt und nicht den Wünschen? Als daß man vom schnellen Flug der Träume herabsieht auf die Schwerfälligkeit der Mühen, die Wirklichkeit zu verändern? Mehr ist es im Grunde doch nicht, was an Stammtischen, mal gröber, mal feinsinniger, ins Wort drängt.

Die Unschuld des starken, aber schlichten Empfindens, die dabei waltet, nimmt, wenn sie auf Widerspruch stößt, die Züge von gekränkter und verfolgter Unschuld an. Auch dafür finden sich Belege in Walsers Beitrag im Nachrichtenmagazin. Seine Notizen nach der damaligen Talkshow zeigen: Der Schriftsteller sah sich in der Gesprächsrunde in der Minderheit, empfand Bedrohliches und erkannte eine Verschwörung – er sollte »vorgeführt« werden, weil er sich in seiner Münchner Rede im Oktober 1988 zum Nationalen bekannt hatte. Ach, Herr Walser. Aber ich glaube ihm, daß er verstört war. Ich argwöhne nämlich, daß er innerhalb der Minderheit, zu der er nach Profession und Funktion in der Gesellschaft gehört, sich meistens bei der Mehrheit aufgehalten hat. (Übrigens schätze ich Walsers Münchner Rede sehr.)

Walsers jetziger Artikel im »Spiegel« ist keineswegs ein hermetischer Text. Im Gegenteil: Es führen eher zu viele Wege in ihn hinein und versanden. Aber es läßt sich herauslesen, was Walser ungefähr spürt: Das Desinteressement der deutschen Linken am Nationalen trage Schuld am neuerlichen Aufkommen von Nationalismus in Deutschland. Ich denke, daran ist etwas – etwas – Richtiges. Man wird bald verstehen, warum ich das denke.

Der »Spiegel« freilich – Klappern gehört zum schwerer gewordenen Handwerk – übertreibt. Er bescheinigt dem Schriftsteller, daß er sich von Schablonen losgesagt habe, »unerhörte Töne« anschlage und sich mit seinem »Bekenntnis zur Nation« einfüge in eine Reihe von »Tabuverletzungen deutscher Intellektueller«, die das Blatt jüngst veröffentlicht habe. Nun ja, die Höhe des intellektuellen Anspruchs muß jede Redaktion selber für sich bestimmen;

da gibt es auch ein Auf und Ab. Glücklich die Redakteure, die das Einrennen von heute weitgeöffneten Scheunentoren für eine intellektuelle Leistung nehmen.

Mich aber hat der Neid auf die »unerhörten Töne« und die Beschleunigung der »Tabuverletzung« nicht ruhen lassen. Anders gesagt: Ich habe es satt. Einer der Wege Walsers zum Nachweis des mangelnden Nationalbewußtseins der Linken führt ja, über die Talkshow, an mir vorbei. Da will ich Walser nun von dem Platz, an den er mich so brauchbar gestellt hat, ein paar Sätze aus einem Buch vom mir (»Wo Deutschland liegt«, erschienen 1983) zurufen. Fünf Jahre vor Walsers Münchner Rede, ein Jahrzehnt vor seinem angeblich so originellen Beitrag jetzt im »Spiegel«, habe ich zur selben Thematik geschrieben:

»Ich weiß, daß unter den Linken, den Liberalen in Westdeutschland die Frage nach der nationalen Identität mehrheitlich wenig Interesse weckt, indes die Rechte Antworten darauf bereit hat, die an ein liberal-konservatives Nationalbewußtsein anknüpfen: als ob die Teilung, die auch eine soziale ist, spurlos an den Menschen vorübergegangen wäre. Mit der Gleichgültigkeit wie mit den blinden Antworten stehen nach meiner Einsicht die Deutschen in der Bundesrepublik, wie unser Volk schon öfter, außerhalb der europäischen Normalität, innerhalb der unter anderem das Denken und Empfinden in realen nationalen Gewohnheiten, Vertrautheiten einen wichtigen Maßstab setzt. Auch das Vakuum unserer nationalen Identität kann nicht von Dauer sein: Falsche Vorstellungen und deren politische Folgen werden es wieder einmal auffüllen, wenn ihnen nicht rationale, realistische Auffassungen den Platz streitig machen.«

So viel von Günter Gaus zu dieser Frage vor zehn Jahren. Walser trägt einen alten Hut. In meinem damaligen Buch, 1983, schlußfolgere ich dann, daß der nationalbürgerliche Einheitsstaat wohl nicht wieder hergestellt werden könne, wie er gewesen sei. Die Vorstellung, seine Wiederbegründung sei möglich, wurzele in der Hoffnung, es lasse sich ungeschehen machen, was in Deutschland auch entstanden sei, seit das Land geteilt wurde: »Die deutsche Nation ist heute nur entstaatlicht zu denken.« Um das aber tun zu können, hielt ich nach der äußeren auch die »innere« Anerkennung der DDR für nötig, um den Deutschen einen »ungeteilten geistigen Besitz« des Nationalen, also auch der linken Ideen und Tugenden, zu sichern. Man sieht: Da quält sich einer mit der nationalen Identität, hält den Einheitsstaat nicht für die zwingende Voraussetzung, um die Nation zu bewahren, und nähert sich Enzensberger, der vor uns allen »die Respektierung der DDR« empfohlen hatte.

Die Passage meines Buches endet:

»Das gibt es: ein Nationalgefühl zu haben, ohne daß es gleich das schönste, höchste aller Gefühle wäre; eher ist es von Skepsis durchsäuert; regionale Bindungen wirken stärker als Vorstellungen vom großen Ganzen; die Muttersprache ist mehr als das Vaterland; aber auf Dauer von der Entwicklung geistig abgetrennt zu sein, die man in Thüringen nimmt und in Mecklenburg – dem will sich das (heißt: mein) Gefühl nicht anbequemen. So schwer es zu definieren ist, so viel steht wohl fest: es berücksichtigt die Teilung, es lebt nicht aus der Konfrontation, es wurzelt hinter den Systemen in Erfahrungen mit den Menschen. Ich bin frei von jeder Hingabe an eine nationale Idee; aber ich empfinde Zuneigung, sagen wir, zu den Sachsen; Vertrautheiten, die von weither kommen, gegenwärtig sind und hoffentlich Zukunft haben.« (Ende des Selbstzitats; Ausdruck einer Hoffnung vor zehn Jahren.)

Man sieht, als Zeuge für's gänzlich Vaterlandslose der Linken bin ich nur bedingt tauglich. Ich verarge es Walser, daß er mich mit seinen Ungereimtheiten aus einer bisher lebenslangen Reserve gelockt hat: Niemals vorher habe ich auf einen Angriff gegen mich geantwortet. Und nun also zeige ich Wirkung; geselle ich mich an die Seite Walsers, der aus allen unseren öffentlichen Anlagen bekannten Mimose. Ich hoffe, es wird die Ausnahme bleiben. Aber sollte nicht einmal doch mit schwacher Stimme aus dem »Freitag«, einem David, ins Gedröhn des Goliaths hineingerufen werden: Es ziert die Nation nicht, wenn sie ihre intellektuellen Maßstäbe und Beweisführungen aus Talkshow entnimmt?

Die verspätete Nation und Walser ihr Prophet. Ich wedele nicht mit meinem alten Text, um dem in die Breite denkenden Schwaben zurufen zu können: Willkommen im Club, Nachzügler. (Es gibt auch frühe Texte von ihm zur Nation.) Denn ausgehend von den gleichen deutschen Sorgen sind er und ich an verschiedenen Stellen angekommen. Zu meinen Überlegungen von 1983, meinen Befürchtungen und Illusionen wird demnächst – im Licht der Wende – Neues zu sagen sein. Ich werde dann auf Walsers nächste Ankunft warten. Für heute ende ich ganz zustimmend mit einem Zitat aus Walsers Münchner Rede: »Je weniger einer weiß, um so infallibler ist er.« (Für neusprachliche Schulabgänger: Infallibel – lateinisch fallere, täuschen – heißt unfehlbar.)

9. Juli 1993

Die deutsche Vereinigung im öffentlichen Bewußtsein

Am 29. Oktober 1993 fanden in Leipzig die Medientage statt, Gaus hielt dort die nachfolgende Rede. Sie war einerseits sein aktueller Kommentar zum Jahrestag der deutschen Einheit, andererseits auch – an diesem Orte und zu diesem Anlaß – eine Auseinandersetzung mit den westdeutschen Meinungsmachern. Er konstatierte gewisse Ähnlichkeiten zwischen der DDR und der heutigen Bundesrepublik, nämlich daß die Wirklichkeit und ihre Widerspiegelung in den Medien zwei verschiedene Dinge seien und nur noch wenig miteinander zu tun hätten.

Die deutsche Vereingung im öffentlichen Bewußtsein: Wo finde ich sie? Wie, bitte, gelangt man zum öffentlichen Bewußtsein? Wer produziert es? Kann man es dingfest machen oder ist es unfaßbar? Aber ist es dann wenigstens zu kaufen? Ist das öffentliche Bewußtsein von der Aids-Gefahr aus Blutkonserven stärker, aber weniger vornehm als das öffentliche Bewußtsein von der deutschen Vereinigung? Gibt es also ein vornehmes und ein schäbiges öffentliches Bewußtsein? Kennzeichnet ein solcher Unterschied die demokratische Güteklasse einer Gesellschaft?
Ich argwöhne, es gibt Zulassungsbeschränkungen für das öffentliche Bewußtsein. Wer verfügt sie? Wie oft kann man gegen sie verstoßen, bevor einen die Strafe ereilt: vollständiger Ausschluß vom öffentlichen Bewußtsein, sogar aus den Winkeln, in denen die Ohnmächtigen hausen? Ausschluß auf ewig oder nur, bis sich das öffentliche Bewußtsein ändert! Wie oft hat es sich seit dem Fall der Mauer, seit der Währungsunion, seit der staatlichen Vereinigung und, vor allem, seit es niemandem in Deutschland schlechter, aber vielen besser geht, verändert? Hat das öffentliche Bewußtsein einen Hinkefuß, der es langsamer voranschreiten läßt als die persönlichen Erfahrungen, die so oder so oder so mit der

Vereinigung gemacht werden? Wenn man ausgeschlossen wird vom öffentlichen Bewußtsein – wird man dann bewußtlos oder schärft sich, ganz im Gegenteil, das eigene Bewußtsein? Schadet das öffentliche Bewußtsein der geistigen Selbständigkeit seiner Teilhaber?

Die deutsche Vereinigung im öffentlichen Bewußtsein: ein Thema aus den Sümpfen des demokratischen Zeitalters. Hier nun die Hauptfragen für die nächste Runde, die das vereinigte Deutschland vor sich hat: Wann schlägt die Quantität von geschärftem eigenen Bewußtsein in eine Qualität um, die dann – natürlich auch nur vorübergehend – das neue öffentliche Bewußtsein bestimmt? Und wird die Mehrheit der politischen Klasse des deutschen Einheitsstaates einen solchen Umschwung früh genug spüren und angemessen – was nicht heißen muß: angepaßt – reagieren oder wird es ihr ergehen, wie es ihren Funktionskollegen in der DDR ergangen ist: nämlich ihr von der Wirklichkeit teilweise weit abgehobenes Bewußtsein, nur weil es öffentlich gemacht wird, mit dem allgemeinen Bewußtsein zu verwechseln?

Genau besehen, trägt die Mehrheit der politischen Klasse im vereinigten Deutschland noch immer des Kaisers neue Kleider, die sie in der frühen Wendezeit angelegt hat. Sie ist also nackt. Das ist keineswegs ungewöhnlich. Politiker, Unternehmer, hohe Ministerialbeamte, Spitzengewerkschafter, Bankiers, leitende Kirchenfunktionäre, Kommentatoren, auch Feuilletonisten und Geisteswissenschaftler, Schriftsteller, selbst manche Dichter, das Personal der Justitia, Eigentümer und Betreiber von Massenmedien, Geschichtsprofessoren, kurzum: die politische Klasse hüllt sich mehrheitlich zu allen Zeiten in der Öffentlichkeit gern in Behauptungen und Annahmen, die tatsächlich substanzlos sind – von denen aber die Gesellschaft stillschweigend meint, es sei bekömmlicher, so zu tun, als ob sie Realität besäßen. Das ist bekanntlich die Produktionsmethode für die neuen Kleider des Kaisers. Solche Garderobe erscheint kleidsam, solange sie nicht Anstoß erregt; sie drückt und knittert nicht; sie weitet sich mit dem, der sie trägt. Mühelos paßt sich das getragene Nichts bei Bedarf einem neuen Schnittmuster an.

Hans Christian Andersens märchenhafter Bericht von einem manipulierten öffentlichen Bewußtsein. Ich möchte wissen, wie es dem vorlauten Kind, das im Märchen die Nacktheit beim Namen nennt, am Ende ergangen ist. Zunächst ist jedermann begeistert von der Ungeniertheit, mit der es auf des Kaisers Blöße zeigt. Aber was war später, als die Leute begriffen, daß sie betrogene Selbstbetrüger gewesen waren? Wem verübelten sie diese peinliche Erkenntnis? Hoffentlich ist es kein ausländisches Kind gewesen. Mich interessiert auch, ob der Kaiser, der seine neuen Kleider natürlich nicht sieht, weil sie ja aus dem schieren Nichts sind, binnen kurzem das Nichts doch noch zu sehen gemeint hätte.

Ich denke, Kohl hat an die blühenden Landschaften geglaubt, die er den Ostdeutschen in naher Zukunft verheißen hat. Ein wenig hat er übertrieben, also ein bißchen geschwindelt, aber im Grunde hat er seine Falschaussage für wahr gehalten. Das macht die Sache politisch nicht besser als eine blanke Lüge. Im Gegenteil: Eine Lüge verliert ihre Wirkung, sobald sie aufgedeckt ist. Aber irrige Erwartungen haben langlebige Konsequenzen. Sie fördern falsche Maßnahmen und erzeugen in der Folge Mutlosigkeit und Verbitterung.

Blühende Landschaften aus den heilenden Kräften des Marktes: Die westdeutschen Verkünder der reinen Marktwirtschaft haben mehrheitlich wirklich geglaubt – und glauben es unbeirrt weiter –, bei ihnen zu Hause bestimme alleine der Markt. In den Jahrzehnten der Teilung war das immer das stärkste Argument des Westens gegen die materiellen Mängel im Osten gewesen. Nun endlich konnte man den Markt über die Elbe hinweg ausdehnen und alsbald würden die segensreichen Folgen zu sehen sein. Über dem missionarischen Eifer wurde vergessen, daß man sich daheim, in der alten Bundesrepublik, den freien Markt praktisch niemals ohne subventionierte Schutzräume zugemutet hatte. (Diese Zumutung fängt gerade erst an. Die Marktwirtschaft verlangt jetzt auch in Westdeutschland immer dringender ihr volles Recht. Und man wird auch dort die Folgen sehen: in den statistischen Daten und an den Menschen.)

Naturgemäß sind mit der Wendezeit kaltblütige Sieger aus dem Westen gekommen, die darauf spekulierten, daß eine vollständige

Herrschaft des Marktes die ostdeutsche Konkurrenz im nun vereinten Wirtschaftsgebiet zügig ausschalten würde. Aber die meisten der ökonomischen Propheten und ihrer ostdeutschen Proselyten glaubten ohne Hintergedanken an die reine Lehre, mit der sie den Osten noch einmal verheerten. Davon bin jedenfalls ich, wie ich viele von ihnen kenne, überzeugt. Sie sind die Opfer ihrer eigenen Propaganda geworden; wie vor ihnen viele Kader des DDR-Regimes.

Nach meiner Beobachtung sperrt sich das herrschende Bewußtsein gegen das Wahrnehmen solcher systemübergreifender Gleichartigkeiten, wie das Überwältigtwerden von der eigenen Propaganda eine ist. Das Bewußtsein fürchtet wohl, die Orientierung zu verlieren. Also werden beispielsweise in der tonangebenden Öffentlichkeit die sogenannten Seilschaften von SED-Genossen als eine nachwirkende Besonderheit der DDR ausgegeben, obwohl in ihnen doch nur das allgemein-menschliche Verhalten sich zeigt, das auch dem Beziehungsgeflecht alter Herren studentischer Verbindungen oder von adligen Clubs zugrunde liegt. Zu den auffälligsten Beschränkungen des öffentlichen Bewußtseins nach der Vereinigung gehört die Unfähigkeit vieler Westdeutscher, sich selber in DDR-Verhaltensweisen zu erkennen.

Aus Gesprächen, die ich führe, und aus Briefen, die mich vor allem aus Ostdeutschland nach Fernsehinterviews, Lesungen und Zeitungsaufsätzen von mir erreichen, schließe ich, daß ein wesentlicher Teil des allgemeinen Bewußtseins nach der deutschen Vereinigung zunächst von Selbsttäuschungen und ihren Folgen geprägt wurde. Das gilt, wenn auch teilweise mit unterschiedlichen Inhalten, für Führer wie Geführte, für die da oben und die da unten; es gilt im Westen und im Osten. In dieser Freizügigkeit des Wendeprozesses war es, daß des Kaisers neue Kleider, nichts als Behauptungen und Annahmen, verstärkt in Mode kamen. Das ist zu verstehen, wenn man die allgemeine geistige und seelische Überforderung durch einen Umbruch bedenkt, der trotz aller Vorzeichen am Ende doch über Nacht kam. Die vertraute Realität war irreal geworden – warum sollte die irreale Erwartung blühender Landschaften nicht Realität werden?

Wohin es führt, wenn man meint, die Wahrheit aus Kindermund über die Blöße, die man sich mit ihnen gibt, besage nichts, Andersen irrte; oder wenn man gar mit der Zeit sieht, was nicht zu sehen ist: der eine selbstzerstörerische Schritt über Andersens Szenario noch hinaus – wohin das führt, ist gerade am Beispiel der politischen Klasse der DDR zu studieren gewesen, die ihre Art solcher Garderobe trug. Werden auch im pluralistischen System die Unbeirrten die Beirrten so lange übertönen, bis fatale Folgen unausweichlich sind? Die Politikverdrossenheit im Land hat ihren möglichen Höhepunkt noch nicht erreicht, geschweige denn gezeigt, wessen sie fähig sein kann. Aber ein so wesentlicher Produzent von öffentlichem Bewußtsein wie die Frankfurter Allgemeine Zeitung (FAZ) zum Beispiel wird nicht irre daran, ihre vom real existierenden Leben der gewöhnlichen Menschen weit abgehobenen Behauptungen und Annahmen als tonangebend zu stipulieren. Nur nervenschwächere Kräfte scheinen dann und wann ihre Blöße zu spüren. Denn so erkläre ich mir, daß manche Politiker aus argumentativer Hilflosigkeit zunehmend ihr Heil in Verkündigungen suchen, die unangreifbar sind wegen ihrer absoluten Ich-Bezogenheit. Das ist die Reduzierung politischer Partnersuche auf die etwaige Übereinstimmung von Gefühlen und nichts als Gefühlen; es ist der Populismus in der reinsten Form.

Frau Merkel spricht von der deutschen Einheit als einem Glück an sich. Damit wird das Ereignis zum mystischen Selbstzweck erklärt, vor dem Fragen nach Arbeitslosigkeit und Mietpreisen ein Frevel sind. Seit der Wende, sagt Herr Eppelmann, ist es ihm eine Lust zu leben. Wie schön. Wer solche Botschaft hört, kann ihr für die eigene Person zustimmen oder sich ausgeschlossen wissen vom Ertrag der Vereinigung, wie ihn Eppelmann definiert. Beides ist möglich, nur eines nicht: darüber zu argumentieren. Ich will es Eppelmann nicht als Absicht unterstellen, aber für mich schwingt in seinem Bekenntnis: Jetzt ist es eine Lust zu leben, auch die leise Drohung mit: Man wird zu fragen haben, warum du nicht einstimmst. Was bedeutet dir die Vereinigung. Gestehe!

Nach meinem Eindruck ließe freilich eine solche Frage viele Befragte inzwischen ziemlich kalt. Ein gleichgültiges Achselzucken könnte die Antwort sein. Die betäubenden Erschütterungen der unmittelbaren Wendezeit sind weithin abgeklungen, die anfeuernden Illusionen zerstoben. In beiden Teilen Deutschlands ist seit einiger Zeit wahrzunehmen, daß zwar das Bewußtsein von den vielfältigen Lasten der staatlichen Vereinigung sich ingrimmig verfestigt, das Ergebnis selber aber im Bewußtsein vieler Menschen schon verblaßt. Soll ich mich darüber wundern?

Die demokratischen Gesellschaften der industrialisierten Welt sind mehrheitlich vor allem eine Verbrauchergemeinschaft des Fernsehens. Und in der Regel, die Ausnahmen kennt, gilt für die Fähigkeit dieses Mediums, Bewußtsein zu entwickeln und zu behaupten: Das Fernsehen bündelt das Wahrnehmungsvermögen der Menschen nicht, sondern zerstreut es. Seiner Art nach muß das Fernsehen möglichst jeden auch nur halbwegs wichtigen Vorgang auf der Welt, von dem es Bilder hat, in der Bedeutung überhöhen. Das Fernsehen ist von Natur großmäulig. So bietet es mehrmals in jedem Monat ein sogenanntes historisches Ereignis an. Der weit fortgeschrittene Verfall der Reportersprache, der Differenzierungen kaum noch möglich macht, verstärkt rhetorisch die Inflationierung der Geschichte. Die wahrlich hochbedeutsame Wiederherstellung eines deutschen Einheitsstaates – hochbedeutsam in allen möglichen, guten wie bösen Konsequenzen – ist unter Umständen für den zeitgemäßen Staatsbürger, der das Bewußtsein eines Fernsehkonsumenten hat, ein lange zurückliegendes Programm, das seither von unendlich vielen anderen, teilweise dramatischeren abgelöst worden ist. Zum Beispiel von Programmen über historisch einmalig hohe Steuerbelastungen oder Arbeitslosigkeit. Soll man die Pressefreiheit abschaffen oder beschränken, damit das öffentliche Bewußtsein auf der Höhe bleibt und sich nicht in den Niederungen verirrt? Ich werde auf die Frage zurückkommen.

Nur wenn der gewöhnliche Mensch so wäre, wie die, welche die öffentlichen Geschäfte in den verschiedenen Funktionen betreiben, ihn sich malen oder ihn zu sehen vorgeben – nur dann wäre die deutsche Vereinigung im allgemeinen Bewußtsein des Landes, im Empfinden aller Bürgerinnen und Bürger andauernd, unvergeßlich: ein bewegender, erschütternder Akt von historischer Einmaligkeit.

Dem aber ist nicht so. Die Menschen werden noch lange mit den Folgen der Vereinigung, guten und weniger guten, zu tun haben. Es ist ihnen auch geläufig, welche grundlegende Veränderung – eben die Aufhebung der Teilung – vonstatten gegangen ist und sich weiter vollzieht: Aber es ist nicht ihr ein und alles, nicht der erste Gedanke am Morgen und der letzte bei Nacht.

Außer, natürlich, beim FAZ-Menschen, wie ich jenes staatsbürgerliche Wesen des vereinigten Deutschlands nennen will, das in den Behauptungen und Annahmen der Frankfurter Allgemeinen Zeitung bei Bedarf Gestalt erhält; auch im persönlichen Verhalten stets geschichtsbewußt; ein starkes, aber immer salonfähiges Nationalgefühl, eine höhere Bildung mit der Fähigkeit gepaart, sich am Markt zu behaupten und dennoch dem Ganzen zu dienen; der fleißige Ostdeutsche holt schnell nach, was ihm daran noch fehlt; frei von jeder Entfremdung von hüben und drüben in den vier Jahrzehnten der Trennung, weil tief innen beispielsweise der Südbadener den Vorpommern niemals aus dem Auge verloren hat; geduldig, aber hochgestimmt; Übergangsschwierigkeiten und Anpassungshindernisse, die sich da und dort zeigen, sind ihm nichts im Vergleich zum Glücksgefühl der Einheit, das ihn, den bürgerlich gesinnten guten Deutschen, um keinen Preis auch nur einen Herzschlag lang verläßt – so ist er, der FAZ-Mensch. Des Kaisers neue Kleider, hier kommen sie ans Licht.

Die Frankfurter Allgemeine ist eine zu gute Zeitung, als daß nicht auch Menschen aus Fleisch und Blut in ihrer Berichterstattung und Kommentierung vorkämen. Aber wenn die Einheit ins Wort drängt, tritt in Aufsätzen und Leserbriefen des Blattes bevorzugt das eben beschriebene staatsbürgerliche Wesen zutage; jedenfalls in Annäherung an das Ideal, das es verkörpert. Jedoch: Im ganzen und in Wahrheit ist der FAZ-Mensch eine Schimäre; so, wie der neue Mensch des Sozialismus eine Schimäre, eine Einbildung war. Praktisch alle deutschen Blätter, sofern sie nicht spezielle Leserschaften bedienen, tragen nach ihrem journalistischen Vermögen zum vorgetäuschten Leben des sogenannten FAZ-Menschen bei. Prinzipielle Unterschiede zwischen West- und Ost-Organen sind dabei nicht zu erkennen. Zwar werden nun schon seit einiger Zeit

Schwierigkeiten im Vereinigungsprozeß eingeräumt, Verzögerungen im Entstehen der entwickelten vereinigten Gesellschaft nicht mehr geleugnet. Aber wenn es zum Grundsätzlichen kommt, beharrt das öffentliche Bewußtsein in Presse, Rundfunk und Fernsehen unbeirrt darauf, daß jeder Mann und jede Frau bei etwaigen persönlichen Problemen, die mit der Vereinigung verbunden sind, sogleich die Gegenrechnung aufmachen: was ihnen die Einheit Gutes bedeutet, falls noch nicht persönlich, so doch als gesellschaftliche Wesen und als Deutsche. Nur die Verstockten, die man ja kennt, verhalten sich nicht so. Natürlich sind die Kommentare nicht direkt so abgefaßt – aber sie atmen diesen Geist in jeder Zeile.

Um einem Mißverständnis, das gegen mich verwendet werden könnte, vorzubeugen, verdeutliche ich vorsichtshalber: Ich betreibe hier keine Geschichtsmäkelei. Zwar habe ich den Einheitsstaat nicht gebraucht, um mich den Sachsen und Brandenburgern und Mecklenburgern verbunden zu fühlen, aber ich will den ideellen Gewinn nicht schmälern, der für viele in der Einheit liegt, obwohl weder die individuellen Menschenrechte noch die Marktwirtschaft an den Einheitsstaat gebunden sind. Ich bleibe strikt beim Thema des öffentlichen Bewußtseins, dessen Beschaffenheit freilich am Beispiel der deutschen Vereinigung derzeit besonders gut zu studieren ist. Es ist das Menschenbild, das im öffentlichen Bewußtsein den herrschenden Maßstab setzt, von dem ich rede: der FAZ-Mensch in der pluralistisch-parlamentarischen Gesellschaft, der sogenannte neue Mensch im Sozialismus. Beide künstlichen Wesen, das eine gestern auf seinem Territorium tonangebend, das andere heute wirkungsmächtiger denn je, entstammen den Sümpfen des demokratischen Zeitalters.

Wir sind aus den ideologischen Kriegen unseres Jahrhunderts gewöhnt, den Begriff »Demokratie« als Synonym für Freiheit zu verstehen und ihn in diesem Sinne als Schlachtruf gegen Nationalsozialismus, Faschismus und Kommunismus zu benutzen. Den Siegern Dank. Aber der Schlachtruf hat vernebelt, daß bei genauer Definition auch die verschiedenen totalitären Bewegungen zu den Kindern der Demokratie gehören: Variationen einer Herrschaft, die ihre Legitimation aus dem Volk als Souverän ableitet. Dieser Anspruch wird von jedem Regime und System erhoben, unabhängig davon, welche Zügel, auch Ketten, Scheuklappen und Maulkörbe dem Souverän von der politischen Klasse jeweils angelegt werden. Auf dem gemeinsamen Urgrund entwickeln sich die verschiedenen Formen und Strukturen von mehr oder weniger real existierender Demokratie, unter denen unsere pluralistisch-parlamentarische ihre bekannten Vorzüge, Mängel und, so meine ich zu sehen, auch wachsende Selbstgefährdungen besitzt.

Es ist kein Streit um des Kaisers Bart – nein, nicht schon wieder seine Kleider –, wenn ich in diesem Zusammenhang großen Wert auf definitorische Genauigkeit lege. Denn ein so gewonnener Überblick über die ganze große Kinderschar des Demokratischen könnte dazu beitragen, die einschläfernde Magie des Wortes »Demokratie« aufzuheben, die darin liegt, sich mit ihm zu beruhigen: Wir haben Demokratie; wir sind ungefährdet; wir sind nicht Fleisch vom Fleisch der modernen Massenbewegungen, die unter Berufung auf höhere Ziele das Individuum und seine Rechte verschlingen. Tatsächlich sind alle demokratischen Varianten miteinander verwandt, haben sie denselben Entstehungsgrund – und holen sie manche ihrer Hirngespinste, ihrer Täuschungen und Selbsttäuschungen aus dem selben Sumpf, in dem die demokratischen Fiktionen hausen. Besser ist es, man weiß von der Verwandtschaft. Im demokratischen Namen kann es kontrollierte Macht und unkontrollierte geben. Verstärken sich die Kontrollmechanismen unseres Systems oder werden sie schwächer?

Derzeit verlagern sich zunehmend Diskussionen und Beratungen über politische und wirtschaftliche Angelegenheiten, bis hin zu Entscheidungsempfehlungen, in verschwiegen einflußreiche Gesprächskreise, die außerhalb der öffentlichen Struktur existieren. Dabei handelt es sich nicht um eine vermehrte demokratische Mitwirkung, sondern um eine Verdrängung bisheriger Aktivitäten in Parteien. Das mag beim schlechtem Zustand der etablierten Parteien verständlich sein; manch einer wird schadenfroh sagen: Es geschieht denen ganz recht. Aber die Gesprächskreise, die um aktive und ehemalige Staatsmänner, um Unternehmer und auch einige Publizisten herum verstärkt sich einmischen, unterliegen keinerlei öffentlicher Kontrolle; nicht einmal in dem bescheidenen Maße, das für die Parteien gilt. Die berechtigt wachsenden Zweifel an der Handlungsfähigkeit und Entscheidungsqualität der verfaßten Institutionen führen weniger zu Reformbemühungen um das Bestehende als zur diskreten Bildung neuer Eliten, zu denen es keinen geregelten Zugang gibt. Diese Entwicklung steht noch am Anfang, verstärkt sich aber schnell. Sie läßt die Strukturen äußerlich unberührt, höhlt sie aber aus zugunsten selbstherrlicher Gremien aus Inhabern von Macht und Experten. Zeichnet sich hier die Zukunft unseres Systems ab? Gleichzeitig verstärkt sich die Neigung, den Anteil des Plebiszitären, der unmittelbaren Mitwirkung des Volkes an politischen Entscheidungen, zu erhöhen. Vor allem die autonomen Bürgerbewegungen erheben diese Forderung. Bedenkt man, wie sich die unkontrollierten Einflußgremien vermehren, dann ist man versucht, im Plebiszitären ein Gegengewicht zu sehen. Aber wer schützt uns vor den Demagogen? Welche Vernunft ist zuverlässig mehrheitsfähig, um das Plebeszitäre im Zaun halten zu können, damit es nicht zur Despotie der Stimmungsdemokratie gerät?

Das eine System ist entschwunden: das andere, unseres, steht am Anfang einer Strukturkrise. Das unterlegene System hat die Antworten nicht gefunden. Werden wir uns im siegreichen wenigstens früh genug die richtigen Fragen stellen? Das öffentliche Bewußtsein des vereinigten Deutschland nimmt von dieser Problematik nur die ökonomische Seite wahr. Die Frage auch künftig ausreichend gesicherter Machtkontrolle bleibt unterhalb des Bewußtseinshorizonts der Mehrheit. Der achtlose Sieger fragt nicht viel. Gelegentlich kommt mir die Unausweichlichkeit der griechischen Tragödie in den Sinn.

Demokratische Herrschaft will unablässig beteuern, daß der Souverän, das Volk, stets als mündiges politisches Wesen atmet, auch wenn dieser Souverän seine Macht an eine führende Partei abgegeben oder an pluralistisch-parlamentarische Repräsentanten delegiert hat. Feudale Herren wären irritiert oder alarmiert gewesen, hätten sie argwöhnen müssen, sie lebten inmitten eines politischen Volkes. Aus der Distanz erkannten sie die gegenteilige Regel; gelegentlich machten sie Erfahrungen mit den revolutionären Ausnahmen. Die Berufung auf ein politisiertes Volk ist für die politische Klasse in Demokratien eine unverzichtbare Selbstrechtfertigung, obwohl in der Praxis schon Initiativen auch nur von politisierten Gruppen des Volkes oft lästig sind.

Es scheint ein Gesetz zu sein, daß der gewöhnliche Mensch um so inständiger als ein allzeit durch und durch politisches Wesen beschworen wird, je stärker der beanspruchte Heilscharakter einer demokratischen Variante ist. Pragmatisch gestimmte Demokratien ohne Erlösungsideen lassen die Menschen eher so gelten, wie sie in der Mehrheit sind. Ist das ein Vorzug der alten Bundesrepublik gewesen, der mit der Vereinigung sich verflüchtigt hat?

Gemäß dem von mir genannten Gesetz war das öffentliche Bewußtsein der DDR angefüllt mit Lobpreisungen, Tätigkeitsberichten, Selbstverpflichtungen des sogenannten neuen Menschen, indes der FAZ-Mensch in dem der damaligen Bundesrepublik keine nennenswerte Rollte spielte. Der neue Mensch führte ein heroisches Leben in den Mühen der Ebene. Sein Arbeitsethos, seine sozialistische Moral in Fragen des gesellschaftlichen Eigentums waren, obwohl sie sich noch immer höher entwickelten, schon jetzt kaum noch von dieser Welt. Man mußte sich wundern, woher die Feierabendbrigaden ihre Zeit und ihr Material nahmen.

Aber es ist leicht zu spotten. Ich halte ein, weil ich mich erinnere, daß ich in der DDR genug Männer und Frauen kennengelernt habe, die an dieses Fabelwesen des entwickelten Sozialismus ihre idealistischen Erwartungen knüpften. Es waren überwiegend ältere und alte Kommunisten, die nicht zu den Hierarchen ihrer Partei gehörten; mit der Nomenklatura konnte ich das Thema kaum erörtern. Die Ebenen, auf denen sie sich jetzt mühten, waren bevölkert von Karrieristen, Opportunisten, Mitläufern – den üblichen systemübergreifenden Menschen. Aber selbst diese würden irgendwann, davon ließen meine Gesprächspartner nicht ab, neue Menschen sein. Es war ein blinder Glaube, der mich oft erschreckt hat. Das öffentliche Bewußtsein des vereinigten Deutschlands würde mehr Tiefe erhalten, wenn es auch eine geneigte Erinnerung an diese eher kleinlauten Kommunisten mit sich trüge. Es wäre ein Abwenden vom Schattenriß, zu dem die Vereinigung im geltenden öffentlichen Bewußtsein geworden ist.

Zum Glück des gewöhnlichen Sterblichen war vor allem in der späteren DDR die Anstrengung, ein neuer Mensch zu werden, die eine Sache; das konkrete Leben die andere. Für das Konkrete gab es die Nische, die kein Widerstandsnest war, sondern – nach einer stillschweigenden, vielleicht sogar unbewußten Übereinkunft zwischen der regierenden Partei und dem Staatsvolk – innerhalb des real existierenden Sozialismus angesiedelt. Man mußte mit dem Regime nichts im Sinn haben und konnte in der Nische leben. Wer sich mit dem Regime überwarf, trat damit aus der Nische heraus. Als ich diese Lebensform in meinem Buch »Wo Deutschland liegt« 1983 auf den Begriff brachte und die Nischengesellschaft beschrieb, zeigte sich bei späteren Besuchen (das Buch war in der DDR nicht erschienen, aber ziemlich verbreitet), daß gerade SED-Genossen, die von ihrer Lehre überzeugt waren, den Begriff heftig angriffen. Zyniker waren demgegenüber viel gelassener. Sie erkannten die Ventilfunktion der Nischen. Die Gläubigen aber wollten nicht wahrhaben, daß die Nischenbewohner ihre Existenz darauf gründeten, gerade so viel von Partei und Staat verlangtes Engagement zu demonstrieren, daß ihnen im übrigen der Rückzug ins Private offenstand. Die Gläubigen nahmen Lippenbekenntnisse für bare Münze.

Nach der Wende habe ich viel Post von ihnen erhalten: nachdenkliche, bittere, selbstquälerische, traurige, rechtfertigende, selbstkritische Briefe. Sie sind ein Teil des Diskurses über die Vergangenheit, der öffentlich nicht in Gang kommt.

Interessanterweise sind auch auf westdeutscher Seite Überzeugte aufgetreten, die, wie die seinerzeitigen Überzeugten in der DDR, die Existenz der Nischen bestritten. Die Möglichkeit, sich bei Unauffälligkeit in private Freiräume zu begeben, fügte sich nicht in die fraglose Überzeugung dieser Westdeutschen, wonach in der DDR nur Schergen und Opfer existierten. Die relative Ungestörtheit der Nischen, das private Glück und Unglück in ihnen, die verhältnismäßige Staatsferne, in der ein wesentlicher Teil des Lebens in der DDR stattfinden konnte, in der übrigens auch das vieler solcher Männer und Frauen sich abspielte, die nur ihrer Funktion nach jetzt wegen Staatsnähe ausgegrenzt werden – diese Fakten widersprachen der totalen Entprivatisierung des Lebens, die als grauenhafter Eindruck erzeugt werden sollte. Täuschung und Selbsttäuschung, Täuschung ohne Selbsttäuschung? Was ist bösartiger in den Folgen?

Im Grunde haben die Überzeugten in der SED, wie ich sie in diesem Zusammenhang beschrieben habe, und die eben hier in ihrer Überzeugung skizzierten Westdeutschen dasselbe im Sinn gehabt: das Verleugnen des Mitläufertums, also der menschlichen Verhaltensregel schlechthin. Das ist, so meine ich, ein aufregender Befund, weil er beide Seiten in ihrer gemeinsamen Vorstellung von der möglichen totalen Politisierung der Gesellschaft – wenn auch mit unterschiedlicher inhaltlicher Qualifizierung – entlarvt. Auch dies ist ein Stück vom Sumpf des demokratischen Zeitalters. Ein Stück zum Fürchten in jedwedem System.

Die Nischen werden nicht mehr geleugnet. Ihre Wirklichkeit war schließlich doch zu massiv. Und hätte man ihre Existenz und die der Mehrheit ihrer Bewohner, der Mitläufer, dennoch weiterhin bestritten, hätte man auf »entweder Opfer oder Scherge« beharrt – wo und was wären dann in den vierzig Jahren DDR die Blockparteiler und die Parteilosen, die auch ihr Auskommen hatten, gewesen? Aber solche Kompromisse mit der Realität, wie sie bestanden hat, streifen das öffentliche Bewußtsein des vereinigten Deutschlands nur am Rande. In seinem Mittelpunkt haben sich zu den angejahrten Selbsttäuschungen der frühen Wendezeit die Rituale einer sogenannten Aufarbeitung gesellt.Sie sind aus Partikularinteressen entstanden, beispielsweise ziemlich am Anfang dem von Feuilletonisten, und entsprechen dem Fassungsvermögen, dem Unterhaltungsbedürfnis und dem raschen Themenverschleiß der modernen Mediengesellschaft. Bloßstellen, abrechnen und dann zudecken oder, damit man gegebenenfalls darauf zurückkommen kann, offenlassen: in jedem Falle aber weiter zur nächsten Aufarbeitung. Die Bewältigung der Vergangenheit als Marathonlauf von Akte zu Akte. Die Opfer des DDR-Regimes fühlen sich um das Gehör betrogen, das sie mit Recht beanspruchen können. Die Täter (nicht gemeint solche, die vor Gericht gehören) erkennen im Rückblick der Medien die Zeiten, Bedingungen und Absichten nicht wieder, in denen sie und mit denen sie etwas schaffen wollten, woran sie scheiterten und das ihnen in seiner heutigen Entstellung keine Spurensuche nach ihrer etwaigen Schuld ermöglicht. Die westdeutschen Parteien begleichen im Namen der Einheit alte Rechnungn. Und Herr Gauck hält nach drei Jahren einen Vortrag über sein Erstaunen, daß es auch in der pluralistischen Gesellschaft Mitläufertum gibt.

An dieser Art öffentlichen Bewußtseins ist für die Vereinigung wenig zu retten. Als man sich Geschichten, Biographien in Deutschland hätte erzählen müssen, hat man statt dessen die Akten auf den Markt geworfen. Unter diesen Umständen gewinnt zunehmend die andere, die zweite Öffentlichkeit an Bedeutung. Ich behaupte, jedwede Gesellschaft jeweden Systems besitzt zwei Öffentlichkeiten: Die eine wird von der politischen Klasse gebildet, in ihr haben der neue Mensch und der FAZ-Mensch ihren Platz. Die andere Öffentlichkeit wird in den Nischen entwickelt, die es auch in jedem System gibt, denn sie sind ja in der Regel nicht Fluchtort, sondern der natürliche Existenzmittelpunkt des nicht besonders politischen Menschen. Die beiden Öffentlichkeiten sind keineswegs naturnotwendig im geistigen Niveau unterschieden. Es gibt in beiden sowohl Stammtische als auch anspruchsvolle Meinungsbildung.

Bedenklich wird es für den Zustand einer Gesellschaft, wenn die beiden Öffentlichkeiten den Kontakt verlieren und auseinanderdriften: In der so entstandenen Kluft versinkt die Glaubwürdigkeit der politischen Klasse. Spätestens seit 1985, so scheint mir heute, hatte die Öffentlichkeit der DDR, die Joachim Herrmann herstellen ließ, mit der Realität, die der zweiten Öffentlichkeit geläufig war, so gut wie nichts mehr zu tun. Diese zweite Öffentlichkeit artikulierte sich nicht nur in Friedenswerkstätten unter dem Dach der evangelischen Kirche und im Austausch über den Gartenzaun, sondern durchaus auch zwischen Genossen der herrschenden

Partei. Damit beantwortet sich auch die Frage, auf die ich zurückkommen wollte: Sollte man Pressefreiheit beschränken, damit das
öffentliche Bewußtsein auf der gewünschten Höhe, zum Beispiel
auf der des neuen Menschen, bleibt? Antwort: Es hilft nicht.

Wieviel Kontakt haben heute die beiden Öffentlichkeiten im vereinigten Deutschland? Wie schnell wächst der Abstand zwischen
ihnen? Der Staub, den die Wende aufgewühlt hat, beginnt sich zu
legen. In Ostdeutschland, so scheint mir, festigt sich unter den
Menschen das Bewußtsein von ihrer jeweiligen konkreten Situation, die in der ersten Öffentlichkeit immer dem grundsätzlichen
Glückgebot zur Einheit nachgeordnet bleibt. Wer abgewickelt
wurde, artikuliert inzwischen, mindestens im privaten Gespräch,
seine Verbitterung, die noch vor Jahresfrist vom Verwirrtsein überdeckt wurde. Alle, ob abgewickelt oder in Arbeit, haben sie eine
Kulturrevolution hinter sich, deren Totalität die chinesische niemals erreicht hat und die dennoch ins Bewußtsein der meisten
Westdeutschen nicht vordrang. Die Kulturrevolution: andere
Anpassungsregeln in Behörden und am Arbeitsplatz begreifen und
sich ihnen zum Selbstschutz unterwerfen; den Austausch vieler
gewohnter Erkennungssignale im Wohnquartier, die unbewußt das
Sicherheitsgefühl von Vertrautheit, von Heimat vermitteln, durch
neue ertragen, deren Bedeutung man erst lernen muß: ein Geschäft, eine Gaststätte mit dieser Aufmachung – was habe ich zu
erwarten, passe ich hinein?

Die jungen Leute lernen naturgemäß schneller als die älteren, was
das Empfinden der Zwangs-Frührentner, ausgeschlossen zu sein,
bis zur Resignation, auch bis zur Verzweiflung verstärken kann.
Aber wenn die Alten morgen eine Omnibusreise nach Österreich
buchen, sind sie voller Vorfreude. Dies scheint mir kennzeichnend
für die psychischen Schwierigkeiten vieler Ostdeutscher im andauernden Wendeprozeß zu sein: Der Gefühlsausschlag nach oben
und unten ist heftiger als bei den trainierten Westdeutschen. Der
westdeutsche Lernprozeß über die, mit denen man nun in einem
Staat zusammengespannt ist, scheint mir in den westdeutschen
Nischen langsamer zu sein, als es die Schönfärber in der ersten
Öffentlichkeit behaupten. Was verrät der Kenntnisstand einer

westdeutschen Talkmeisterin, die sich in ihrer Fernsehrunde mit dem unabweisbaren Thema »Sex im Freien« beschäftigte und fragte: »Sex im Freien, war denn der in der DDR möglich? Wenn sie erwischt worden wären, was wäre denn dann passiert?« Ein normaler Umgang zwischen hüben und drüben wird sich wohl nur durch Zeitablauf herstellen; vielleicht beschleunigt durch künftige radikale Trennung der Deutschen in Reiche und wirklich Arme, von der die Ost-West-Teilung aus dem Bewußtsein verdrängt werden wird.

Ich sehe es als ein sehr praktikables Freiheitsmaß an, wie viele Lippenbekenntnisse der gewöhnliche Mensch ablegen muß, bevor man ihn gelten läßt, wie er ist. Es war ein Vorzug der alten Bundesrepublik, es war ein wesentlicher Teil ihrer Freiheit, daß sie fast ohne solche Bekenntnisse Staat machte. Ich erinnere an das von mir vorgestellte Gesetz: Je stärker der beanspruchte Heilscharakter ist, je gewaltiger die Sinngebung, diesmal und nicht zum ersten Mal die nationale – desto sumpfiger das öffentliche Bewußtsein. Sind wir der DDR in diesem Sinne ähnlicher geworden, nun der FAZ-Mensch das Wort führt und, bildlich gesprochen, Gesinnungshüte auf hohen Stecken aufgestellt sind, Geßler-Hüte, die man beim Vorbeigehen zu grüßen hat, damit man nicht in den Verdacht unbotmäßiger Abweichung gerät?

29. Oktober 1993

Der Rest kann
nur Schweigen sein

Als eine Begleiterscheinung der wachsenden Schwierigkeiten des Einheits-
prozesses kam es Ende 1992 zu eifernd vorgetragenen Verdächtigungen,
die sich als Schlußfolgerung aus historischen Fakten gaben, die aber
tatsächlich nur Emotionen, hauptsächlich solche einer Witwe, waren:
Hatte Wehner im Dienste der DDR gestanden? War Brandt von ihm
verraten worden? Gaus, der beide aus beruflicher Nähe gut kannte – so
hatte er 1966 das Buch veröffentlicht »Gespräche mit Herbert Wehner«;
Brandt hatte Gaus zum Staatssekretär im Kanzleramt ernannt –,
äußerte sich über »die Posse nach dem Drama«.

Wer hat den anderen mehr hintergangen: Wehner den Brandt
oder Brandt den Wehner? Nicht einmal die Witwen werden es
wissen. Aufrichtig im Umgang miteinander waren Brandt und
Wehner nur sehr bedingt. Die beiden Männer, beide hochbedeu-
tend, Ausnahmeerscheinungen, große Männer – sie konnten einander nicht leiden. Die wechselseitige Abneigung war so stark, daß
selbst bei freundlichem Gedankenaustausch unterschwellige Spannungen zu spüren waren. Sie gingen sich auf die Nerven.
Wehner hielt Brandt für einen Leichtfuß, für einen Bruder Lustig:
und hatte damit nicht vollkommen unrecht. Brandt meinte, daß
Wehner, ob aus Veranlagung oder vom Leben dahin gebracht, nicht
immer ganz normal sei in seinem Verhalten und seinen Urteilen.
Wer Wehner über andere Sozialdemokraten vertraulich hat spre-
chen hören: mit ätzender Verachtung, mit galligem Hohn, mit der
sprachlichen Treffsicherheit, die ihm zu Gebote stand – der wird
Brandts Einschätzung nicht gänzlich von der Hand weisen.
Normal im landläufigen Sinne waren sie wohl beide nicht immer.
Brandt, so empfand ich oft, litt daran, daß er nicht der alleinige
Herr über die Distanz zwischen sich und der Welt war: Die

Zwänge zur Nähe, denen Parteiführer ausgesetzt sind, waren ihm ärgerlich. Wehner sah das als Wehleidigkeit an, die in seinen Augen ein erster Schritt zur Pflichtvergessenheit war. Er wiederum gönnte sich die Sentimentalitäten, die seinem sächsischen Wesen innewohnten, nur in raren Ausnahmen auf seiner schwedischen Ferieninsel Öland. So war er meistens verbiestert – worin Brandt dann manchmal den Beweis sah, daß ein Typ wie Wehner ja nur kommunistischer Funktionär hatte werden können und dem freier schweifenden Sozialismus des jugendlichen Brandt nicht gewachsen war.

Sie waren ein bemerkenswertes Spitzenduo: mit den vielen Schatten, die zu vielem Licht gehören. Schmidt kam später dazu. Er hatte mit der Kanzlerchance schon nicht mehr gerechnet. Er meinte, sein Altersabstand zu Brandt sei zu gering. Als Minister in Brandts Kabinett machte er es dem Kanzler schwer. Es gab kaum ein Thema, zu dem er nicht das Wort nahm: Und nach der Sitzung sagte er dann dem geduldigen (oder ermüdeten, resignierten?) Brandt nach, er führe an zu langem Zügel und lasse jeden quatschen. In wessen Dienst stand Schmidt, als er Brandt gelegentlich zur Verzweiflung trieb?

Willy Brandt hatte später durchaus goutiert, daß er noch Parteivorsitzender der SPD war (bis 1987), also in Amt und Würden, als Wehner schon auf dem Altenteil war und auch Schmidt nicht mehr Kanzler. Ich kann mir gut vorstellen, daß er gelegentlich seine letzte Frau, Brigitte Seebacher, auf dieses Überdauern hingewiesen hat: beiläufig; so, als ob er immer nur in Nebensätzen rede, aber doch mit einer leichten Handbewegung seine Worte unterstreichend und endend im Frageton – Brandts Art, Ausrufezeichen zu setzen.

Ich vermute begründet – begründet in meiner begrenzten Kenntnis beider, gewonnen aus einer vorübergehenden Nähe in der Arbeit –, daß Wehner seine Informationen aus der DDR, übermittelt von dem Rechtsanwalt Wolfgang Vogel, nicht immer sogleich und nicht immer ungefiltert an Brandt weitergegeben hat. Wehner bedachte die Folgen, er wollte Wirkungen erzielen, wenn er von seinen Kenntnisse abgab.

Und als Brandt im November 1982 einen Brief an Erich Honecker schrieb und damit die Parteibeziehungen zwischen SPD und SED einleitete (auch das hat er gewiß Frau Brigitte erzählt), hat auch er wohl nicht vorher oder gleich in der ersten Stunde danach Schmidt und Wehner eingeweiht. Falls er keine anderen Gründe gehabt haben sollte, damit eine gewisse Zeit hinter dem Berge zu halten, dann die, nichts erklären zu müssen, wenn er nicht dazu aufgelegt war, und ein Ätsch-Gefühl gegenüber den beiden anderen haben zu können. Ich argwöhne, alle drei – nach dem Alter: Wehner, Brandt, Schmidt – hatten dies verschwiegene Ätsch-Gefühl ganz gern, aber nur Brandt war seiner Art nach imstande, sich das einzugestehen. Die Selbstironie war allein seine Stärke in der Troika.

Hat Wehner möglicherweise über Rechtsanwalt Vogel früher von Brandts Brief gehört als vom Briefautor selber? Wahrscheinlich ist das nicht. Aber falls es doch so gewesen sein sollte – wäre das ein Fall für den Generalbundesanwalt? Man muß in diesem Lande alles für möglich halten. Und gegen wen würde post mortem ermittelt? Gegen Wehner, der gute Kontakte hatte – gute Kontakte: ein Ziel, aufs Innigste zu wünschen in der Misere, die mit einer staatlichen Teilung über die Menschen kommt? Oder gegen Brandt, der eine weitere Gesprächsmöglichkeit eröffnen wollte, von der er vieles Denkbare an Gedankenaustausch und nachfolgender Entspannung erhoffte, aber über die für ihn kein Weg zum Kommunismus führte?

Die Entspannung übrigens, über die heute so gern gesprochen wird wie über einen Spaziergang, statt dem man auch hätte Tee trinken können und abwarten – die Entspannung war sehr konkret für viele Menschen. Die Punkte, die ich in diesem Zusammenhang aufgelistet hatte und von denen einige abgehakt werden konnten in meiner Zeit als westdeutscher Vertreter in Ostberlin, waren zwar so klein, daß sie von den großen Geistern, die mir heute die Geschichte der Teilung erläutern, gar nicht wahrgenommen werden: nur ein Fusselchen auf dem Mantel der Geschichte – aber habhaft für viele Sterbliche. Wer aus der Entspannung Nutzen zog, hat mehrheitlich (jedenfalls seinerzeit) die ideologische Frage nicht verstanden, er hat die Ketzerprobe nicht verlangt, die heute, nachträglich, öfter als damals gestellt und gefordert wird: Warst du den Roten so nahe, daß du ihren Achselschweiß riechen konntest? Rechtfertige dich für deine Nase.

Entspannung bewirkte sogar, daß gelinde Aufmüpfigkeit in der DDR in den 80er Jahren allmählich etwas wurde, bei dem im Regelfall die Wahrscheinlichkeit, kein Märtyrer zu werden, größer war als das Gegenteil. Ich bin froh, daß ich an dieser Verminderung des Risikos nach meinen Kräften beteiligt sein konnte. Diese Zufriedenheit wird nicht eingeschränkt dadurch, daß mir heute manche, die damals das Märtyrerziel zum Glück verfehlten, so auf die Nerven gehen wie der Brandt dem Wehner ging und umgekehrt.

Ich denke, Wehner hat sich nicht gegrämt, daß Schmidt Brandt im Kanzleramt ablöste. Und Schmidt hat, nach kurzer Bestürzung, gern zugegriffen. Die schwere Regierungslast besaß auch ihre Süße. Hätte Brandt sich im Amte halten können, wenn es Guillaume nicht gegeben hätte? Man kann es bezweifeln. Nach dem triumphalen Wahlsieg im Herbst 1972 saß Brandt, kaum genesen von einem Halsleiden, das er wohl für bösartig angesehen hatte, auf dem Bonner Venusberg, indes Wehner und Schmidt unten im Tal bei der Regierungsbildung ihre Pflöcke einschlugen. So gesehen, dauerte Brandts Rücktritt fast anderthalb Jahre.

Dies ist alles bekannt, und von den handelnden Personen weiß man zur Genüge, daß sie ihre großen Schwierigkeiten miteinander hatten. Wenn man es genau bedenkt, dann fällt Brandts Witwe mit ihren jüngsten Aktivitäten gar nicht aus dem von ihrem Mann und Wehner vorgegebenen Rahmen. Sie liefert den Nachklang der heftigen menschlichen Gefühle, mit denen die beiden sich schindeten. Die Posse nach dem Drama? Für sie gewiß mehr.

Die Witwe hat ihre Erinnerungen; manche erweisen sich als etwas ungenau; andere kann niemand genauer haben als sie. Aber es gab natürlich auch ein Leben vor Brigitte: Das wiederum kennt auch sie nur aus Papieren und vom Hörensagen. Und das Sagen wie das Hören ist mit dem Älterwerden oft radikalen Änderungen unterworfen. Wie viele verschiedene Wahrheiten über dieselbe Sache lernt man kennen? Kein Grund sich zu erregen. Über fast alles lassen sich Geschichten austauschen; über fast alles läßt sich reden. Aber natürlich gibt es Ausnahmen davon. So habe ich mich vergeblich bemüht, eine Verteidigung der Entspannungspolitik, der Deutschlandpolitik Brandts, Wehners und Schmidts (und im Grunde auch Kohls) zu schreiben gegen Unterstellungen, wie sie – nicht von der Witwe, aber von ihr verursacht – in den letzten Tagen da und dort verstärkt erhoben worden sind. Einen solchen Artikel hatte die Redaktion bestellt. Ich konnte ihn nicht liefern. Denn was soll man ernsthaft sagen zu der Reduzierung eines vielschichtigen historischen Abschnitts auf das Niveau eines Politthrillers? Da hatten deutsche Regierungen die hierzulande seltene Fähigkeit entwickelt, pragmatische Politik zu betreiben: Und nun wird nach Verrat und Erpressung geforscht. Einschlägige Spekulationen jedenfalls werden angestellt, ohne daß sie an ihrer peinlichen Dümmlichkeit ersticken. So haben sich viele Deutsche schon immer gern ihren provinziellen Reim auf die Welt gemacht, die sie nicht verstehen. Da kann der Rest nur Schweigen sein.

Gaus richtete an die Herausgeber der F.A.Z. als Replik auf einen Beitrag von Brigitte Seebacher-Brandt nachfolgendes Schreiben, das zwar veröffentlicht, aber um den kommentierenden ersten Satz gekürzt wurde:

Sehr geehrte Herren,
Irren ist menschlich, vor allem dann, wenn es ein Irrtum in der besten Absicht ist. Frau Brigitte Seebacher-Brandt schreibt in ihren Erinnerungen an das Nationalgefühl ihres Mannes in der Nummer 294 Ihres Blattes (»Bilder und Zeiten« vom 18. Dezember 1993), Willy Brandt habe 1985 nach einem Rundgang durch das Museum für Deutsche Geschichte – ehemaliges Zeughaus – nach ihrer »festen Erinnerung« ins Gästebuch geschrieben: »Es gibt sie noch, die eine deutsche Geschichte.« Der Museumsbesuch gehörte seinerzeit zum Programm der Begegnung zwischen Willy Brandt und Erich Honecker.

Die feste Erinnerung von Frau Seebacher-Brandt ist irrig. Nach der Erfahrung, daß gemäß Ost-Berliner Protokoll am Ende eines solchen Rundgangs der Gast gebeten werden würde, sich ins Gästebuch des Museums einzutragen, war Willy Brandt aus seiner Begleitung als Text dafür vorgeschlagen worden: »Es gibt sie, die deutsche Geschichte.« So hat Brandt es dann geschrieben. Die Formulierung, an die Willy Brandts Witwe sich erinnert, scheint mir plakativer zu sein, als es der Vielschichtigkeit ihres Mannes entsprochen hat.

28. Januar 1994

Honecker. Ein Nachruf

Am 29. Mai 1994 strab Erich Honecker im Alter von einundachtzig Jahren in Chile an einem Krebsleiden.

Wer zu spät stirbt, den bestraft das Leben. Ich stelle mir vor, Erich Honecker wäre im Jahr 1987 gestorben, ein paar Wochen nach seiner respektvollen Bewillkommnung als Staatsgast in der westdeutschen Bundesrepublik. Wir hätten noch die Heimatlieder im Ohr gehabt, die dem seinerzeit 75 Jahre alten Mann, ein gesegnetes Alter, im Saarland gesungen worden waren. Der bayerische Defiliermarsch wäre noch kaum verklungen gewesen, mit dem Ministerpräsident Strauß das kommunistische deutsche Staatsoberhaupt auf dem Münchner Flugplatz eingeholt hatte. Staatsmann neben Staatsmann, das Photo war viel beachtet worden: der Gastgeber und sein zierlicher Gast, dessen dünnes weißes Haar eine wohlkonservierte, würdige Greisenhaftigkeit anzeigte, indes die Figur so gereckt war, wie deutsche Turner seiner Generation, aus bürgerlichen wie aus Arbeiter-Sportvereinen, sich strafften, bevor sie an den Barren traten.

Bis in den Herbst 1989 hinein, bis schwere Operation und politischer Sturz ihre Spuren zeichneten, hatte Honecker dieses Hähnchenhafte bewahrt. Dann erst kam das Hinfällige des Körpers zutage. Nun nahm das Gesicht, das über die Jahre hinaus glatt geblieben war, die Dreiecksform an, die von nagender Krankheit modelliert wird: die eingefallene, spitze Unterpartie, vom Kinn zu den Wangenknochen hinauf, die den allzu breit und hoch gewordenen Oberkopf nur zitternd noch zu tragen schien. Nicht vorher hatten die Augen hinter der schwer gewordenen Brille den lauernden Blick des Gebrechlichen gehabt; den Blick, der argwöhnisch nicht ein Gegenüber mustert, sondern nach innen auf den Krankheitsherd gerichtet ist.

Erst spät also war Honeckers Alter körperlich augenfällig geworden. Geistige Verengungen und Beschränkungen müssen im

Rückblick, soweit es möglich ist, eingeschätzt werden. Nach meinem Eindruck läßt sich vorab sagen, daß sie am wenigstens altersbedingt waren, sondern weit eher aus Honeckers geschlossenem Weltbild und den Machtstrukturen des Regimes herrührten, an dessen Spitze er fast 20 Jahre lang, von 1971 (Nachfolger Ulbrichts als Erster Sekretär des ZK der SED) bis zu seinem politischen Ende 1989, funktioniert hat. Jedenfalls war auch von geistiger Hinfälligkeit nichts zu bemerken, als der Vorsitzende des Staatsrates der Deutschen Demokratischen Republik und Generalsekretär (so der Titel seit 1976) des Zentralkomitees der Sozialistischen Einheitspartei Deutschlands im September 1987 in der Bonner Redoute, in seiner Kleine-Leute-Heimat an der Saar, in Krupps Villa Hügel und in der Münchner Residenz geehrt wurde.

Aus Wiebelskirchen in die Welt geraten und sich darin nicht verlaufen, sondern behauptet; auch in Bonn. Wie hätte man ihm dies und anderes mehr von westlicher, von westdeutscher Seite nachgerühmt, wäre er im Herbst 1987 gestorben; nur ganze zwei Jahre vor der Wende. Von der Verklärung in amtlichen östlichen Nekrologen – man bedenke den Tonfall, den beispielsweise die Blockparteien der DDR angeschlagen hätten, alle die Krauses – gar nicht zu reden.

Nachrufe können zu solchen Zeiten fällig werden, daß nur eine Rückblende auf andere Zeiten den Gewißheitswahn mancher Nachrichter ausbalancieren kann. Die Rückblende hilft auf die Sprünge – ins Bewußtsein zurück: Hätte Honecker damals, bald nach dem Besuch im freundlichen September 1987, das Zeitliche verlassen, so wäre der Bundespräsident selber zum Trauerakt nach Ost-Berlin gereist. Bundeskanzler Kohl hätte ein Kondolenzschreiben an den Staatsrat der DDR gerichtet, in dem die vom Verstorbenen gerade eben noch bewiesenen Verdienste ums Gutnachbarliche zwischen den beiden deutschen Staaten hervorgehoben worden wären. Auch von weiter her wäre Post in die faktische Hauptstadt der DDR gelangt. Neben vielen anderen hätte der US-amerikanische Präsident telegraphiert und seinen Vizepräsidenten zum Kondolieren entsandt.

Der oberste Franzose wäre gewiß herbeigeeilt, um mit seiner Anwesenheit beim staatlichen Leichenbegängnis seine Zufriedenheit mit dem Status quo in Mitteleuropa, so stabil, so stabil, zu bekunden. (Auf diplomatischer Ebene wäre, eher beiläufig und nur mündlich, erläutert worden, daß die Besuche westlicher Würdenträger in Ost-Berlin der Bedeutung des Toten geschuldet seien, aber die westliche Rechtsauffassung vom Viermächtestatus der ganzen Stadt nicht veränderten.)

Was Honecker mit Weizsäcker und Mitterrand als Trauergästen zuteil geworden wäre, hätte nicht nur dem Protokoll entsprochen. Es wäre damit auch das positive Urteil bekräftigt worden, das seinerzeit über Honeckers Part im Europa von Helsinki, das nach gesicherter, verbriefter Entspannung suchte, vorherrschte. Honecker wirkte konstruktiv nach seinen Möglichkeiten; er tat, was er konnte; er zeigte gewisse Selbständigkeit in der Raketenfrage: Das wäre ein Schlüsselsatz der meisten Interpretationen seines politischen Lebenswerkes gewesen. Die damalige Gerechtigkeit hätte ihr Urteil gesprochen. Ein Fehlurteil von Anfang bis Ende?

Nun – Honecker hat sich überlebt – fällt vor allen die gegenwärtige Gerechtigkeit ihren Spruch. Die Tonangebenden im Land wollen allerdings glauben und glauben machen, diesmal handele es sich um das endgültige Schlußwort: Denn inzwischen, seit dem Besuch in Bonn und mit der Wende alsbald danach, habe die Weltgeschichte ihr Weltgericht über Erich Honecker und sein Tun und Lassen gehalten.

Ach, die Weltgeschichte. Gleich nebenan, schon in Frankreich beispielsweise, liest sie sich anders als in Deutschland. Oder, um den Einspruch weniger allgemein zu fassen und direkt auf den Verstorbenen zu beziehen: Unter Chilenen, die vor Pinochet ums Leben in die DDR flohen, genießt Honecker einen anderen Ruf als unter Deutschen, die gegen die Schikanen seines Regimes die Ausreise ertrotzten. Es ist viel Differenzierungsvermögen in den letzten Jahren verlorengegangen. Honeckers verspäteter Tod ist in eine Zeit geraten, in der – in Deutschland mehr als anderswo – Selbstgewißheit und Selbstgerechtigkeit, wie sie Siegern oft eigen sind, die politischen Urteile, die sich historisch geben, einfärben.

Soll man es die Hinterlist der Geschichte nennen, daß der Tote, der einer selbstgewissen und selbstgerechten Lehre anhing, die nicht Sieger blieb, jetzt von anderen Selbstgerechten abgetan wird, deren Sieg wachsende Schwächen zeigt?

Selbst die frühe Bindung des Arbeitersohnes Erich Honecker an den konsequenteren Teil der Arbeiterbewegung, an den kommunistischen statt an den sozialdemokratischen – selbst diese Entscheidung, die vom Vater, einem saarländischen Bergmann, vorgezeichnet war, ist am Ende nicht unangefochten geblieben: nicht einmal der ideelle Vorsatz. Denn die herrschende Lesart lautet heute: Kommunist zu sein war schon vor Stalin und auch ohne Stalinismus verwerflich; schon die Idee allein stellt ihre Anhänger ethisch, moralisch, sittlich ins Abseits, macht sie zu abartigen Wesen.

Freilich, so leichthin und bedenkenlos läßt sich der Stab über Honeckers und seiner Altersgenossen frühes kommunistisches Engagement nur brechen, weil die deutsche Gegenwart, die so historisch tönt, von einem starken Verlust an historischem Bewußtsein gekennzeichnet ist. Weithin vergessen ist, welche mörderischen sozialen Verhältnisse und ausbeuterischen Arbeitsbedingungen für Männer, Frauen und Kinder der Unterschicht herrschten, als sich die Arbeiterbewegung vor wenig mehr als hundert Jahren auf ihren mühseligen Weg machte. Radikal auf Abhilfe zu sinnen und Umsturz, eine Wende, zu beabsichtigen, konnte wahrhaftig als ein notwendiges Gebot verstanden werden. Honecker hat das getan, als er davon nur Ungemach und Schlimmeres zu gegenwärtigen hatte. Respekt.

Wie sein späteres Leben auswies, ist er kein theoretischer Kopf gewesen. Auch wenn seinerzeit, als Honecker über den kommunistischen Jugendverband 1929 in die KPD gelangte, die programmatischen Schriften noch mit ungebrochenem Glaubenseifer studiert wurden, so war der Siebzehnjährige wohl nicht nur über die Texte, sondern neben der familiären Anleitung aus Emotionen heraus zum Kommunismus gekommen. Sogar nach allem, was wir seither über den gewalttätigen Versuch wissen, den Sozialismus als eine kommunistische Zwischenetappe in eine reale Existenz zu zwingen, hat Honecker einen Anspruch darauf, daß ihm sein Eintritt in die Kommunistische Partei Deutschlands als ein Entschluß zugute gehalten wird, der ihn gesellschaftlich vom Objekt zum Subjekt machen sollte. Ein Subjekt mit Solidaritätsempfinden: Über die eigene Person hinaus zielte das Engagement auf die Besserstellung einer Klasse von Benachteiligten.

Heute läßt sich in diesem Zusammenhang so gut wie jeder Vorwurf belegen: politische Irrtümer; dogmatische Holzwege; blinder Gehorsam gegenüber dem moskowitischen Rom; heranwachsende Herrschaft einer unkontrollierbaren Parteibürokratie. Welchen Durchblick besitze ich doch, der ich zur Welt kam, als Honecker in die KPD aufgenommen wurde. Der Anschluß an die Kommunisten in Deutschland verhieß 1929 viel Opfer und wenig Gewinn. Wandlitz mit seinem gehobenen Konsumladen und den Waschmaschinen aus westlicher Fabrikation – ein Zuhause, das ein westlicher Prokurist als zu dürftig verschmäht hätte –, auch die Staatsjagden und Staatsbesuche lagen unter dem Horizont jeder Erwartung. Zu rechnen war mit der Gewaltherrschaft der Nationalsozialisten.

Die Gestapo verhaftete Erich Honecker Ende des Jahres 1935. Im Sommer 1937 wurde er wegen Vorbereitung zum Hochverrat zu zehn Jahren Zuchthaus verurteilt. Bis Kriegsende 1945 war er eingekerkert in der Haftanstalt Brandenburg. Der sogenannte instrumentalisierte Antifaschismus ist derzeit die jüngste Abrechnung, die Intellektuelle mit dem System der DDR vornehmen. So kommt eins zum anderen. Nur: Honecker und seine kommunistischen und nichtkommunistischen Leidensgenossen von damals hatten immerhin bis 1945 die lebensgefährlichen Abweichungen von der deutschen Anpassungsnorm erst einmal riskieren müssen, damit die SED später versuchen konnte, daraus agitatorisch Nutzen zu ziehen.

Ich bin nicht auf einen Freispruch für Honecker aus. Jedoch wird mir beim Schreiben dieses Nachrufs deutlich, daß für meinesgleichen manches auf der Waage schwerer zu Honeckers Nutzen wiegt, als es von anderen veranschlagt wird. Dabei meine ich nicht unterschiedliche Bewertungen, die sich von selbst verstehen: Wer unter Honeckers Regime drangsaliert wurde, um Entwicklungschancen gebracht, ins Gefängnis gesperrt, dem fließt anderes als mir in das Urteil über den Toten mit ein; ebenso wie dem Kommunisten, der Honecker verübelt, was dessen Praxis der Lehre, der Hoffnung zugefügt hat. Davon kann ich leicht frei sein. Weder gehörte ich zu Honeckers Landeskindern, noch teilte ich seine politische Überzeugung. Aber die Bildung meines politischen Bewußtseins in den ersten Nachkriegsjahren – die Ängste des Luftkriegs noch nicht vergessen, die Photographien von Leichenbergen in deutschen Konzentrationslagern vor Augen – macht mich untauglich für die simple Bewältigungsformel, wonach die braune und die rote Diktatur in Deutschland gleichzusetzen seien. Rot gleich braun ist sogar, aber nicht nur, als Oberflächenbefund falsch. Durch den Zusammenbruch der DDR 1989 ist nicht alles widerlegt worden, was nach 1945 über bürgerliche Wurzeln des Nationalsozialismus gesagt wurde; über deutschen Militarismus; über die Industrie und Hitler; über die Macht des Großgrundbesitzes. Wir haben seinerzeit nicht nur die falschen Bücher gelesen.

Vieles, was wir damals, im Aufatmen der Wende von 1945, für überwunden ansahen, war nur betäubt vom tiefen Sturz; vorübergehend, wie sich heute zeigt. Jeder Nachruf gibt auch Auskunft über seinen Verfasser: Absichten auf einen andauernden, grundlegenden Wandel, wie Honecker und seine Gesinnungsgenossen sie hegten, als sie aus den Lagern, Zuchthäusern und der Emigration kamen, besitzen bei meinesgleichen einen Erinnerungsbonus aus den materiellen Hungerzeiten der großen geistigen Erwartungen nach dem Kriege, selbst wenn der Inhalt des beabsichtigten Wandels mit dem, was man selber im Sinne trug, nichts oder nur wenig gemein hatte. Sollten wir unsichere Kantonisten sein? Erwiesen ist, daß unsere Abkehr von jedem Totalitarismus, vollzogen in den Besinnungsjahren zwischen 1945 und dem Beginn des Kalten Krieges 1949/50, uns zuverlässig vom Kommunismus trennte – aber auch vom totalitären Antikommunismus. So speiste sich fortan unser politisches Selbstvertrauen aus unserer Fähigkeit, in der geteilten Welt auch Zweifel in Positionen der eigenen Seite setzen zu können und nicht ohne Verständnis für andere zu sein.

Zu Risiken und Nebenwirkungen lesen Sie die Frankfurter Allgemeine Zeitung und fragen Sie Ihren Abgeordneten oder Arbeitgeber.

Erich Honecker, geboren am 25. August 1912. Als die zweite Hälfte unseres Jahrhunderts begann, war er also noch keine Vierzig. Er war auf dem Weg nach oben. Im Jahre 1950 wurde der FDJ-Vorsitzende Honecker Kandidat des Politbüros des ZK der SED. Was hat der Aufsteiger und später der Aufgestiegene, der älter werdende Mann gewußt und verstanden vom Leben außerhalb seines Zirkels? Ich denke, er hat wenig Ahnung davon gehabt. Mit dieser Einschätzung will ich ihm weder Intelligenz noch politisches Denkvermögen noch Lebenserfahrung absprechen – aber Lebenserfahrung in Grenzen. Soweit ich Honecker beobachten konnte und zu verstehen vermochte, hat er sich Zeit seines Lebens von den Eindrücken nicht lösen können, die er als Heranwachsender, als sehr junger Mensch von den gesellschaftlichen Verhältnissen im Industriestaat Deutschland der zwanziger Jahre und der Weltwirtschaftskrise Anfang der dreißiger gewonnen hatte. Er war gerade 23 Jahre alt, da sperrten ihn die Nazis ein. Als er aus dem Zuchthaus kam, stand Deutschland vor einer Teilung, die vierzig Jahre dauerte.

Honecker hat immer gewußt, welche Bedeutung der bundesrepublikanische Nachbar für die DDR besaß. Aber die Entwicklung der westdeutschen Nachkriegsgesellschaft: die Umwandlung einer proletarischen Arbeiterklasse in den Kleinbürgerstand der jahrzehntelang florierenden sozialen Marktwirtschaft; die Veränderung des materiellen Seins und damit des Bewußtseins; das (vorübergehende?) Zurücktreten gewisser deutscher Eigenheiten hinter dem Lebensgefühl einer Amerikanisierung – so gut wie nichts davon, so war mein Eindruck aus Gesprächen mit Honecker oder aus seinen Äußerungen in der Öffentlichkeit, erreichte sein Bewußtsein in dem Sinne, daß der Wandel berücksichtigt werden müßte, wollte man neue Wirklichkeiten erkennen und sie in die gesellschaftspolitische Analyse und Zielsetzung einbeziehen. Selbst entsprechende Veränderungen im eigenen Staat, weniger prononciert als in der BRD, aber auch auf Entproletarisierung, auf einen

Wechsel ins Kleinbürgerliche gerichtet, sind vom Vorsitzenden des Staatsrates der DDR nicht wahrgenommen worden. Das hat er mit vielen in seiner Partei gemein gehabt.

Offenbar hat kein Ausforschungs- und Überwachungsapparat Honecker Einsichten vermitteln können, die ihn zweifeln machten an seinen Urteilsbildungen aus der Jugendzeit. Das mag im Grunde, im tiefsten Grunde bei vielen Menschen, also auch bei Staatsmännern jedweden Systems, so sein. Bedenkt man aber die Wucherungen der Stasi bis zum Selbstzweck (Honecker hat sie anscheinend niemals grundsätzlich einzudämmen versucht), dann war hier ein Gipfel des Ironischen erreicht: Ein jedes Maß sprengender Aufwand zur umfassenden Unterrichtung blieb im wesentlichen erfolglos, jedenfalls soweit es die Führung des Staates betraf. Die Schlußfolgerungen aus der Erinnerung obsiegten über die Fakten der Gegenwart (die freilich wohl nicht alle ungeschönt die Spitze des Staates erreichten). Nach allem, was sich bisher von außen erkennen läßt, waren bis zum Sturz des Greises 1989 die Überzeugungen des jungen Erich Honecker, was Sache ist, stärker als die Berichte des Dienstes über neue Realitäten, Sehnsüchte und Stimmungen unter den Menschen.

Honeckers Emotionen als politisch aufgeweckter, unterprivilegierter Heranwachsender hatten nach Konsequenzen gesucht und sich dafür anhand der Familie ein Dogma gesellschaftlicher Zukunftsprognosen erwählt – und waren erstarrt. Sie waren nicht aus dem Gemüt entschwunden; aus ihnen speiste sich wohl auch die Sentimentalität, zu der Honecker dann und wann neigte. Aber seine und seinesgleichen Vorstellungen vom Los der Elenden und Schwachen, das gebessert werden müßte, lagen dann, als Honekker handelnder Politiker war, zu einem bedeutenden Teil (gewiß nicht vollständig) neben den neuen Bedürfnissen der Abhängigen in den Industriegesellschaften. Honecker sprach gelegentlich gern gewollt simpel, mit spürbarer Mißachtung theoretischer Begriffe, von guter erschwinglicher Wohnung, sicherem Arbeitsplatz und zuverlässigen Chancen für die Kinder als den drei Eckpunkten, an denen sich die Interessen der kleinen Leute festmachten und auch weithin erschöpften. Diese Meßlatte aus Träumen der zwanziger

Jahre war schon, als Honecker sie befriedigt an die DDR anlegte, nicht mehr zeitgemäß geeicht. Und sie blieb ungenügend, selbst wenn die drei Essentials, für die Honecker immerhin in Grenzen zu sorgen wußte, inzwischen nicht mehr selbstverständlich sind.

Was Honecker außerhalb des Kreises seiner Gesinnungsgenossen am meisten Sympathien eintrug, Dankbarkeit, freundliche Nachrede, das war gleichzeitig ein besonderer Grund, Anstoß an seinem Tun zu nehmen. Westliche Bitten, in diesem oder jenem Einzelfall, in der Summe: in Tausenden von Einzelfällen, eine humane Ausnahme von der restriktiven Regelung der Freizügigkeit zu machen, hat das Staatsoberhaupt der DDR fast immer, sozusagen nach einer Art Regel, erfüllt. Es gewährte die Ausreise aus seinem Staat. Zwischenstaatlich erörterte allgemeine Reiseerleichterungen waren eine andere Sache; sie blieben ein Pfund, mit dem die DDR nach Bedarf politisch wucherte. Die Einzelfälle jedoch, die von westdeutschen Gesprächspartnern direkt oder über Vermittlung an Honecker herangetragen wurden, hatten eine hohe Chance auf einen wohlwollenden Bescheid. Wer damit zu tun hatte, wird immer froh bleiben über die gewährten Möglichkeiten; ich bin unverändert dankbar in jedem Einzelfall. Aber was geschah, entsprach der Verfassungswirklichkeit eines Duodezfürstentums aus der Zeit des Absolutismus: Serenissimus war so gnädig.

Die huldvolle Ausreisepraxis per Gnadenakt war eine der hellen Seiten einer Entwicklung, an der vor allem die ehrlich von ihrer Sache überzeugten Männer und Frauen in der SED mehr und mehr verzweifelten. Honeckers Lust an seinem hervorgehobenen Rang, seine protokollsüchtige Eitelkeit, sein Gefallen an der Hoflager-Stimmung der Jagdausflüge verbanden sich mit seiner überstarken Hinwendung zur Außenpolitik, was die Machtfülle Günter Mittags in der Wirtschafts- und Sozialpolitik zur Despotie beförderte, wodurch wiederum in den letzten Jahren der DDR selbst im kleinen Kreis des Politbüros jede Diskussion über notwendige Reformen oder wenigstens nennenswerte Kurskorrekturen unterbunden wurden. E. H., die Paraphe in grüner Tinte auf den Gnadenakten, war es zufrieden: Regieren nach dem Weihnachtsmannprinzip, sagten manche in der SED; aus Vorsicht oder

aus Disziplin, dieser Selbstfesselung der Überzeugten, hinter vor-
gehaltener Hand.

Wahrhaftig, der hier Skizzierte, er war kein Unmensch. Seine
Allüren sind nicht an das System gebunden, an das er glaubte; ihr
unkontrollierbares, starkes Mitbestimmen politischen Verhaltens
freilich ist es. In manchem war er offensichtlich überfordert; auch
das kommt systemübergreifend vor. Die Mauer in Berlin hat er
nicht aus Mutwillen und Bösartigkeit gebaut; die Steine hat die
Weltpolitik gesetzt. Wenn nicht aus analytischem Verstand, dann
aus hochentwickeltem Machtinstinkt hat Honecker früh begriffen,
daß Gorbatschow für die Sache seines Lebens von Übel sein
würde.

Ein Mensch mit mehr innerlichen Widersprüchen, als ihm die
gegen ihn gerichtete Feindseligkeit, an der er von der anderen
Richtung teilhatte, gewöhnlich zugestanden hat. Ich erinnere mich
an ein Gespräch mit Erich Honecker in den achtziger Jahren.
Nicht lange vorher war in Polen nach dem Sturz des Staatschefs
Gierek 1980 kurz erwogen worden, seinen Ministerpräsidenten
Jaroszewicz vor Gericht zu stellen. Honecker erzählte mir – nach
meinem Eindruck mit einer gewissen Eitelkeit; nicht ohne eine
Spur von deutschem Hochmut gegenüber Polen; durchaus ein
bißchen mit dem Stolz der westlichsten Deutschen, der Saarländer,
die doch schon halbe Franzosen sind –, der Staatsratsvorsitzende
der DDR und Generalsekretär des ZK der SED erzählte mir, er
habe Kania, den Nachfolger Giereks, in Warschau angerufen und
ihm gesagt, seit dem Code Napoléon gebe es in zivilisierten
Staaten keine Prozesse mehr auf der Basis nachträglicher Gesetze;
das möge der polnische Genosse bedenken.

Nun laßt sie los, die Hunde des Hohns gegen den Toten.

3. Juni 1994

Auschwitz und die Moral
von oben und unten

Das Jahr 1994 war ein Wahljahr. Neue Teilungen im staatlich geeinten Deutschland zeichneten sich ab. In Sachsen-Anhalt war im Juni eine Minderheitsregierung aus SPD und Grünen gebildet worden, die von der PDS toleriert wurde. Für die Bundestagswahl im Oktober startete die CDU eine »Rote Socken«-Kampgane. Ein westdeutsches Gericht sprach den Chef einer rechtsextremen Partei vom Vorwurf des Rechtsextremismus frei.

Soll ich die Empörung der Politiker und ihrer Publizisten teilen? Wie sie sich entrüstet haben über die verständnisvolle Urteilsbegründung im Falle eines Rechtsradikalen, dieser heißt Deckert, es könnte auch ein beliebig anderer sein, der den deutschen Massenmord an Juden leugnet.

Warum hat das staatstragende Personal so laut geschrien? Nur damit man es im Ausland hörte oder auch, um wachsende eigene Irritationen zu übertönen? Das wäre doch schon etwas: ein gelegentlicher Zweifel am eigenen Volk, ein nationaler Selbstzweifel – ach, wenn man darauf noch hoffen dürfte.

Manche erheben die Stimme laut, um ihre ordinären Sympathisanten in die Schranken zu weisen: Jene sollen verbellt werden, die wie Oberstudienrat Deckert und seine einfühlsamen Richter aus der Relativierung von Auschwitz im sogenannten Historikerstreit grobe Schlüsse gezogen haben, die von den besseren Herrschaften unmittelbar so nicht gewollt waren, die aber von ihnen mitverursacht wurden. In zwei langen Spalten bemühte man sich in der Frankfurter Allgemeinen Zeitung um den Nachweis, daß Deckert etwas anderes sei als ein Vulgär-Nolte.

So, wie es jetzt im Land zutage tritt, hat man es wieder einmal nicht gemeint. Gerade so war seinerzeit auch dem Ernst Jünger die SA schließlich zu ordinär gewesen.

Als die Sache mit Deckert öffentlich wurde, vor gut einer Woche, hatte sich die Frankfurter zunächst darin gefallen, die feinfühlige Urteilsbegründung als die gerichtsnotorische Selbstverständlichkeit für das Aussetzen der Strafe Deckerts auf Bewährung zu erläutern. Da hatte das Blatt sein besserwisserisches Gesicht gezeigt. Dann aber hielt sich die Peinlichkeit mit Deckert, anders als üblich, einige Tage im Gespräch. Dem gutbürgerlichen Organ drohte, im sympathisierenden Umfeld der grobschlächtigen Rechten erkannt zu werden. In dieser Gefahr, Not kennt kein Gebot, wechselte die Zeitung ihre Gesichtszüge: Ohne mit der Wimper zu zucken, beteiligte sie sich am öffentlich-politischem Druck auf die Richter, dem diese inzwischen erlegen sind. Als die Richter versetzt wurden, verbat sich gleichzeitig das Mannheimer Gerichtspräsidium jeden Zweifel an der inneren wie äußeren Unabhängigkeit der deutschen Richterschaft im derzeitigen System. Warum wird nicht viel mehr gelacht in diesem Land?

Richter Müller und Kollege Orlet sind zurückgezogen worden. Nun hat das deutsche Volk sein Ansehen wiederhergestellt und das Gewissen seine Ruhe. Es war die Erledigung einer Affäre auf die vornehmste Weise, die der Demokratie zu Gebote steht: nach der repräsentativen Methode. Das Volk mußte nicht selber Druck machen; seine Repräsentanten haben ihm die Mühe abgenommen. Das war wohl auch gut so. Denn die Mehrheit des Volkes hätte womöglich ihre Vertreter im Stich gelassen, weil sie dasselbe Verständnis für manche Auffassungen Deckerts hat, das auch dessen Richter besaßen. Nein? Nun sei es genug mit der Schuldenlast der Vergangenheit – das soll nicht die mehrheitliche Auffassung im Lande sein? Die Politiker können es nicht glauben? Leben sie denn abgeschlossen in Wandlitz? Wenn Honecker danach fragte, war ein jeder Sozialist. Meint Kohl, er hat ein anderes Volk?

Was ich unter Landsleuten, Wählern der demokratischen Mitte, höre, lautet etwa so: Natürlich will »kein vernünftiger Mensch«, daß es noch einmal »solche Sachen« mit den Juden gibt. Der Deckert geht zu weit. Obwohl er ja auch nicht will, daß sich »solche Sachen« wiederholen. Aber er schadet uns. Er soll den Mund halten. Aber eines wird man doch wohl sagen dürfen: Genug ist genug – mit der Vergangenheit. Ehrlich. Aber besser man sagt nichts. Einen Gebrauchtwagen kann man ohne weiteres von Deckert kaufen. Wollten die Richter eigentlich mehr sagen? Auschwitz und die Moral oben und unten im Land.

Für Bundeskanzler Adenauer waren die Wiedergutmachungszahlungen an Israel auch ein Teil des Eintrittspreises, den die junge Bundesrepublik für die Aufnahme in die westliche Nachkriegswelt zu entrichten hatte. Das war insoweit so moralisch oder unmoralisch wie ein Weisheitszahn und besagte gar nichts darüber, was Konrad Adenauer nach Auschwitz für nicht mehr zulässig, für anstößig, für verwerflich ansah. Die Bestallung von Hans Globke, dem Kommentator der NS-Rassengesetze, zum engsten Mitarbeiter im Bonner Kanzleramt gehörte offensichtlich nicht zu dem, was sich für Adenauer wegen des stattgehabten Holocaust verbot. Die Praktiker der Politik wollen es oft nicht glauben: Globke blieb nicht ohne Folgen.

Von Anfang an war die Last von Schuld und Sühne der Deutschen in der Bundesrepublik mit wechselnden politischen Nebenabsichten, manchmal auch Hauptabsichten, durchsetzt: außenpolitischen, innenpolitischen, parteipolitischen. Es heißt nicht, an der Aufrichtigkeit von Schuldeinsicht, von Reue, von Wiedergutmachungsbedürfnis zu zweifeln, wenn man feststellt, daß Westdeutschlands gesellschaftliche Realität immer auch einen Schatten auf Gedenkwochen, Schweigeminuten und Präsidentenreden warf. (Dasselbe Problem in der DDR ist ein anderes, ebenfalls kompliziertes Kapitel, das hier nicht aufgeschlagen wird, weil es mit Deckert, seinen Richtern und der FAZ nichts zu tun hat.) Ich denke, ein solcher Schatten ist unvermeidlich, unausweichlich. Aber viele Politiker und ihre Publizisten behaupten stets, es sei gar nicht so, wie es ist. Es gebe den Schatten nicht, der über allem liegt; es geben nur zusammenhanglose Ausnahmen – wie, jüngstes Beispiel Deckerts Richter. Manche Politiker, Leitartikler und Feuilletonisten glauben wahrhaftig, was sie sagen; andere täuschen den Glauben vor.

Dies ist, wie so vieles, wie das meiste, systemübergreifend. Älter geworden, neige ich dazu, solchen öffentlichen Betrug und Selbstbetrug in der Regel auf sich beruhen zu lassen. Aber Auschwitz bricht immer noch meine Regeln.

Also: Deckerts Richter wären nach meinem Verständnis ohne Strauß, der wollte, daß »wir Deutsche« den Rücken wieder steiften, wären ohne den wehklagenden Titel aus dem Historikerstreit: »Vergangenheit, die nicht vergehen will«; wären ohne die gängige selbstschonende Floskel, Verbrechen seien »im deutschen Namen«, also wohl von anmaßenden Staatenlosen, begangen worden – die Richter wären ohne solche Anleitung wohl zurückhaltender geblieben. Und ist man am Ende nicht schon dankbar, wenn die Bestie kuscht?

19. August 1994

Eigensinn

Die Bundestagswahl am 16. Oktober 1994 nannte Gaus »die erste gesamtdeutsche Wahl«. Die Wahl 1990 sei dagegen eine »Überrumplungswahl« gewesen. Zur Analyse der Gegenwart griff Gaus auf Mutmaßungen über eine etwaige deutsche Einheit aus seinem Buch »Die Welt der Westdeutschen« von 1986 zurück.

Wie aber wird Bischofferode wählen? Die Leute dort sind von alters her gewöhnlich kirchenfromm. Werden die ehemaligen Kali-Kumpel also wie vor vier Jahren ihr Kreuz bei der christlichen Partei machen: so gut wie geschlossen für Kohls CDU? Abweichungen sind diesmal denkbar. (Freilich sind Besserverdienende, die FDP wählen, am Ort nicht zu Hause.) Wer zur PDS hin abweicht – hat der sich dann, wie es in der herrschenden Öffentlichkeit heißt, als unbelehrbar erwiesen? Oder hat er, ganz im Gegenteil, seit 1990 etwas dazugelernt?

Vielleicht hat er etwas Falsches gelernt; oder etwas Nutzloses, woran er nur seine Ohnmacht erkennen kann; oder er hat ein bißchen Falsches und ein bißchen Richtiges gelernt. Aber auf jeden Fall hat die Entwicklung seinen Eigensinn gestärkt: seinen eigenen Sinn. Es gibt viel Bischofferode auf dem, wie sagte man: Territorium der einstigen DDR.

Am 16. Oktober dieses Jahres findet die erste gesamtdeutsche Wahl statt. Das vorige Mal, im Dezember 1990, ist es weniger ein normaler Wahlgang als das Besiegeln einer Überrumpelung gewesen.

Wem will man das vorwerfen? Selbst der Wahlsieger, der Überrumpelungskanzler sozusagen, hat seinerzeit beileibe nicht so viel gesteuert und gelenkt, wie er historisch für sich reklamiert. Er hat nicht außergewöhnlich gelogen, traf allerdings mit seinen Schwindeleien umständehalber auf besonders Leichtgläubige, hat aber wohl auch bis zu einem gewissen Grade selber an seine lügenhaften

Übertreibungen geglaubt: Es ruhte auf ihm der Segen der beschränkten Übersicht.

Einige naheliegende Entscheidungen hat Kohl richtig getroffen. Ein paar folgenschwere Fehler hat er gemacht oder zugelassen. Aber darüber hinaus hat der rasende Lauf der Dinge in der Wendezeit unvermeidlich auch ihn mitgezogen und -geschoben – eine Einsicht, die nicht tröstlich ist, denn sie verdeutlicht das Maß der Zwangsläufigkeiten auch in höheren politischen Rängen. Selbst der Kanzler teilweise überrumpelt: Wie denn mußten es erst jene Wähler sein, die seinerzeit gerade den vertrauten Boden, was immer er ihnen bedeutet haben mochte, unter den Füßen verloren. So weit waren Kohl und seine Mitsieger natürlich nicht zum Objekt geworden. Ihr Handeln blieb, schier instinktiv, bestimmt von Selbstgewißheit, daß ihre besitzbürgerlichen Interessen, Auffassungen und Bildungsgüter gleichzusetzen sind mit dem nationalen Gemeinwohl und Überbau. In diesem Sinne haben sie dann ihre Vereinigungspolitik betrieben.

In deren Folge sind inzwischen so gut wie alle größeren Wirtschaftsobjekte Ostdeutschlands im westdeutschen Besitz. Der Markt hat es angeblich so verlangt. Praktisch alle sozialen Strukturen des übernommenen Gebiets wurden zerstört und nur teilweise durch westdeutsche ersetzt: die Auflösung der betrieblichen Kinderkrippen im Namen der individuellen Freiheit, wo es doch nur um Kosten-/Nutzenrechnungen geht. Daß jeder seines Glückes Schmied sei, wurde zum kategorischen Imperativ, der Langzeitarbeitslose und Sozialhilfeempfänger moralisch ins Unrecht setzt.

Die Absicht von ostdeutschen Bürgerrechtlern, sich strittig auf die Vergangenheit einzulassen, wurde von Rechts her instrumentalisiert, bis das einstige Leben in der DDR zweckmäßig reduziert war auf den Inhalt von Stasi-Akten. Mit dem Verlust des Differenzierungsvermögens ging das Anschwellen westdeutscher Selbstgerechtigkeit einher. Und im Banne der Überrumpelung, des Überwältigtseins gab es zunächst keinen nennenswerten Widerspruch. Die große Mehrheit im vereinnahmten Land machte neuerlich von ihrem guten Recht Gebrauch, sich anzupassen.

Je mehr die siegreichen Politiker und ihre Lautverstärker sich geschichtsbewußt gaben und wieder von Geschichte, von Deutschlands historischer Aufgabe in Europa und darüber hinaus sprachen, desto dummdreister brachten sie die deutsche Geschichte der DDR auf die einfachsten Nenner: Stasi, Staatsnähe, Biermann. Die Vielfalt des Lebens von Millionen Menschen in vierzig Jahren – der Rede nicht weiter wert. Wie sich solcher Schwachsinn erklärt? Ich denke, in keinem politischen System ist man ohne weiteres dagegen gefeit, das Opfer der eigenen Agitation und Propaganda zu werden. Die Welt der selbstverfertigten Klischees ist ein heimeliger Ort für Generalsekretäre wie für Kanzler.

Auf den ersten Blick – und welcher gehetzte Mensch des öffentlichen Lebens hat schon Zeit für einen zweiten? – schien mental alles aus der Zeit der Teilung rückstandslos entsorgt zu sein. Worüber hatte man sich nur Gedanken gemacht? Ich zitiere aus einem Buch von mir (»Die Welt der Westdeutschen«) aus dem Jahre 1986: »In den Tag hinein spekuliert, einmal angenommen, die Bundesrepublik Deutschland und die Deutsche Demokratische Republik würden morgen, nach vierzig Jahren unterschiedlicher Entwicklung, vereinigt: Nicht nur die DDR, auch die Welt der Westdeutschen würden radikal verändert ... (Auch) die (ostdeutschen) Nischenbewohner, die mit der SED nur sehr bedingt einverstanden sind, ... würden bestimmte gesellschaftliche, soziale Verhältnisse aus der DDR bewahrt wissen wollen.«

Weiter aus meinem Text von 1986: »Mit welchem Programm würden die Politiker der bürgerlichen Mehrheit Westdeutschlands drüben antreten wollen – mit dem der Wiedereinsetzung alter Eigentümer oder deren Enkel? Und sollte die Vereinigung mit einer personellen Säuberung beginnen, ... gründlicher diesmal als bei der Entnazifizierung, weil nach links und nicht nach rechts hin geahndet würde: zwei Millionen Mitglieder der SED, überzeugte, opportunistische, mitlaufende? Oder könnten dann, im Gegenteil, Kommunisten Studienräte in Württemberg werden? Oder stellt man sich im Innersten vor, daß, wenn der Tag kommt, die Kommunisten alle verschwunden sein werden – irgendwie: christianisiert, ausgewiesen oder tot? Das, worüber die gängigen gesamtdeutschen Parolen in der Bundesrepublik schweigen, kennzeichnet das Maß der bereits wirksamen Entfremdung.« Ende des Zitats. Acht Jahre später, an diesem 16. Oktober, wird die erste normale gesamtdeutsche Wahl stattfinden.

Manches ist schon wieder zum Fürchten in Deutschland. Gäbe es die PDS nicht, so müßte man sich noch mehr fürchten. Nicht, daß sie mich schützen könnte; nicht, daß ich auf sie bauen wollte. Die Partei des Demokratischen Sozialismus ist in keiner guten Verfassung. Die Spannungen zwischen ihren handfesten, pragmatischen Kommunalpolitikern und den Oppositions-Taktikern werden sich unvermeidlich alsbald entladen. Der Streit zwischen Realos und Fundis, den die Grünen über Jahre hin auszufechten hatten, steht der PDS bevor. Der Konflikt zwischen Kommunisten und Nicht-Kommunisten ist mitten in der Partei angesiedelt. Manche Funktionäre haben den früheren Herrschaftston nicht abgelegt. Gysis persönliches Regiment ist nicht nur spaßig.

Aber daß die Partei existiert und am Wahltag einen achtbaren Stimmenanteil gewinnen wird, ist eine gesamtdeutsche Selbstverständlichkeit, die mich beruhigt.

Man könnte es doch wohl nicht als normal ansehen, wenn nach vierzig Jahren DDR und vier Jahren Erfahrung mit der Einheit keine Partei wie die PDS sich rührte. Alle ihre Gesinnungsgenossen, ihre potentiellen Wähler sollten verschwunden sein – irgendwie: christianisiert, ausgewiesen oder tot? Welches Verhältnis zur Realität haben jene Deutsche, die ihr Land nicht verstehen, weil es in ihm Wähler und Sympathisanten der PDS gibt? Die Welt als Wille ohne Vorstellung. Ein Abscheu – eine Angst? – vor Abweichlern, die ein Schulbeispiel von totalitaristischer Grundveranlagung ist.

Mit der politischen Normalität hat die Mehrheit der Deutschen in diesem Jahrhundert nicht immer viel im Sinn gehabt. Die Stimmen für die PDS entsprechen durchaus guten europäischen Maßstäben einer normalen Zivilgesellschaft. Von der Hysterie, mit der die PDS verketzert wird, kann man das nicht sagen. Einst wurden Ariernachweise erbracht, damit man zur Herde gezählt werde; heute werden Anti-PDS-Leitartikel vorgezeigt.

So, wie die sozialen Verhältnisse sich entwickeln im Land, wäre es von Vorteil, wenn im Bundestag eine Partei links von der SPD zu Wort käme. Mehr als die Sozialdemokraten in Verlegenheit setzen, würde sie kaum können. Aber wäre das so wenig?

14. Oktober 1994

Bis zur Kenntlichkeit normal

Fünf Jahre nach dem Fall der Berliner Mauer untersuchte Gaus die Verhältnisse zwischen West und Ost in Deutschland. Sein Text vom November 1994 – hätte er nicht in den Schlußfolgerungen genauso in Jahr 1998 geschrieben werden können?

Vor fünf Jahren ist die Berliner Mauer überrannt worden. Ein paar Wochen lang hat man dann auf der Mauerkrone Sektkorken knallen lassen und Geschichte als ein Freiluft-Musical angesehen. Schließlich wurde das Bauwerk niedergelegt. Und inzwischen ist der Staub verflogen, der seinerzeit aus dem Schutt aufstieg und den Blick trübte.

Zum Jubiläum nach fünf Jahren sieht das befreite Auge unter anderem: Westdeutsche Zeissianer demonstrieren gegen ostdeutsche Zeissianer, weil sie Angst haben um ihre Arbeitsplätze. Die Erde hat uns wieder.

Der Stuttgarter Wirtschaftsminister Spöri sagt, sein Land werde das ganze Gewicht in die Waagschale werfen, um zu verhindern, daß im Südwesten ein Kahlschlag stattfinde. Firmenstandorte in Baden-Württemberg dürften nicht für Verluste im Osten bluten. Ob ihm auf der Zunge lag hinzuzufügen: Und überhaupt, wo die da drüben so undankbar wählen?

Das Wort vom Kahlschlag ist von dem Herrn Minister vielleicht ein wenig unbedacht gebraucht worden. Ein Ostdeutscher, der sich zu Hause umsieht, mag es, bezogen auf Baden-Württemberg, als übertrieben empfinden. Abgesehen davon, daß die ostdeutschen Zeiss-Verluste bisher nicht von Zeiss-West bezahlt worden sind, sondern von der Treuhand, also von dir und mir – selbst wenn (anstatt, wie vorläufig geplant, 1.300) alle 6.600 Zeiss-Mitarbeiter im württembergischen Oberkochen und Bopfingen entlassen würden, bliebe dieses Kahlschlagen in seiner Wucht noch weit hinter dem in der Arbeitswelt von 24.000 Frauen und Männern zurück, die seit der Wende bei Zeiss in Jena, wie man es nennt: freigesetzt worden sind. Was doch so alles den Menschen frei machen kann. Natürlich waren solche schlagenden Maßnahmen in Jena und allerorten in Ostdeutschland nötig, um dem Markt zu seinem Recht zu verhelfen. Der Markt allein schafft Arbeit, wenn nur die Lebenszeit des Arbeitsuchenden lange genug währt und seine Ansprüche stetig bescheidener werden. Hätte man den Markt nicht zum Zuge kommen lassen, so würden die 24.000 freigesetzten Frauen und Männer bei Zeiss-Jena noch immer an ihren Arbeitsplätzen ihre Zeit an eine zu niedrige Produktivität verschwenden. Welche Sinnlosigkeit des Lebens.

Aber ist denn in Oberkochen, wo nun für einige hundert West-Zeissianer die Freiheit von Arbeit einziehen soll, die Produktivität inzwischen auch so gering, wie sie in der maroden DDR war? Ich mache es mir zu einfach mit meiner Frage? Aber gewiß doch. Macht es sich denn irgendein tonangebener westdeutscher Politiker oder sein ostdeutscher Blockparteiler schwerer, wenn er mir den Kahlschlag im Osten erklärt? Meine Betrachtung weist doch wenigstens auf jene Hintertür zur Erkenntnis, die von Ironie, Hohn und Spott aufgetan wird.

In diesem Sinne: Ich unterstelle einmal spaßeshalber, im Einigungsvertrag der beiden deutschen Staaten wäre festgelegt worden, daß die damals nächsten beiden Bundestagswahlen (1990 und 1994) nur im Anschlußgebiet, in der Ostmark der BRD, auf dem Territorium der einstigen DDR veranstaltet würden. Das hätte sich leicht begründen lassen: Die neugewonnenen Bundesbürger hatten soviel nachzuholen an Wahlen unserer Art. Wir hätten ihnen zwei geschenkt. (Das Recht auf Wahlanfechtung wäre uns für den Notfall naturgemäß vorbehalten geblieben: Wir waren die Erwachsenen.)

Nach diesem Szenario, einem Scherz nur, hätten die westdeutschen Politiker also lediglich um ostdeutsche Stimmen werben können; kein westdeutsches Übergewicht wäre als ein Sicherheitspolster im Spiel gewesen. Wollen wir wetten, daß unter diesen Umständen zum Beispiel von den 24.000 Ost-Zeissianern noch sehr, sehr viele ihren angestammten Arbeitsplatz in Besitz hätten?

Privatisieren höherrangig als Sanieren; stillschweigende Duldung so mancher westlicher Kunstgriffe zum vorsorglichen Niedermachen potentieller östlicher Konkurrenten; Mißachtung aller Ideen zur gerechten Umwidmung des erarbeiteten Volksvermögens der DDR; Verzögerung gleicher Löhne im einig Vaterland: alles angeblich zwingende ökonomische Gesetze, für die es samt und sonders auch eine andere Lesart, teilweise oder sogar gänzlich, gegeben hätte, wenn die westdeutschen Volksparteiler rechts und links der Mitte nur vom ostdeutschen Volk gewählt werden können. Was immer wirtschaftlich notwendig gewesen ist – für eine ausschlaggebende Wählermasse hätte man es langsamer vollstreckt.

Das Naturrecht des Marktes ist nämlich durchaus unterschiedlich. Nie war – bisher, bisher – im Westen seine Natur so rein wie in der Entindustrialisierung und Arbeitsplatzvernichtung im Osten. So hochstehend, wie unsere öffentliche Debatte ist, wird nun gefragt werden, ob man denn die Mauer zurückhaben wolle. Ich kann für mich aufrichtig antworten: nein. Ich arbeite nicht in Oberkochen. Die aus Ängsten gespeiste Wut der Württemberger gegen die Thüringer und umgekehrt ist ein gutes Zeichen. Sie beweist die Widerstandskraft konkreter Interessen gegen die nationalen Phrasen gebildeter Kreise. Warum sollen immer nur die Arbeitgeber die Nation hochleben lassen und neue Arbeitsplätze bevorzugt im Ausland einrichten? Zu solchem gesunden Egoismus fehlen den Arbeitnehmern zwar die Mittel, aber immerhin können sie sich unbeeindruckt zeigen von dem Schmus, der an bestimmten Jubiläen aus den meisten Medien quillt. Die Wut macht es möglich.

Aber werden sie zuverlässig unbeeindruckt bleiben? Die Erfahrung lehrt, daß, wenn die Ängste übermächtig werden und die Nöte niederdrückend, im Nationalen die nächstliegende Zuflucht gesucht wird: offeriert von Politikern, leitenden Angestellten und globalen Denkern, denen zur sozialen Frage nichts anderes mehr einfällt als der Appell, den Schmachtriemen enger zu schnallen. Was meint man denn, welche Emotionen, welche Ressentiments eine Mehrheit der Christdemokraten hätte erwachen lassen im Land, wenn die CDU/CSU in Bonn nicht an der Regierung geblieben wäre? Man hätte ihnen nicht zugehört, ihre Botschaft wäre nicht transportiert worden? Bedenkt man denn nicht, wer die großen Medien besitzt? Die Union hat die »Republikaner« nicht geistig überwunden, sondern bedient deren Klientel seit ein paar Jahren selber: Gegen diese Integration ist nichts zu sagen – außer die Integrierten werden zu einem bestimmenden Faktor.

Ich weiß nicht, ob wir uns jetzt einen Regierungswechsel unter Ausschluß der CDU/CSU hätten leisten können ohne schwerste geistige und wirtschaftliche Verwerfungen in Deutschland. Wir schreiben nicht mehr das Jahr 1969. Damals war die alte Bundesrepublik ein stabiler Nachkriegsstaat. Heute befindet sich das Land in einem Transit von noch unbestimmbarer Dauer.

Fünf Jahre nach der Öffnung der Mauer wird Deutschland bis zur Kenntlichkeit normal. Aber dazu gehört eben nicht nur, daß jetzt und bisher noch den Zeissianern, wenn es ernst wird, das jeweils württembergische oder thüringische Hemd näher ist als der gesamtdeutsche Rock. Zur deutschen Normalität muß auch gerechnet werden, daß von den tonangebenden Kräften die eigene Nation als eine ohne Linke definiert wird: Hier ist sie, die sumpfige Stelle, aus der ein Nationalgefühl gespeist wird, das den Anschluß an die Französische Revolution mehrheitlich nie gefunden hätte.

Über Nacht hätten sich die Sozialdemokraten neuerlich als vaterlandslose Gesellen wiedergefunden, wenn die CDU/CSU die Regierungsmacht verloren hätte: Diese Ausgrenzung hätte auch jene in der SPD nicht verschont, die nahezu alles preisgeben, damit sie nur ja als so gut wie zugehörig zum bürgerlichen Lager anerkannt werden. Das sind jene Sozialdemokraten, die wünschen, ihre Kinder möchten es einmal besser haben: also keine Sozis sein. Und auch in der PDS scheint das Bedürfnis, wenigstens bei der SPD mitzuspielen, die inhaltliche und parteiinterne Skrupellosigkeit zu fördern. Beide, SPD und PDS, machen einen Fehler. Die Polarisierung wird nach der Bundestagswahl und der Regierungsbildung nicht abnehmen im Land, sondern stärker werden. Wer seinen Standpunkt zur Beliebigkeit verkommen läßt, wird sich nicht auf den Beinen halten können. Die Mitte rückt so weit nach rechts, daß die SPD sich ihr nicht ohne Selbstaufgabe anschließen kann.

4. November 1994

Zu den Akten –
ein Schlußwort

Bei der Arbeit an der Herausgabe dieses Buches hat Günter Gaus sich jeden erläuternden Vorspann zum nachstehenden Aufsatz vom Frühjahr 1995 verbeten. Sein Schlußwort zu DDR-Akten, soweit sie ihn betreffen, sollte allein für sich sprechen.

Erwartungsgemäß bin nun auch ich zum Gegenstand der Nachrede mittels Einsicht in Akten der DDR geworden. Die Illustrierte »Stern« hat mich auf diese nicht mehr ungewöhnliche Weise in zwei Veröffentlichungen zu einem Objekt gemacht, an dem die Deutschen ihre Vergangenheit bewältigen können, um so ihre Identität neu zu begründen: Denn die Aktenveröffentlichungen dienen, selbst in verstümmelter Form, diesem Zweck und keinem sonst. Ich bin dankbar, mein Scherflein zur seelischen Gesundung der Nation beitragen zu können.

Zu erwarten war der Rückgriff auf mich, weil die Aktengänger seit einiger Zeit über die Stasi-Akten hinaus in das Aktenarchiv der SED und ihres Staates, der DDR, vorgedrungen sind. Und an dieser Stelle muß sich viel über mich finden lassen; denn hier sind, soweit mir bekannt ist, die Aufzeichnungen amtlicher DDR-Vertreter jener Staaten, zu denen die DDR offizielle Beziehungen unterhielt, abgelegt worden. Immerhin bin ich von Juni 1974 bis Januar 1981 der Ständige Vertreter der Bundesrepublik Deutschland bei der Deutschen Demokratischen Republik gewesen. Das war eine Funktion, zu der unter anderem, wie bei allen zwischenstaatlichen Kontakten, seit es solche gibt, die Aufgabe gehörte, das Gespräch mit der anderen Seite nach Möglichkeit niemals abreißen zu lassen und die Begegnung mit Spitzenleuten nicht zu scheuen, sondern zu suchen. So müssen in sechseinhalb Jahren Berge von Papier zusammengekommen sein oder, wie Männer und Frauen, die ihre Bedeutung aus Stasi-Akten ablesen, gern qualifizieren: Meter um Meter. Ich hatte seinerzeit viel zu tun und wenig Urlaub. Pro Jahr meiner Amtszeit werden mindestens 120 Berichte geschrieben worden sein, was über die ganze Dauer 780 ergibt; jeweils eine Kopie, so vermute ich, an die Stasi. Aber das ist natürlich nur eine vorsichtige Schätzung, in der nicht enthalten sind Aufzeichnungen von Unterhaltungen auf diplomatischen Empfängen und bei offiziellen Abendessen. Da liegt Stoff für alle in Hülle und Fülle. Soviel Vergangenheit hat es gar nicht gegeben, wie sich daraus aufarbeiten läßt.

Zweckmäßig für die Bedürfnisse der heutigen Veröffentlichung eingekürzt und aus dem Zusammenhang der damals gegebenen politischen Lage und des pflichtgemäßen wie engagierten Versuchs ihrer Verbesserung gerissen, sind aus der Aktenmasse die verräterischsten Zitate herzustellen. Dies um so leichter, als solche Art Gespräche ihrer Absicht nach weder propagandistisch noch agitatorisch angelegt waren; nicht einmal aggressiv. Denn tatsächlich wurde das zwischenstaatliche amtliche Gespräch immer nützlicher für die Menschen, je mehr es sich im jahrelangen Umgang vom Amtston löste und dann und wann sogar von einem Augurenlächeln begleitet war. Propaganda und Agitation ressortierten auf beiden Seiten in der Regel anderswo.

Als die Akten seinerzeit entstanden, begrüßten die meisten westdeutschen Intelligenzblätter, zu denen damals auch eine Illustrierte gehörte, den Pragmatismus im Umgang mit dem anderen deutschen Staat als eine politische Tugend, die den Deutschen – zu ihrem Schaden – nicht selbstverständlich ist. Wir meinten, wir ließen so den Sumpf der Ressentiments und die Prokrustesbetten der Ideologien hinter uns und kämen der Vernunft näher.

Im Andauern dieser Entwicklung haben wir uns, so scheint mir, getäuscht. Es hat sich wohl nur um eine Unterbrechung des sonst eher Üblichen im Land gehandelt. (Seine besondere Komik hat es, wenn heute ausgerechnet mir, nur weil ich seit der Wende nicht anders denke als vorher, ideologische Eierschalen angeklebt werden. Ideologisch gebildete Linke können da nur lachen. Nein, meine geistige politische Ausstattung besteht nach wie vor hauptsächlich aus den guten Vorsätzen, die meinesgleichen nach 1945 gefaßt hat: dogmenfrei, aber zählebig. Allerdings stellen mich diese Vorsätze unter den Deutschen unvermeidlich und immer eindeutiger in eine linke Ecke und nicht auf einen rechten Platz.) Der Wind hat sich gedreht, und er frischt aus bestimmter Richtung auf. Im »Stern« ist seit der Umwandlung der Institution Henri Nannen in das Phänomen vorübergehender Chefredakteure nicht nur ein Generationswechsel vorgegangen. Im ganzen Land sind einstige Mitläufer der pragmatischen Politik zu Mitläufern einer diffusen Bewegung geworden, deren einzelne Bestandteile sich nicht unbedingt mischen, aber zu einer Brisanz ergänzen. Zu den Teilen und Teilchen gehören unter anderem das dunkle Sinnen und Raunen von Botho Strauß ebenso wie eine Art, sich aufs Nationale zu besinnen, die aus etwas Selbstverständlichem wieder etwas Besonderes macht. Das Empfinden, doch noch im Zweiten Weltkrieg gesiegt zu haben, nicht 45 aber 89, hat darin seinen Platz neben der Glückseligkeit Helmut Kohls über sein Deutschland als die Nummer eins in Europa. In die Bewegung ein fügt sich auch eine selbstgerechte Ideologie des Antikommunismus, die genauso totalitär ist wie die kommunistische.

Ich wäre mir gram, wenn ich verstünde, mit welchem moralischen Recht wir meine langjährigen Gesprächspartner aus dem Außenministerium der DDR – sie finden sich in den Akten – wegen sogenannter Staatsnähe zu Strafrentnern in der vergrößerten Bundesrepublik gemacht haben. Höchstwahrscheinlich ist, daß die SED weit radikaler gemaßregelt hätte, wäre sie in Westdeutschland eingerückt. Aber wohin wollen wir mit einem solchen Einwand gelangen?

Als die Illustrierte die beiden Artikel über mich veröffentlichte, reiste ich in Spanien. Ich kann mich deswegen erst jetzt zu ihnen äußern. An einigen Passagen konnte ich erkennen, wie kleine Retuschen große Wirkungen erzielen. Beim Lesen erheiterte mich die Erinnerung, daß ich in meinen Gesprächen mit DDR-Vertretern das Steifleinene, Gestelzte, Hölzerne, mit dem manche von ihnen das diplomatische Geschäft betrieben, dann und wann mit ironischer Wortwahl aufzulockern versuchte, was sich in der

Sache gelegentlich als nützlich erwies. (Beleg aus den Akten: Gaus sei bereit, »einen Kniefall zu machen«.) Bewundert habe ich das rasante Recherchetempo des heute marktgängigen Journalismus: Was man von mir wissen wollte, wurde in einem Telefongespräch von weniger als fünf Minuten abgehakt.

Das Bemühen des »Stern«, mir gerecht zu werden, ist vielleicht am treffendsten so zu kennzeichnen: Wie bastle ich mir aus Papier einen egozentrischen Schwachkopf und blinden Liebhaber der DDR mit Ansätzen zum Schweinehund? Ernsthafte Interessenten, welche die Artikel über mich noch nicht kennen, sollten sich die diesjährigen Nummern 17 und 18 der Illustrierten vom Verlag Gruner + Jahr, Hamburg, schicken lassen.

Die Illustrierte läßt an ihrer Aufklärung über mich, ergänzend zu den Akten, einige wenige Personen mitwirken, die starke Gefühle preisgeben, wenn sie meinen Namen hören. Es sind, mit einer Ausnahme, Dissidenten aus der Spätzeit der DDR, denen diese respektable Vergangenheit zum Lebensinhalt auch der Gegenwart geworden ist. Wegen seiner verständlichen Fixierung ist dieser Typus ein Bürgerrechtler von damals: Es gibt von ihm kaum eine Stellungnahme zu heute gefährdeten Bürgerrechten, etwa dem Asyl. Die Art, wie diese Ehemaligen die Vergangenheit aufgearbeitet sehen wollen, halte ich für ein Malheur. Die Absolutheit ihrer Position ist Gift für einen gesellschaftlichen Pluralismus. Ich habe seit der Wende oft entsprechende Vorwürfe gegen sie erhoben. Kann ich mich beklagen, wenn mir herausgegeben wird? Über die Art, wie das geschieht, will ich so wenig streiten wie über Geschmack.

Bleibt also ein Wort zu den Akten, die aufgeblättert worden sind. Ich kenne mich ganz gut aus mit solchen Akten. Ich habe selber viele verfaßt. Die Enthüller vergessen oft, daß zu jeder DDR-Akte über ein amtliches Gespräch mit mir meine Aufzeichnung darüber als Gegenstück in einem noch auf Jahre verschlossenen BRD-Archiv liegt. Die historische Forschung wird die beiden Papiere eines Tages nebeneinanderlegen – dann wächst zusammen, was zusammen gehört – und so einige Aufschlüsse über zwei Seiten einer Sache erhalten. In den Formulierungen wird sich oft und oft ein Rankenwerk finden, das den Tatsachenkern umgibt; östliche und westliche Ranken. Denn der Verfasser des jeweiligen Aktenstücks hat auch an die Adressaten gedacht, die sein Bericht vor der Archivierung haben würde. Manchen Empfängern (»Majestät braucht Sonne«) mußte geschmeichelt werden, anderen sollten fällige Entscheidungen nahegebracht werden. Der Aktenfeinschmecker wird erkennen, daß in solchen Absichten der Sprachgebrauch des Berichterstatters häufig den des Gesprächspartners verdrängt. Auch wird sich zeigen, daß der Autor der Berichte dann und wann an das Licht gedacht hat, in das seine Aufzeichnungen ihn rückten. Allgemein und zeitlos gesagt: Aktenschriftsteller im zwischenstaatlichen Verkehr sind, wenn sie bei der Wahrheit bleiben, gebunden an Fakten, aber ein kleines bißchen frei im Zuschnitt der Hülle. Wenn sie freilich im Kern nicht die Wahrheit schreiben, so fliegen sie auf bei ihrem Dienstherrn – lange bevor die Akten allgemein zugänglich werden. So spannend kann Aktenkunde sein, sofern sie nicht den Regeln der Presseverwertung unterworfen ist.

Die Akten, aus denen heute – nach normalen Archivregeln vorzeitig – zitiert werden kann, sind entstanden in einer jahrelangen Gesprächskontinuität, die durchgehalten werden sollte auch in Krisen, allgemeinen zwischen Ost und West und besonderen zwischen den beiden deutschen Staaten. Und dabei also hätte jedes Wort auf seine heutige politische Korrektheit und historische Dauer gemünzt sein sollen? In einer solchen unsinnigen Annahme taucht sie wieder einmal auf: die Welt als Wille ohne Vorstellung.

Meinerseits wird das, was ich hier dazu geschrieben habe, ein Schlußwort zu der Aktenfledderei sein, soweit sie mich betrifft; ein Schlußwort nicht nur im vorliegenden Falle, sondern auch gleich für etwaige zukünftige Publikationen. Ich gedenke nicht, weder heute noch später, auf Veröffentlichungen aus Akten der DDR über Gespräche, an denen ich beteiligt war, zu reagieren. Ich werde nicht atemlos hinter da und dort erscheinenden Aktenveröffentlichungen herlaufen, um Exegese zu betreiben und Umstände zu erläutern – ein Hinterherhecheln zum heutigen Vergnügen eines Publikums, das an der Historie wohl weniger interessiert wäre als an der Frage: Wie lange hält der Mann das durch? Nein, ich werde es nicht tun.

Eine Sache allerdings will ich nicht auf sich beruhen lassen. Hartmut Jäckel, Politologe, wir duzen uns seit den fünfziger Jahren, hat im »Stern« ans Licht gebracht, daß ich mich als Leiter der Ständigen Vertretung der Bundesrepublik in Ost-Berlin geweigert habe, Fotos vom Dissidenten Robert Havemann, die mir Jäckel brachte, im Schutze meiner diplomatischen Immunität nach West-Berlin zu schaffen. Das stimmt. An das Gespräch, das wir damals, Mitte der siebziger Jahre, über dieses Ansinnen führten, erinnert sich Jäckel etwas anders als ich, aber das ist gewiß unwichtig im Vergleich zu dem Unbeirrtsein, mit dem ich hier bekenne: In einem vergleichbaren Fall, unter entsprechenden Umständen, würde ich mich wieder weigern, derlei zu transportieren. Ich habe nicht den Hauch eines schlechten Gewissens wegen der damaligen Absage an Jäckel.

Seinerzeit, seit 1974, versuchten wir für die Ständige Vertretung praktische Arbeitsmöglichkeiten zu etablieren, um Nöte, die sich aus der Teilung ergaben, mildern zu helfen. Deswegen waren wir vor Ort, und unsere Arbeit ließ sich nur in Abstimmung mit den Behörden der DDR bewerkstelligen. Damals betreuten wir von der Vertretung aus – so gut es ging, und wir wollten, daß es schnell besser gehen möge – über fünfhundert Häftlinge aus Westdeutschland und West-Berlin in Gefängnissen der DDR. Und diese Chance einer überfälligen Fürsorge hätte ich einer ausgesprochenen oder unausgesprochenen Verstimmung der DDR aussetzen sollen, wenn sie erfahren hätte, daß ich Havemanns Fotos, gänzlich risikolos für mich, in den Westen gebracht hätte? Ich kannte damals Hartmut Jäckel seit 20 Jahren. Ich mochte den Umfang unserer Häftlingsbetreuung, restriktiv oder weniger restriktiv, nicht an seine Verschwiegenheit im West-Berliner Freundeskreis binden.

Auch wird mir in der Illustrierten vorgeworfen, ich hätte Havemann nicht besucht, als ihn die DDR-Behörden der massiven Schikane eines Hausarrests unterworfen hatten. Auch das stimmt. Ich habe als Ständiger Vertreter den einen und anderen, der bei den DDR-Oberen mißliebig geworden war, demonstrativ aufgesucht, bis in eine sächsische Kleinstadt hinein: mein Dienstwagen mit CD-Nummer und schwarz-rot-goldenem Stander mit Bundesadler vor der Haustür, damit sich nur niemand darüber täusche, wer dort zu Besuch gekommen war. Ich wollte, daß die interessierten Organe der DDR (sie waren auch hinterhergefahren) meine – hoffentlich hilfreiche – Anteilnahme am Geschick des Besuchten wahrnehmen. Havemanns Haus jedoch war umstellt von Presse, Funk und Fernsehen der westlichen Welt. Mein Erscheinen dort hätte der DDR nicht einen deutlichen, aber immer noch diskreten Hinweis gegeben, sondern hätte sie in aller Öffentlichkeit bloßgestellt. Das aber wäre, wenigstens für eine unbestimmte Zeit, die Aufkündigung der Politik gewesen, die mich nach Ost-Berlin geführt hatte. Und das für eine Stippvisite?

Zwischen der DDR und mir waren Jäckels Aktivitäten niemals ein Thema. Jeder DDR-Vertreter hätte sich eher die Zunge abgebissen, als daß er mir über meinen Freund Hartmut und eine etwaige Einreiseverweigerung für ihn gesprochen hätte. Ich hätte innerlich gejubelt, wenn es die DDR getan hätte, denn dann hätte sie endlich die Zuständigkeit der BRD-Vertretung für West-Berliner, auch wenn diese sich nicht in der DDR befanden, anerkannt. Es wäre ein Triumph zäher Bemühungen unsererseits gewesen. Wir haben ihn bis zum Ende der deutschen Teilung nicht erringen können. So kompliziert waren seinerzeit die Verhältnisse in Deutschland. Im nachträglichen Vorwurf lassen sie sich einfacher gestalten.

Von Hartmut hatte ich lange nichts mehr gehört. Wenn ich mich recht erinnere, seit 1981 nicht mehr. Nachdem ich damals, im Januar 81, den Posten des Ständigen Vertreters in Ost-Berlin verlassen hatte, wurde ich in West-Berlin Senator für Wissenschaft. Jäckel sagte mir seinerzeit, er freue sich auf unsere Zusammenarbeit. Ich entließ ihn jedoch gleich am Anfang meiner Senatorenzeit als Staatssekretär meiner Behörde, weil ich ihn für ungeeignet für das Amt ansah. Mit Havemanns Fotos hatte das nichts zu tun.

19. Mai 1995

Einsicht ist ein vergängliches Gut

Auf dem Territorium des früheren Jugoslawien tobte seit einiger Zeit der Bürgerkrieg, an dessen Anfang die voreilige diplomatische Anerkennung einzelner Republiken durch Bonn und die Aufforderung zu ethnischen Trennungen stand, die von den dortigen Machthabern aber offenbar als Appell zu ethnischen Säuberungen verstanden wurde. Die Bundesrepublik trug ihr schlechtes Gewissen ab, indem sie Flüchtlinge in großer Zahl aufnahm. Zugleich aber meldete die Bundesregierung nachdrücklich ihren Wunsch nach einer bewaffneten Befriedungsaktion der Bundeswehr an – am 26. Juni 1995 beschloß das Kabinett, Bundeswehreinheiten nach Bosnien-Herzegowina zu entsenden. Vier Tage später fand der Beschluß eine parlamentarische Mehrheit. Auch dies ein Teil der deutschen und internationalen Wende.

Und warum also sollte die Bundeswehr nicht mit Atomwaffen ausgerüstet werden? Es ist ohne weiteres denkbar, daß sie es sein wird, noch bevor zehn Jahre vergangen sind – oder wir werden statt dessen einen Mordskrach mit unseren Alliierten haben, weil die sich dagegen sträuben. Wie werden wir dann aber beleidigt sein. Denn wir haben doch – am 30. Juni 1995 – auch aus Solidarität mit ihnen prinzipiell beschlossen, deutsche Soldaten gegebenenfalls an Kriegen allenthalben auf der Welt teilnehmen zu lassen; zuerst in Bosnien. Begründet das nicht einen Anspruch auf Atomwaffen, wenn wir meinen, wir sollten welche haben? Schließlich ist Deutschland nicht irgendwer. Und entgegenstehende Verträge und Beschränkungen können verändert oder umgangen werden.

Solidarität mit den Verbündeten; unklare Hilfsabsichten auf eine Stärkung der UNO; militante Vorstellungen von Menschenrechtssicherungen unter den sozialdemokratischen und grünen Dissidenten im Bundestag; die Verstärkung des Gewaltfaktors gegenüber dem Verhandlungsfaktor in der zwischenstaatlichen Politik; eine erneuerte alte Selbstherrlichkeit, die nach den traditionellen Machtmitteln staatlicher Souveränität verlangt – angesichts des Bündels von Motiven, das letzte Woche die Bonner Parlamentsmehrheit für den Kriegseinsatz deutscher Kampfflieger zustande brachte, kann man die grundsätzliche Bedeutung dieses Beschlusses leicht aus dem Auge verlieren.

Manche Schlaumeier unter den Politikern bauen wohl darauf. Andere haben womöglich gar nicht voll begriffen, worüber sie auch abstimmten und werden es später so nicht gemeint haben. Wieder andere haben es durchaus ganz und gar so gewollt, weil es ihnen als selbstverständlich gilt. Und die Dissidenten im Bundestag haben sich leiten lassen von einer besonderen deutschen Verpflichtung – wegen allem, was gewesen ist. In ihrem Votum tritt nach meinem Verständnis der Aberwitz in reiner Form zutage. Denn im tiefsten Grunde haben die Deutschen mehrheitlich beschlossen, nun wieder so handeln zu können, als ob nichts gewesen wäre.

Wie will man nach einem solchen Beschluß die nukleare Bewaffnung der Bundeswehr, wenn sie als zweckmäßig erscheint, noch ablehnen? Mit moralischen und ethischen Gründen, die sich aus der Quantität herleiten? Nein, nein. Deutschland kann jetzt ruhigen Gewissens Atomwaffen für sich verlangen. Die Gewissensgründe, die bisher dagegen sprachen, haben sich überlebt. Denn wir haben unser Gewissen, soweit es sich von Staats wegen normieren läßt – und das läßt sich ziemlich weit –, wieder auf den herkömmlichen Stand gebracht. Es war wohl an der Zeit. Fünfzig Jahre haben wir gebraucht, um Schritt für Schritt dahin zu kommen, wo wir nun sind. Wir sind in des Wortes schrecklicher Bedeutung in die uneingeschränkte Normalität des Staatenlebens zurückgekehrt. Aus eigenem mehrheitlichen Willen.

Das Neuland, von dem Kinkel aus Anlaß des Tornado-Beschlusses im Bundestag geschwäbelt hat, ist ein altvertrautes Feld. Was soll neu daran sein, in den Krieg zu ziehen? Es ist die Normalität (und natürlich keine deutsche Besonderheit). Ideologische Gegenentwürfe haben sich noch stets als Illusion erwiesen. Nur von Fall zu

Fall, buchstäblich zu nehmen, gibt es Unterbrechungen der historischen Routine. Und je tiefer der Fall war, um so länger halten sie an. Das gilt vor allem, seitdem auch die Kriege demokratisiert worden sind, massenhafte Volkskriege wurden, die doch einige Regeneration des Menschenmaterials (auch psychisch) und des anderen Materials erfordern. Vermutlich gehen so gesehen zehn bis zwanzig technische Kriege wie der Golfkrieg (technisch für unsere Seite) auf einen Vietnamkrieg. Zeitgemäße Generalstäbe werden wohl in ihren Abteilungen für die PR-Arbeit eine vertrauliche Faustregel darüber besitzen.

Fünfzig Jahre Aufenthalt der Deutschen an einem Ort, der nicht von Dauer ist, weil er der Normalität nicht gerecht wird – die lange Zeit bezeugt das übel verdiente Maß seelischer, geistiger und materieller Erschöpfung der Deutschen bei Kriegsende 1945. Es war nicht Opportunismus, der in den Jahren danach viele Deutsche dazu brachte, im Krieg nicht mehr eine Fortsetzung der Politik mit anderen Mitteln zu sehen, sondern schieren Wahnsinn. Für diese Auffassung mußte man nicht einmal Pazifist aus Gesinnung sein: Der Pragmatismus nahm unter den Deutschen – vorübergehend – pazifistische Züge an. Opportun war es dagegen alsbald wieder im West-Staat wie im Ost-Staat des Landes, im Kreise der jeweiligen Verbündeten den Unterschied zwischen sogenannten gerechten und ungerechten Kriegen zu definieren, um so den Krieg schlechthin neuerlich denkbar zu machen.

Ich denke noch immer, daß die damalige Erschöpfung der Menschen zunächst auch eine durchaus mehrheitliche Einsicht bewirkte. In den kurzen Besinnungsjahren nach dem Kriege stützte meinesgleichen darauf die Erwartung, nun werde sich die schreckliche Normalität der geschichtlichen Abläufe durchbrechen lassen: Wir hätten die Chance einer Zeit frei von der Tyrannis historischer Überforderung. Wir meinten, eine Wende zu erkennen. In unserer Hoffnung verstanden wir die Menschen auf eine andere Weise nicht als die Marxisten. War unser Recht auf einen noblen Irrtum kleiner als das der heutigen jungen Leute, die meinen, mit Greenpeace die Welt zu verändern? War nicht unsere Basis damals sehr viel stärker als es, alles in allem, die der Umweltschützer heute ist?

Ich verstand erst nach einiger Zeit, daß auch Einsicht ein vergängliches Gut sein kann, abhängig von der Erinnerungskraft des einzelnen Menschen und der herrschenden Stimmung im Land, wie immer diese sich bildet oder hergestellt wird. Aber derlei führt ins Autobiographische eines Westdeutschen.

Und nun also, nach fünfzig Jahren, vorwärts und zurück zur Normalität, zur vollständigen. Wir melden uns vor der Geschichte zurück als kv (laut früherem Musterungsbescheid »kriegsverwendungsfähig« – der Lektor). Niemand kann von dieser Komplettierung einer langjährigen Fehlentwicklung, die durch den Zusammenbruch des Ostblocks beschleunigt wurde, überrascht sein. Manche Kommentatoren begleiten die Abschaffung der letzten Schranke vor der totalen Kriegsverwendungsfähigkeit der Deutschen mit Herablassung und Hohn für jene, die die Beschränkung auf den Verteidigungsfall auch weiterhin für gut ansahen: als hätten diese sich in einem Heim für Schwachsinnige aufgehalten – indes sie doch erst jetzt wieder mit allen anderen in die normale Klapsmühle hineinkommen.

Die meisten Gefolgsleute der Normalität – der Normalität, Kriege zu führen – scheinen eine unerschöpfliche Kraft der Selbsttäuschung zu besitzen. Stets meinen sie unbeirrt von aller geschichtlichen Erfahrung (obwohl gerade viele von ihnen die Geschichte vergötzen), daß der nächste Krieg nicht kommt, weil sie auf ihn vorbereitet sind. Und bricht der Krieg doch aus, so geht er schnell vorüber. Außerdem sind wir nur mit Beratern dabei (so seinerzeit die amerikanischen Normalisten anfangs in Vietnam) oder mit Flugzeugen: praktisch nur Maschinen gegen Bodenstationen – wie ohne Menschen am Himmel und auf Erden. Und all die guten, triftigen Gründe für jeden Krieg auf jeder Seite: So tritt der Wahnsinn der hier beschriebenen Normalität zutage. Wenn ich auf meine Lebenszeit zurückblicke, so kann ich nur zwei ganz gerechtfertigte Kriege erblicken: Gegen Hitlers Deutschland und seinen legalisierten Rassismus (der freilich kein Hauptgrund für die Alliierten war) und der mehrmals ausgefochtene Selbstbehauptungskrieg Israels. Habe ich einen vergessen?

Die Deutschen haben mehrheitlich durchs Parlament beschlossen, wieder so zu handeln, als ob nichts gewesen wäre. Was will man dagegen auch noch sagen? Alles nimmt seinen normalen Gang, und wir sind wieder dabei. Ich argwöhne, daß die angeblich besondere Leistungsfähigkeit der deutschen Tornados ins Spiel gebracht worden ist, damit beim Beseitigen der letzten Hemmschwelle mit kleinen Stückzahlen operiert werden konnte. Acht Flugzeuge klingt besser als achthundert Mann. Es wird dabei nicht bleiben.

In den fünfziger Jahren saßen die Menschen in Westdeutschland stundenlang am Radio und hörten beklommen die Bundestagsdebatten über die schrittweise Wiederbewaffnung. Dann kannten sie für Tage kein anderes Thema. Dies Engagement hat sich verflüchtigt mit dem Verblassen der Erinnerung an den Krieg. Die Reaktion der Deutschen auf dem Beschluß vom 30. Juni 1995 hat gezeigt, daß wir, nun sich da und dort auf der Welt ein geistiger Fundamentalismus regt, darin nicht zurückstehen wollen: Wir benutzen die Gelegenheit zur Demonstration einer fundamentalistischen Gleichgültigkeit. Bei welcher Zahl an Kriegstoten löst sie sich wieder auf?

7. Juli 1995

Infizierte Sieger

Vor dem fünften Jahrestag der staatlichen Einheit, 1995, wies Gaus auf die wachsenden Spannungen und neuen Entfremdungen zwischen West und Ost hin. In den Reden der Politiker und den Betrachtungen der tonangebenden Medien tauchten solche Schatten noch kaum auf. Nach der Beobachtung von Gaus wurde die BRD der DDR in dieser Hinsicht ähnlicher.

Die Festlichkeiten am Tag der Deutschen Einheit sind geteilt. Das soll eine Tradition werden: Es gibt den volkstümlichen Teil mit Karussells, Bierzelten und Wurstbuden, und es gibt den Staatsakt samt kleinen Ablegern vielerorts, damit zahlreiche Redner im Kern das gleiche sagen können. Woran erinnert mich das? Auch die große Mehrheit von Presse, Funk und Fernsehen ist in einem hohen Maße auf einen übereinstimmenden Ton zum 3. Oktober ausgerichtet: gedämpftes Frohlocken.

Und hat die vorherrschende öffentliche Meinung denn nicht recht damit? Ihr Sog ist gewaltig. Ich säume nicht, mich anzupassen: ja doch, ja doch. Schließlich hängt sehr viel, wenn nicht alles, vom Blickwinkel ab. In einer bestimmten Sicht war zum Beispiel die DDR eine gelungene Sache – was sie nun wirklich nicht gewesen ist. Obwohl sie so schlecht nicht war, wie sie heute überwiegend gemacht wird. Wieviele Jahrestage der Einheit müssen noch ins Land gehen, bis ein wenig Gerechtigkeit für die DDR sich von selbst versteht?

Die Podien für die Feierstunden da und dort sind gezimmert. Die Lorbeerbäumchen stehen stramm in ihren Kübeln. Wann wird es zu diesem Tag die erste Militärparade am Brandenburger Tor geben? In den Schreibstuben der Politiker wird jetzt das balsamische Öl angerührt für die Festansprachen: nicht ohne einen Spritzer Essig wegen dem, was zum kompletten Glück der Deutschen noch fehlt. Die Arbeitslosen, die Arbeitslosen. Fehlt es denn sonst noch wo im Land?

Die Politiker werden nicht zögern, das Unglück der Arbeitslosigkeit beim Namen zu nennen; das Unglück. Sie haben die Stirn. Aus einer wirtschaftlich-sozialen Frage wird im Munde der Avantgardisten unter den herrschenden Kräften mehr und mehr ein moderner Schicksalsschlag, gegen den wenig zu machen ist. Aber gerade auch an Feiertagen werden die tonangebenden Politiker mutig den einzigen Ausweg aufzeigen, der geblieben ist: Verzicht ist zu leisten, was angesichts des hohen Ansehens des wiedervereinigten Deutschlands auch einer alleinerziehenden und im übrigen arbeitslosen Mutter nicht allzu schwer fallen sollte.

Fünf Jahre nach dem Vollzug der staatlichen Einheit Deutschlands empfehle ich, maßvoll auf die Lorbeerbäumchen zu spucken und vor der folgenden Beobachtung die Augen nicht zu verschließen: Wir haben im vereinigten Land Eigenheiten der DDR angenommen, die nicht zu den Vorzügen des beseitigten Staates gehörten, sondern zu dem, was in ihm schwer erträglich war. Es ist, als hätten die westdeutschen Sieger sich an den Verlierern infiziert. Vielleicht haben sie aber auch nur ganz zu sich selber gefunden. Die Sieger verraten sich unter anderem mit ihren Feiern.

Wir haben alle gesellschaftlichen und sozialen Einrichtungen der DDR, haben ihre Ausbildungsstrukturen abgeschafft, obwohl einiges davon vorbildlich war und nützlich für die Menschen im ganzen Deutschland hätte sein können. Die »Errungenschaften« sind von den Regierenden der DDR zu oft und zu vollmundig gepriesen worden, als daß dieser Begriff zu unseren Lebzeiten noch ohne höhnischen oder ironischen Beiklang gebraucht werden könnte – aber es sind wirkliche Errungenschaften darunter gewesen. Sie sind wie anderes dem Sieg in einer Art Religionskrieg zum Opfer gefallen, was der Konflikt zwischen West und Ost nicht zum wenigsten auch gewesen ist.

Die Sieger in einem solchen Krieg wähnen sich zunächst einmal im Besitz der alleinigen, einzigen Wahrheit. Man erkennt: Wir leben in finsteren Zeiten, und sie sind nicht mit der Wende entschwunden aus Deutschland. (Erst später, wenn die begründeten Zweifel an der Einzigartigkeit der eigenen Wahrheit allgemeiner werden, kommt es gelegentlich zu einer Besinnung.) Warum sollten die Sieger prüfen, was in dem kleinen, vergleichsweise armen Land mit der anderen Staatsreligion außer Akten zu finden war? Fort mit Schaden. Dafür aber erreicht inzwischen das Abgehobensein vieler unserer staatlichen Festakte vom realen Empfinden größerer Teile der Bevölkerung durchaus DDR-Nivcau.

Den Ton so mancher Rede vom letzten Jahr noch im Ohr, mache ich hier vorsorglich einige Ergänzungen aus der Wirklichkeit zu diesjährigen Festansprachen von oben: Jeder, der will, kann erkennen, daß nicht nur für alle Menschen in Ostdeutschland seit der Wende alles Gesellschaftliche, Staatliche, Öffentliche, Wirtschaftliche anders geworden ist, zum Teil schlechter, sondern daß für viele von ihnen, bei weitem nicht für alle, auch manches wesentlich besser ist. So gut, so schlecht; nicht mehr, nicht weniger. Es gibt eine Zufriedenheit in der ehemaligen DDR, die sich auf Vorzüge und Annehmlichkeiten des westlichen Systems stützt; und darunter wird nicht nur dessen Konsumseite verstanden. Aber mir scheint diese Zufriedenheit noch weniger stabil zu sein, wetterwendischer als in Westdeutschland.

Kein Westdeutscher, außer er ist als Spion der DDR aufgeflogen, hat durch die deutsche Vereinigung seine berufliche Position eingebüßt; manche sind durch sie im Osten höher gestiegen, als sie es im Westen erwarten konnten. Viele Ostdeutsche haben mit der obskuren Begründung ihrer »Staatsnähe« und wegen sonst nichts ihre Plätze räumen müssen und sind auf Strafrente gesetzt. So gibt es Vereinigungs-Gewinnler der verschiedensten Arten. Was manche Kommissionen bei der Aufarbeitung der Stasi-Verstrickungen gelegentlich treiben, ist nach Form und Inhalt skandalös. Ebenso skandalös ist das weitgehende Stillschweigen der Medien dazu. Welchem Regime wollen wir uns angleichen?

Vom Westen her ist Ostdeutschland mit einer Kulturrevolution überzogen worden: Nicht nur das politische Regime wurde beseitigt – auch der Alltag änderte sich von Grund auf. Wer zur Wendezeit Anfang fünfzig oder älter war, der hat es schwer, zu Hause noch einmal ganz heimisch zu werden. Diese Anpassungsschwierigkeit scheint weithin unabhängig davon zu sein, was die

Menschen wählen. Die Umstellung ist nach einer Phase schier besinnungsloser Aktivitäten – Reisen, Kaufen, Renovieren, auch Abstand gewinnen vom alten Umgang und gestrigen Werten – sogar noch einmal komplizierter geworden: Der Reiz des Neuen verblaßte schneller als die Eingewöhnung im Neuen möglich war. Das erste Jahr der Einheit schien in mancher Hinsicht psychologisch leichter gewesen zu sein als das vierte.

So leben viele ältere Ostdeutsche mental in einem Transitzustand. Aus Verhältnissen, die teilweise innerlich abgelehnt wurden, aber im ganzen die Sicherheit des Vertrauten boten, sind sie unterwegs zu Existenzformen, von denen viele Frauen und Männer keineswegs wissen, ob sie ihnen am Ende behagen werden – sofern sie sie überhaupt ganz erreichen. Manche zweifeln daran. Bei der Umwandlung ostdeutscher Empfindungen in den vergangenen fünf Jahren steht der Wechsel vom Gefühl der Berechenbarkeit der eigenen Lebensverhältnisse in der Gesellschaft zu dem der Unberechenbarkeit ganz oben. Gar nicht so wenige fühlen sich heute stärker fremdbestimmt als früher: Sie entschieden seinerzeit mehr oder weniger selber über das Maß ihrer Anpassung und damit über die Sicherheit ihrer Lebensumstände. Heute sichert keinerlei Anpassung vor Arbeitslosigkeit.

Entfremdungsgefühle, die von der Wende im Land herrühren, können bis ins Familiäre hineinreichen. Die normale, schrittweise Generationsablösung ist in manchen ostdeutschen Familien beschleunigt und radikalisiert worden: Die jungen Leute haben die neuen Maßstäbe, das schnellere Lebenstempo, die veränderten Gewohnheiten mit leichter Hand, verglichen mit der älteren Generation, angenommen. Die meisten jungen Frauen und Männer in Ostdeutschland, so scheint mir, reflektieren kaum noch über die Wende. Sie ist ihnen selbstverständlich – und erweckt deshalb auch keine herzerhebenden Gefühle mehr in ihnen.

Viele der älteren Menschen, gerade auch solche, die mit dem politischen System der DDR nichts oder wenig im Sinn hatten, haben in den ersten Jahren nach der Wende versucht, ihre Meinung vom Westen, die sie über die Mauer hinweg sich bilden mußten, mit den Erfahrungen, die sie jetzt machten, in Einklang zu bringen. Sie kannten nur die Abstufungen zwischen Ideal und Realität in der DDR. Soweit sie ein gewisses Unterlegenheitsgefühl gegenüber Westdeutschen hatten, hat dies, vorsichtig gesagt, stark abgenommen. Gelegentlich stößt man inzwischen auf das Empfinden von Überlegenheit in dem Sinne: Wir sind in beiden Systemen erprobt. Jedenfalls werden die Westdeutschen im Lichte dessen, was man dazugelernt hat, ebenfalls für grundsätzlich manipulierbar und teilweise konkret manipuliert angesehen: Ihr wie wir.

Ich habe niemanden getroffen, der sich die alte DDR zurückwünscht; mit manchen ihrer gesellschaftlichen, sozialen Regelungen ist das eine andere Sache. Die Bemerkungen über das Spitzenpersonal der DDR, wie ich sie gehört habe, sind in den letzten drei Jahren eher kritischer geworden. Aber diese Entwicklung sollten sich nicht die unermüdlichen westdeutschen Teufelsaustreiber im Kampf gegen den sozialistischen Dämon zugute halten. Eher ist es eine ostdeutsche Kritik daran, daß die alten Leute im Politbüro eine »gar nicht so schlechte Sache« an den Baum gefahren haben. Wie die »Sache« hätte finanziert werden sollen? Häufige Antwort: »Wie lange könnt Ihr Euer System, in dem auch wir jetzt leben, finanzieren?« Die DDR nicht wiederhaben zu wollen, heißt nicht, von der andauernden Überlegenheit des kapitalistischen Systems überzeugt zu sein.

Woher weiß ich das? Ich habe keine demoskopische Umfrage abgehalten. Aber Leute sprechen mich an; nach Lesungen und Vorträgen diskutiere ich; ich erhalte Post; von früher her kenne ich Menschen aus ganz unterschiedlichen Nischen.

Mir scheint, viele Westdeutsche, soweit sie sich überhaupt noch für diese Fragen interessieren, sind auch nach fünf Jahren staatlicher Einheit vorerst nicht über die Klischees von der DDR hinausgekommen, die ihnen vom Kolportage-Apparat der Sieger geliefert wurden. Müssen wir die ostdeutsche Vergangenheit verfälschen, um sie aufarbeiten zu können? Hier soll nichts über die DDR verwischt werden; kein Unrecht zugedeckt; keine Schikane beschönigt, die der unkontrollierte Machtapparat ausübte. Aber überfordert möglicherweise die Wahrheit über das gewöhnliche Leben der großen Mehrheit der nachstalinistischen DDR unser Differenzierungsvermögen? Haben wir im Westen Angst, der Unterschied, der vom politischen System her bestimmt wurde, würde an Bedeutung verlieren, und die allen Systemen eigene Gemeinsamkeit des Menschlichen und Allzumenschlichen wesentlicher werden?

Ich zitiere – zur Schärfung des Realitätssinnes – aus zwei Briefen. Ein Ostberliner schreibt: »Ich hatte kürzlich einen Freund aus Baden-Württemberg zu Gast. Beim Kramen in alten Papieren fiel mir ein Blatt Papier mit ›sozialistischen Losungen‹ in die Hände: ›Spare mit jedem Pfennig, koste es, was es wolle‹ – ›Wo wir sind, klappt nichts, aber wir können nicht überall sein‹ – ›Keiner weiß, was er soll, jeder macht, was er will, aber alle machen mit'. Es handelte sich so etwa um zwei Dutzend Sentenzen dieser Art, die Anfang der achtziger Jahre vielerorts in der DDR kursierten. Als mein Besucher diese Thesen las, merkte ich, wie sich seiner noch im nachhinein die Angst bemächtigte: Das hast Du in Deiner Wohnung versteckt gehabt? Du hättest ja jederzeit von der Stasi abgeholt werden können. Ich konnte den Mann insofern beruhigen, daß das Blatt Papier nicht bei mir zu Hause gelegen hat. Es hatte offen in einem Schreibtischfach (an meinem Arbeitsplatz) gelegen.«

Aus dem zweiten Brief, diesmal aus dem Sächsischen, zitiere ich: »Bei einer Eisenbahnfahrt durch Bayern traf ich auf einen gebildeten Mann, einen katholischen Geistlichen, der mir anteilnehmend sagte: Ihr hattet doch vierzig Jahre keine Moral.«

Derlei muß die Festredner am 3. Oktober nicht weiter beschäftigen. Alles Konkrete ist an Feiertagen lästig und stört den schönen Fluß der Rede. Wir haben wieder, lange hat es nicht gedauert, ein diesseitiges höheres Wesen zu feiern: den Staat. Von solcher Staatsauffassung rührt die merkwürdige Vorstellung her, schon die staatliche Einheit allein und an sich müsse Glück unter den Deutschen stiften. So wird, was nur eine Voraussetzung für dies oder jenes, Gutes wie Böses sein kann – der eine Staat statt zweien –, zum erreichten Ziel umgewidmet.

Die Freiheit, die dem einzelnen in der Gesellschaft eingeräumt ist – woran läßt sie sich messen? Ich meine die Freiheit des gewöhnlichen Menschen. Was macht sie aus, nicht auf dem geduldigen Papier, sondern werktags? Ich habe das gern gemessen an der Zahl der Lippenbekenntnisse, die ein schwacher Mensch in seinem politischen und gesellschaftlichen System abgeben muß, damit er unbehelligt bleibt. Dabei hat die alte BRD stets ganz gut abgeschnitten im Vergleich zur DDR. Ich argwöhne, heute, im vereinigten Deutschland, an den Stufen der Altäre, auf deren Höhe der Staat hierzulande wieder erhoben ist, sind mehr Lippenbekenntnisse als einst ratsam.

29. September 1995

Die Neinsager

*Am 5. Mai 1996 platzte die beabsichtige Länderehe von Berlin und Bran-
denburg. In Berlin hatten 53,6 Prozent (Ostberlin: 45 Prozent) und in
Brandenburg lediglich 36,2 Prozent für den Zusammenschluß votiert, das
genügte nicht. Die Große Koalition in Berlin aus CDU und SPD und die
alleinregierende SPD in Brandenburg wollten Politik über die Köpfe ihrer
Untertanen machen und erhielten dafür die Quittung, über die nicht einmal die Gegner der Fusion sehr glücklich waren. Die Chance, eine gewisse
Kleinstaaterei zu überwinden, war durch politische Trampel und arrogante Machtpolitiker kaputtgemacht worden. Erstmals seit der Wende
offenbarten Ostdeutsche mehrheitlich Mißtrauen gegenüber ihrer Obrigkeit. Es sollte nicht bei dieser einen Überraschung für den Westen bleiben.*

Das Scheitern der Fusion von Berlin und Brandenburg hat wieder
einmal gezeigt, wie lästig der Souverän, das Volk, für das reibungs-
lose Funktionieren des demokratischen Systems sein kann. In jener
Demokratie-Variante, die in der DDR praktiziert wurde, waren
daher die Wahlen durch das Hochrechnen der Zustimmung hantierbar gemacht worden. Für das Erzielen desselben Effekts im
Pluralismus bedarf es größerer Umstände. Der gewöhnliche Weg
dahin führt über Koalitionen. Er kann diesmal nicht beschritten
werden. Denn erstens handelte es sich nicht um Parlaments-
wahlen. Und zweitens wäre Westberlin wieder eine Insel, wenn
jene Regionen, in denen die Wählermehrheit die Fusion ablehnte,
sich miteinander verbinden würden. In Westberliner Kreisen wird
von ostdeutscher Undankbarkeit gesprochen werden.
Natürlich ist das Ergebnis der Abstimmung vor allem ein Beleg für
das Andauern der deutschen Teilung in Ost und West – auch wenn
Eberhard Diepgen gerade dies am Abend im Fernsehen, als die
Wahrheit an Zahlen abzulesen war, keinesfalls einsehen wollte.
Dabei genügte einem aufgeweckten Brandenburger doch allein
schon Diepgen, um die Vereinigung mit Berlin scheitern zu lassen.

Der Bürgermeister verkörpert einen westlichen Politikertyp, dem man, wenn es keinen anderen Ausweg gibt, einen Gebrauchtwagen abkaufen würde, obwohl man dem Verkäufer nicht traut – damit er nur aufhört, den Wagen weiter anzupreisen. Diepgen scheint Schwierigkeiten zu haben, das jeweilige Programm, das in ihm abspult, schnell auf neue Fakten umzustellen: Auch als schon bekannt ist, daß die Mehrheit der Ostberliner wie der Brandenburger die Fusion verworfen hat, argumentiert er noch so wie am frühen Abend, als nach ersten Prognosen in beiden Teilen der Stadt Zustimmung erwartet werden konnte. Oder meint er, ihm selber nicht unbedingt bewußt, in Wahrheit doch nur die Westberliner, wenn er von den Berlinern spricht?

Diepgens Stimme bekommt, sobald sich das Provinzielle in ihm mit einem größeren Thema vermählt, etwas Federndes. Wie andere auf den Füßen wippen, so wippt er sozusagen mit seinen Stimmbändern: immer bereit, loszuschnellen und »europäische Zukunftsregionen« mit Floskelschleim zu überziehen. Die Ostdeutschen haben mit seinesgleichen ihre Erfahrungen gemacht und hatten diesmal einen Ausweg. Und nein, Bärbel, Joachim sowie Konrad im Osten und Monika, Wolf sowie Hendrik im Westen: Es handelt sich hierbei nicht um die Suche nach einer Sackgasse zurück in die DDR.

Die Nein-Sager haben nur Nein gesagt. Sie haben sich der tonangebenden Propaganda, die bei Gelegenheit auch zur Manipulation wurde, entzogen, widersetzt. Sie haben nicht funktioniert. Wer an die Deutschen denkt und nicht nur an ihren Standort, wird es zufrieden sein.

Die Verweigerung ist ein so seltener Vorgang, daß ihn viele westliche Politiker, Verbandsfunktionäre und Kommentatoren nur mit den Machenschaften der PDS erklären können. Sie haben noch immer wenig begriffen von den Folgen der Wende, soweit diese nicht in ein schlichtes Muster passen aus: einst schwarz, heute weiß. Auch fehlt ihnen die DDR-Erfahrung eines stillschweigenden, aber spürbaren Kreditentzugs durch eine parteiübergreifende Mehrheit der Gesellschaft. Sie werden darin, nach der ersten Lektion am vergangenen Sonntag, auf die eine und andere Weise weiteren Nachhilfeunterricht erhalten. Aber werden sie ihn verstehen? Der SED war es nicht gegeben.

Biskys Partei hat die Verweigerung nur zum geringeren Teil bewirkt. Von stärkerer Bedeutung war nach meinem Eindruck die wiedergewonnene Fähigkeit vieler Ostdeutscher, unabhängig davon, wo sie politisch stehen, »denen da oben« zunächst einmal allgemein und grundsätzlich zu mißtrauen. In der Wendezeit war diese nützliche Ausstattung des abhängigen Menschen verlorengegangen. Der praktische Vollzug der Vereinigung hat sie zurückgebracht. Das werden wir der PDS nicht in die Schuhe schieben können.

Das jetzige Mißtrauen, so scheint mir, bedrückt die Menschen anders als das frühere: Am früheren richteten sie sich bis zu einem gewissen Grade sogar auf, falls sie nicht zur SED gehörten, denn es knüpfte auch an einen hergebrachten Antikommunismus an. Aber das neue Mißtrauen gegen »die da oben«, womit nicht nur Parteien und Politiker gemeint sind, sondern auch Wirtschaftler und andere aus dem Westen entsandte Kräfte, resultiert aus Enttäuschungen, mit denen man so nicht gerechnet hatte. Ausnahmen vom neuen Mißtrauen sind personenbezogen.

Stolpe muß keineswegs geschwächt aus der Fusionsniederlage hervorgehen. Er hat ja auch schon aufgehört, sich selbst zu demontieren. Im Fernsehen am Abstimmungsabend war zu sehen, wie er sich innert zweieinhalb Stunden aus einem gekränkten Fusionisten in die Verkörperung brandenburgischer Identität zurückverwandelte. Wie hatte er, der sich so gut auskennt in der Gefühlswelt seiner engeren Landsleute, sich so verschätzen können? Er muß – vorübergehend, so ist zu hoffen – ergriffen worden sein von dem derzeit grassierenden Wahn, alles Stromlinienförmige, alles Verschlankte, alle vereinheitlichten Organogramme könnten die Ratlosigkeit der Politik beenden und die Tore zu einem neuen Goldenen Zeitalter aufstoßen. Die Milchmädchenrechnung als Staatskunst. Die Verwechslung des Betriebswirtschaftlichen mit dem politisch Visionären.

In der Praxis hätte sich aus der Fusion in absehbarer Zeit kaum eine nennenswerte Ersparnis ergeben; allenfalls ein weiterer

Personalabbau – was bekanntlich nur eine Kostenverlagerung ist, solange nicht ältere Langzeitarbeitslose dem Gnadentod überantwortet werden.

Kein Industrieherr wird auf eine Industrieansiedlung in Berlin und im Brandenburgischen um Berlin herum verzichten, falls die Investition profitabel zu werden verspricht: Die zwei betroffenen Länder werden jede gemeinsame Fördergesellschaft bilden, die zu bilden der Industrieherr verlangen wird. Das ist möglich ohne Fusion. Aber ihr Scheitern liefert Stoff für eine neue, Stammtischgeeignete Ausrede, die wieder alle Schuld an der Investitionsmisere in Deutschland nach unten verlagert: Hätte man richtig abgestimmt ...

Und die Standortfrage des neuen Großflughafens schließlich wäre auch im vereinten Land strittig gewesen – oder durch ein Berliner Diktat gegenüber den Brandenburger Mitbürgern entschieden worden.

Der brandenburgische Ministerpräsident wird seine Landsleute gegen die Unverfrorenheit schützen müssen, mit der ihnen jetzt Angst gemacht werden soll, damit sie niemals wieder Nein sagen, wenn ein Ja von ihnen erwartet wird. Die Fusions-Niederlage kann Stolpes Position (und die anderer östlicher Ministerpräsidenten) insoweit stärken, als an Berlin und Brandenburg beweiskräftig belegbar geworden ist, daß die staatliche Vereinigung als solche die Ostdeutschen nicht länger mehr vor lauter Glück überwältigt. Alle künftigen Ost-West-Regelungen in Deutschland unterliegen anderen Bedingungen als der Einheitsvertrag von 1990. Die Ostdeutschen sollten nicht zögern, selbstbewußt aufzutreten. Mindestens ehrlicher wird es dann zwischen Ost und West im Lande zugehen.

Eines Tages wird Berlin in Brandenburg eingemeindet werden. Das berührt den ehrwürdigen deutschen Föderalismus nur am Rande; ohne den Kalten Krieg hätte Westberlin niemals den Status eines Bundeslandes erlangt. Aber die jetzige Absage an die Fusion hat hoffentlich auch Pläne für Neugliederungen zunichte gemacht, deren Verwirklichung dem Föderalismus, einem unserer wertvollsten Verfassungsgüter, starken Schaden zugefügt hätte. Der Föderalismus ist ein notwendiges Instrument der Macht-Teilung, das an Bedeutung noch gewonnen hat, da durch die Wiedereinsetzung Berlins als Hauptstadt der Zentralismus ohnehin sich verstärken wird. Jede Neugliederung, die auf nichts anderes hinausläuft als auf das Etablieren zweckmäßiger Verwaltungsbezirke, ist nur ein verkappter Zentralismus.

Ein Grund für die Verweigerung der Mehrheit der Ostberliner und Brandenburger wird hier zum Schluß genannt, damit er möglichst haften bleibt: Neben dem Mißtrauen war es auch eine tiefe Erschöpfung, die die Menschen veranlaßt hat, sich nicht so bald schon wieder auf eine Veränderung einzulassen. Das sagt sich leicht dahin. Aber wird man im Westen nun begreifen, welche radikale Kulturrevolution, also Veränderung alles Vertrauten, über die Ostdeutschen hinweggegangen ist, ob sie Systemgegner, Systembefürworter oder Gleichgültige waren – so übermächtig über sie hinweggegangen, daß die Menschen jetzt Nein sagen, obwohl doch die menschliche Erfahrung in allen Systemen lehrt, nach Möglichkeit mit einem Ja unauffällig zu bleiben?

10. Mai 1996

Kaltes Buffet

Alle Jahre wieder. Das amtliche Feiern der Einheit ging weiter, nun zum sechsten Mal. Über Anzeichen eines neuen Behauptungswillens der Ostdeutschen erhob sich die Mehrheit der Westdeutschen, so schrieb Gaus schon 1996, »halb beleidigt und halb herablassend amüsiert, über solche angebliche Nostalgie«.

Eine Arbeitsnormerhöhung jagt die andere – aber ein 17. Juni ist nicht in Sicht. Statt seiner naht der 3. Oktober. Zitiert aus der diesjährigen Berliner Einladung: »Im Anschluß an die Feierstunde wird zum kalten Buffet gebeten. Danach besteht die Möglichkeit zur Teilnahme an ›Deutschland's Fest‹, dem großen Festumzug unter Beteiligung aller Bundesländer. Transfer vom Roten Rathaus zur Ehrentribüne an der Neuen Wache mit Bussen.« Ende des Zitats. Kein Ende der Fahnenstange.

»Deutschland's Fest«: Nicht einmal richtig Deutsch können die, die zur Feierstunde laden und mir drohend versichern: »Das Land sind wir.« Ohne angelsächsischen Genitiv ist ihnen wohl die Muttersprache zu schlicht. Erst zum sechsten Mal seit 1990 steht der 3. Oktober unter dem gesetzlichen Gebot, an ihm zu feiern, und schon hat er sich als Nationalfeiertag der Schafsgeduld vor Ehrentribünen etabliert. Mögen auch die sozialen Errungenschaften der DDR, früher mehr verhöhnt als heute, in der deutschen Einheit ihr Ende gefunden haben, so konnte doch Wesentliches vom staatlichen Brauchtum der ostdeutschen Volksdemokratie in das gemeinsame Deutschland eingebracht werden: organisiertes Treiben auf vorgeschriebenen Strecken; bessergestellte Demokraten am Rande abgehoben darüber. So läßt die Spottlust der Geschichte das unterworfene System durch das siegreiche hindurchschimmern.

Die deutsche Vereinigung ist als gestaltete Problemlösung gescheitert. Über den geistigen Horizont eines antikommunistischen

Kreuzzugs, bei dem Beutemachen zu den Freiheiten gehörte, die man mit sich führte, ist der Vereinigungsprozeß kaum je hinausgegangen. Sehr seltene Ausnahmen einer differenzierenden Betrachtung der gestellten Aufgabe bestätigen die Regel. Nach der herrschenden westdeutschen Vorstellung , die sich am Umgang mit Ostdeutschen auslebte, sind die Menschen in der DDR 40 Jahre lang, soweit sie nicht Verbrecher waren, nichts anderes gewesen als verkappte Westdeutsche, die, nachdem sie endlich ihre Masken fallen lassen konnten, ganz und gar so sein würden, so denken und empfinden wie ihre westdeutschen Vormünder. Ist denn etwas Schöneres vorstellbar als das marktgängige Modell eines westdeutschen Patentdemokraten?

Als die Ostdeutschen nach einer Phase der Besinnungslosigkeit auf ihren ostdeutschen Biographien beharrten, erkannte die Mehrheit der Westdeutschen daran nicht, daß sie sich geirrt hatte, sondern erhob sich, halb beleidigt und halb herablassend amüsiert, über solche angebliche Nostalgie. Der Antikommunismus der deutschen Bürgerlichkeit ist in seiner Art fast einmalig auf der Welt. Flächendeckend gibt es ihn sonst wohl nur noch in Südkorea. Er basiert auf einer Dämonisierung des Kommunismus, die Franzosen, Italiener und andere Europäer irritiert und sich in Deutschland seit Jahrzehnten in die Westgebiete zurückgezogen hat, dort allerdings resistent ist. Im Osten, bis vor kurzem die DDR, ist der Kommunismus für die meisten Einheimischen alles mögliche, ist er eher grau als schwarz oder weiß, hat er sich als weithin untauglich erwiesen, aber gewiß nicht als dämonisch. Die Leute haben zu viele Nachbarn und Arbeitskollegen, die sich Kommunisten nannten, im praktischen Leben kennengelernt. Manche sind ihnen sympathisch und andere nicht; genauso, wie Parteilose, Sozis oder Christdemokraten. In mancher Hinsicht nehmen Ostdeutsche die Parteibindung eines ihnen bekannten Menschen weit weniger wichtig, als so manche bürgerliche Westdeutsche es tun, für die schon ein Sozialdemokrat im Grunde doch den Umsturz im Sinn hat.

Die Medien haben wenig dazu beigetragen, die West- und Ostdeutschen umfassend übereinander aufzuklären. Jedenfalls zeigt das Mißlingen des politisch-psychologischen Einigungsprozesses, daß Mediendichte allein das Aufblühen von Ressentiments, Täuschungen und Selbsttäuschungen beim Näherrücken fremder Landsleute nicht verhindern kann. Im Gegenteil: Das Reduzieren der DDR-Wirklichkeit auf das Segment des Dissidententums entspricht offenkundig den Erfordernissen des modernen Medienmarktes. Die Medien sind in ihre eigene Aktenfalle gegangen.

Zugenommen hat unter den Ostdeutschen die Meinung, daß die Kommunisten sich kaum getraut hätten, mit ihnen so umzuspringen, wie es die neuen Herrschaften sich allmählich herausnehmen: worin sich wiederum nicht – so wenig wie in der Sympathie für Kommunisten, die man kennt – der Wunsch nach Wiederkehr des Vergangenen ausdrückt, wohl aber die wachsende Überzeugung, daß die Ablösung der sogenannten Diktatur des Proletariats durch die Diktatur des Marktes auf Dauer kein hinlänglich befriedigendes gesellschaftliches Programm ist. Ach, das Proletariat – wo war es denn in der DDR außer in den kleinbürgerlichen Nischen und in den Verlautbarungen des Apparats? Nun zeigt sich, daß der Markt stärker ist als das Proletariat; und vor der Diktatur des Marktes gibt es kein Ausweichen nach Westen. Im ganzen Land ist heute die Schafsgeduld vermutlich stärker, als sie in der späten DDR gewesen ist. Schafsgeduld entsteht aus Angst. Die Deutschen, so vertraut mit politischen Ängsten, lernen derzeit in Ost wie West die soziale Angst wieder kennen. Sich ducken ist in solchen Zeiten eine natürliche Bewegung des Menschen.

Die Ratlosigkeit einer politischen Klasse scheint sich auch darin zu zeigen, daß der öffentliche Raum zunehmend von künstlichen Geschöpfen bevölkert wird, die die Politiker in ihren Reden zunächst erfinden, um sich dann auf sie stützen zu können. So hat im politischen Sprachgebrauch der DDR bis zuletzt ein von allem unbeirrter Sozialist existiert. Und in den gegenwärtigen Reden werden deutsche Männer, deutsche Frauen ins künstliche Leben gerufen, denen schon allein die Herstellung des Einheitsstaates das schiere Glück bedeutet – obwohl in dieser Vereinheitlichung doch zunächst nur die Voraussetzung für eine gemeinsame Entwicklung zum Guten der Bösen geschaffen ist. Aber das Ende der sozialen Barmherzigkeit wird im Laufe der Zeit schon eine neue real existierende nationale Gemeinsamkeit bewirken, die es vorerst noch nicht gibt.

27. September 1996

Die Deutschen in
ihren Grenzen

Am 2. November 1996 sprach Gaus in Wittenberg auf Einladung Friedrich Schorlemmers vor der Evangelischen Akadmie von Sachsen-Anhalt. Er zog – nach sechs Jahren – eine Bilanz des bisherigen Einigungsprozesses.

Die Vereinigung der beiden deutschen Nachkriegsgesellschaften ist mißglückt. Einiges, gar nicht so wenig, ist in den neuen Bundesländern auf die Beine gestellt worden; es wurden nicht nur Fassaden verputzt; die Ablösung des Tauschhandels durch die Geldwirtschaft wird als Fortschritt empfunden; es wird gern und nach Möglichkeit viel gereist. Aber sieben Jahre nach dem Fall der Mauer zeigt der Befund im ganzen: Statt durchdachter, angemessener, behutsamer Vereinigungspolitik hat es anfänglichen Idealismus gegeben, der vereinzelt blieb; großen Geldtransfer, der oft fehlgeleitet wurde; Privatisierung von Volksvermögen, Entindustrialisierung, soziale und ökonomische Notbehelfe mit ungewisser Dauer; marktwirtschaftlichen Wildwuchs, Beutemacherei und ein Aufblühen irrationaler Stimmungen im zusammengeschlossenen Land.

Viele Fehler waren unvermeidlich, weil die Deutschen in Ost und West samt ihren Politikern intellektuell und emotional überwältigt wurden und für längere Zeit überfordert blieben von Tempo und Konsequenz der Wende von 89: Ein Staat entschwand, ohne sich zu wehren. Die Übernahme westlicher Lebensmuster und Strukturen bewirkte in Ostdeutschland eine tiefgreifende Kulturrevolution, die über Jahre hin kaum eine Besinnung zuließ. Die Menschen in der DDR hatten den Unterschied zwischen Anspruch und Wirklichkeit der Lehre, die nun aus der Macht verdrängt worden war, genau gekannt. Sie hatten damit gelebt. Nun mußten sie über Nacht lernen, die westlichen Abstufungen zwischen Ideal und Realität zu erkennen.

Wie viele Fehler aber auch nach der Wende unvermeidlich waren: Ebenso viele müssen der Mehrheit der politischen Kaste Westdeutschlands als Schuld angelastet werden: überwiegend entstanden aus Klischeevorstellungen von den Lebenswirklichkeiten in der DDR und aus Blindheit für die verheerenden Zwangsläufigkeiten eines schier hemmungslos freien Marktes im Anschlußgebiet.

Die Schuld war eine Mischung aus Selbsttäuschungen, mit denen die herrschenden und tonangebenden Westdeutschen zu Opfern ihrer eigenen Propaganda wurden, und aus wirtschaftlichen Absichten, in denen folgenschwere Irrtümer, konzeptionelle Kurzatmigkeit und Vernichtungsstrategien aus Konkurrenzgründen zusammenkamen.

Auch ist es nicht gänzlich ohne Gewaltanwendung abgegangen beim Anschluß des armen deutschen Staates an den reichen. Denn was anders als vernichtende Gewalt ist die Aufwertung des Geldes der DDR um mehrere hundert Prozent bei der Währungsunion im Sommer 1990 gewesen? Es war freilich eine Gewaltanwendung, nach der eine große Mehrheit der späteren Gewaltopfer seinerzeit verlangt hat. Hielt sie sich seit dem freien Zugang zur »Bild«-Zeitung für ausreichend unterrichtet über die Folgen? Oder erkannte damals auch eine Mehrheit der westdeutschen Landsleute, zu der womöglich der Bundeskanzler gehörte, die Bedeutung dieser Währungspolitik nicht, zu der Sektkorken knallten? Es war eine basisdemokratische Zustimmung zu industriellen Kahlschlägen, es war eine Verführung durch Uninformiertheit. Gegenüber dem abgedankten System waren die Menschen mißtrauischer gewesen.

Einige warnende Stimmen hatte es gegeben. Gab es auch kundige Sieger, Vereinigungsgewinner, die sich schon in der Währungsnacht ins Fäustchen lachten, oder fiel ihnen der Segen unversehens in den Schoß? Jedenfalls konnten westdeutsche Glücksritter im Gefolge der Wende gegebenenfalls auch das volkswirtschaftlich Unsinnige tun, aber dennoch damit ihren Besitz mehren – und in der Regel wurden sie dabei als unternehmerische Vorbilder gepriesen, und immer leisteten sie sich den Eigennutz auf Subventionskosten der angeblichen Solidargemeinschaft der Nation.

So ist auch im Osten wie schon im Westen ein mächtiges Ungleichgewicht des größeren Eigentums zugunsten einer schmalen westdeutschen Schicht entstanden. Zu seiner Bemäntelung wird jeder ostdeutsche Kleinunternehmer und mittelständische Handwerker, der sich durch Selbstausbeutung über Wasser hält, der Öffentlichkeit als Beweis der Chancengleichheit beim Besitzerwerb im siegreichen System präsentiert.

Gegenüber von Ungleichgewichtigkeiten von Besitz und Eigentum sind die Westdeutschen durch längere Gewöhnung abgestumpfter, als es bisher die Ostdeutschen sind. Anders gesagt: Das Volkseigentum aus den Zeiten der DDR, damals allgemein wenig geachtet, hat nachträglich an Ansehen im Osten gewonnen, seitdem es in westliche Hände privatisiert worden ist.

Viele Westdeutsche neigen dazu, herablassend auf die Ostdeutschen zu blicken, weil diese angeblich noch keinem rauhen Wettbewerb ausgesetzt gewesen sind. Sie übersehen, daß jener Teil Deutschlands, der in den vergangenen Jahrzehnten als Versuchsacker des sogenannten real existierenden Sozialismus gedient hat, nun auch schon seit einem halben Dutzend Jahren das Exerzierfeld eines, sagen wir: freieren Kapitalismus ist, als er in Westdeutschland nach dem Krieg und wohl auch angesichts der DDR je praktiziert wurde.

Wer sich in der alten Bundesrepublik zu oft herausnahm, auf gesellschaftliche Mängel und restaurative Strukturen hinzuweisen, dem wurde nahegelegt, er möge sich nach »drüben« davonmachen. Diese Aufforderung hat ihren Sinn verloren. Statt dessen unterstellt man heutigen Dissidenten, die vom Fragen und Nachfragen nicht lassen wollen, obwohl sie sich doch mit dem vielgenannten »Glück der Einheit« erst einmal bescheiden könnten, sie wünschten sich wohl die DDR zurück. Nun kann einer zwar vermuten, die jetzigen öffentlichen Sparmaßnahmen wären in der alten BRD sozial ausgewogener, wären weniger arrogant gegenüber jedem Gerechtigkeitsempfinden beschlossen worden, wenn die DDR noch existierte. Aber beweist eine solche Vermutung schon, daß der, der sie hat, sich die Zeiten vor dem Fall der Mauer zurückwünscht?

Muß er, damit ihm keine DDR-Nostalgie unterstellt wird, den Einheitsstaat als Glück empfinden?

Seitdem sich die meisten Ostdeutschen sechs Jahre nach dem Vollzug der staatlichen Einheit anders verhalten als die Mehrheit der Westdeutschen sich eingebildet hat, daß sie es dankbar tun würden, wenn sie endlich auch Westdeutsche sein dürften; seitdem die Ostdeutschen störrisch auf ihren Biographien beharren; seitdem sie ihre Erfahrungen mit dem real existierenden Leben in der DDR nicht wiedererkennen in den gängigen Beschreibungen, die ihnen der Westen davon heute präsentiert; seitdem die andauernde Selbstbespiegelung von Literaten, die in den Westen gegangen sind, und von ehemaligen Bürgerrechtlern, die aus ihrer Vergangenheit eine immerwährende Gegenwart zu machen versuchen, als Aufarbeitung der Vergangenheit aller ausgegeben wird; seitdem aus zerstobenen Illusionen im Osten und gekränkter Eigenliebe im Westen eine Fremdheit entstanden ist, die nicht aus der Trennung herrührt, sondern aus der Begegnung – seither sind die politisch-moralischen Unterstellungen gegen Abweichler von der herrschenden Meinung nicht nur dümmer geworden, sondern auch bösartiger.

Ein Chefredakteur kündigt in einer Glosse an, er wolle über den jeweils letzten Stand der Querelen zwischen dem PEN-West und dem PEN-Ost in seinem Blatt nicht mehr berichten. Er empfiehlt Kollegen, es ihm darin gleichzutun. Günter Kunert, im Jahr 1979 aus der DDR ausgereist, schlußfolgert in öffentlicher Rede, dieser Chefredakteur gehöre damit zu solchen Personen, die in der DDR »ausgezeichnete Funktionäre geworden (wären), ... vor allem vorbildliche Zensoren«. Mit der Wende ist aus der drohenden Empfehlung, sich nach drüben davonzuscheren, die demagogische Unterstellung geworden, der und jener hätten charakterlich gut als Aufpasser und Unterdrücker in die DDR gepaßt.

Das ist kein gesitteter Streit, sondern Verketzerung. Kunert ist einst dasselbe in der DDR widerfahren: folgenschwerer. Was rechtfertigt sich aus Folgenschwere? Nach meinem Verständnis ganz gewiß Kunerts Zorn, Wut, Empfindlichkeit von geschärfter Art in Ost-West-Fragen. Und keineswegs rechtfertigt sich das allgemeine Stillschweigen oder gar, wenn es den eigenen Interessen dienlich ist, die Zustimmung von Menschen ohne Kunerts Verletzungen zu diesem Einbruch totalitären Feind-Denkens in den öffentlichen Diskurs.

Die Sensibilität für ungute Entwicklungen und Strömungen, die in einer zuverlässig funktionierenden Öffentlichkeit Widerspruchsgeist erweckt, hat sich merklich verringert. Es wird in Grundfragen weniger widersprochen als früher, in der alten Bundesrepublik. Und der Osten ist an der Öffentlichkeit nur wie in einer Art Gastrolle beteiligt.

Das östliche Lager des Kalten Kriegs hat sich aufgelöst auf der Welt. Aber im vereinigten Deutschland ist zur selben Zeit eine Re-Ideologisierung des Bürgertums in Gang gekommen, die tiefere Wurzeln hat, als sie eine rationale, normale Parteien-Auseinandersetzung mit der PDS hätte. Selbst gegenüber dieser eher kleinbürgerlichen als sozialistischen Partei werden viele Westdeutsche, nicht nur wohlhabende, von den irrationalen Ängsten ergriffen, die in Deutschland immer wachgeworden sind, sobald man den Kommunismus gespenstisch umgehen sah in Europa.

Diese Obsessionen, zu denen ein Hang zum Dämonisieren gehört, gründen, so denke ich, weit hinter den Erfahrungen, die man in der DDR mit dem real existierenden Sozialismus machen konnte; sie gehen auch noch über Goebbels Verteufelungen des Marxismus und die Schrecken der bolschewistischen Revolution und Moskauer Schauprozesse hinaus. Alles hat zu ihnen beigetragen. Aber ich vermute, ganz ursprünglich rührten sie her aus den Umbrüchen der Industrialisierung in der zweiten Hälfte des vorigen Jahrhunderts. Darin ging Vertrautes, Gewohntes so endgültig unter, daß viele Menschen in ihrer Desorientierung die Ideen, die Ideologie der Arbeiterbewegung nicht als eine Folge, als einen Rettungsversuch aus der unheimlichen, brutalen Neuzeit ansahen, sondern als einen Teil ihrer Verursachung: ein irrationaler Vorgang, aber ein wirkungsmächtiger. Historisch glücklichere und politisch geübtere Völker wie beispielsweise das italienische oder französische, haben solche Irrationalität, mit der mindestens ein Teil der Linken aus der Nation ausgegrenzt wird, immer nur in geringen Spuren gekannt.

Im Osten, bis vor kurzem die DDR, ist nach meinen Beobachtungen der Kommunismus für die meisten Einheimischen alles mögliche; ist er eher grau als schwarz oder weiß; hat er sich als weithin untauglich erwiesen, aber gewiß nicht als dämonisch. Die Leute haben zu viele Nachbarn und Kollegen, die sich Kommunisten nannten, im praktischen Leben kennengelernt. Manche sind ihnen sympathisch und andere nicht; genauso wie Parteilose, Sozis oder Christdemokraten.

Nach meinen Eindrücken sind die Ostdeutschen mehrheitlich vom irrationalen, totalitären Antikommunismus frei, was eine vernunftbegabte Gegnerschaft erst möglich macht; aber natürlich auch eine sachliche Zustimmung zu bestimmten sozialistischen Positionen, von denen es freilich in der PDS nur wenige gibt. Glaubt der Generalsekretär der CDU in Bonn, Pastor Hintze, an den Popanz, den er aus der PDS macht? Ich weiß es ganz konkret von einigen CDU-Ministern, aber ist auch Hintze ein Opfer der althergebrachten Gespensterfurcht? Oder hat er sich als politischer Profi davon befreien können und benutzt die obskuren westdeutschen Ängste nur zur Stimmungsmache? Weiß er oder weiß er nicht, daß große Teile der PDS, nicht nur an der Basis, in Fragen von Gesetz und Ordnung, von Sitte und Moral ziemlich nahe bei der CDU/CSU stehen?

Ich habe seinerzeit, als ich der Vertreter des westdeutschen Staates beim ostdeutschen war, nach Gesprächen in der sächsischen oder brandenburgischen Provinz oft Vergleiche angestellt und manches Übereinstimmende gefunden: beispielsweise darüber, daß ein bißchen militärischer Drill noch keinem geschadet habe, daß nicht alles erlaubt sein müsse, Lehrjahre keine Herrenjahre seien, manche Filme und Bücher schädlich und ohne Autorität es nicht gehe im Leben. In solchen Fragen meinte ich, einige Unterschiede zwischen den Generationen, nicht aber zwischen Ost und West feststellen zu können.

In der DDR hat es immer ein hohes Interesse an der BRD gegeben. Das schöne Bild, das die große Mehrheit sich vom westdeutschen Staat machte, wurde nach meinen damaligen Gesprächserfahrungen am ehesten eingetrübt, wenn Westverwandtschaft zu Besuch kam. Die Besucher wurden oft, sobald die erste Wiedersehensfreude vorüber war, als angeberisch und besserwisserisch empfunden. Wenn man selber in die Bundesrepublik fahren konnte, dann hatte das wenig Einfluß auf das Bild, das man sich von fern gemacht hatte, sondern schien eher eine Reise in Unwirkliches, Verwirrendes zu sein.

Und wie war es umgekehrt mit den Westdeutschen und ihren Kenntnissen von den Lebensumständen in der DDR? Die allermeisten Bundesbürger waren gänzlich uninteressiert. Bei vielen hatte sich das Gefühl der nationalen Zusammengehörigkeit auf das Gebiet der Bundesrepublik reduziert. Was »da drüben« war, beim »Russen«, wie manche Westdeutsche sagten, das speiste vor allem die irrationalen Ängste. Das Bedürfnis, die Kommunisten aus der Nation auszugrenzen, eine Vorstellung, die etwa in Frankreich niemals heimisch werden könnte, war unter Westdeutschlands Mehrheit immer stärker als die Bereitschaft, gerade angesichts der staatlichen Teilung Deutschlands das Bewußtsein von einer ungeteilten Kulturnation zu entwickeln.

Als ich im Jahre 1980 an der Trauerfeier für den Schauspieler und Sänger Ernst Busch in der Akademie der Künste in Ostberlin teilnahm, gab es im Bonner Bundestag eine mißbilligende Anfrage der CDU, wieso der amtliche Vertreter der Bundesrepublik durch seine Anwesenheit dem toten Kommunisten die Ehre gegeben habe. Aber die Forderung und Absicht, Distanz zu halten, bezog sich nicht nur auf lebende und tote Kommunisten, sondern trat gelegentlich auch gegenüber der Bevölkerung in Brandenburg und Mecklenburg auf: Während meiner Verhandlungen mit der Regierung der DDR über den Bau einer Autobahn zwischen Berlin und Hamburg im Jahr 1978 verlangte ein Westberliner Abgeordneter brieflich von mir, ich sollte aushandeln, daß mindestens auf dieser Strecke Automobile mit westlichen Kennzeichen von der Geschwindigkeitsbegrenzung auf hundert Stundenkilometer ausgenommen seien.

Und selbst unter der Mehrheit von Westdeutschen und Westberlinern, die sich auf Reiseerlebnisse in der DDR einließ, erkannten viele die Wurzeln dessen nicht, was sie befremdete: Sie trafen auf die Umgangsformen einer Gesellschaft, die keine ererbten Besitz-, Führungs- und Bildungshierarchien besaß. Daraus resultierten sowohl gesellschaftliche Selbstsicherheit und Selbstbewußtsein sogenannter kleiner Leute als auch stilistisch und ästhetisch Fragwürdiges in Restaurants und anderen öffentlichen Einrichtungen – um nur Augenfälliges zu erwähnen. Es hatte in Deutschland nicht nur eine staatliche Teilung gegeben, sondern auch eine soziale. Aus dem Teil Deutschlands, der dann die DDR wurde, war die Oberschicht gegen Kriegsende oder bald danach in den Westen geflohen. Die Politik der SED ließ den Besitz-Mittelstand und das akademische Bürgertum in den fünfziger Jahren großenteils folgen. Ich spreche von der Regel, die wenig Ausnahmen kannte. Es war anders als etwa in der polnischen Gesellschaft, in der auch in der kommunistischen Zeit mehr von den alten Eliten – nur ohnmächtig, aber noch immer stilbildend – zurückgeblieben war: Es gab keinen polnischen Staat im Westen, in den man hätte ausweichen können.

Das Heranziehen von Leitungspersonal aus herkömmlich nicht dafür vorgesehenen Schichten, das für den Aufbau der Institutionen und Strukturen der DDR nötig war, bewirkte eine Auffächerung der Gesellschaft. Jedoch blieb die Differenzierung bis zum Ende funktional begründet. Die DDR ist nicht alt genug geworden für vererbbare Bildungs-, Karriere- und Besitzprivilegien. Diese ostdeutsche Erfahrung, so denke ich, wird noch für einige Zeit zutage treten; wenn nach Ost-Identität gesucht wird, so besteht hier am ehesten die Aussicht, sie zu finden. Aber die Tatsache, daß die staatliche Teilung Deutschlands der Rahmen auch für eine soziale war, ist kaum als solche, geschweige denn in ihren Konsequenzen, nennenswert ins westdeutsche Bewußtsein vorgedrungen.

Was Westdeutschlands Mehrheit, ihre politische Führerschaft und ihre Medien gar nicht erst erkannten, wurde von der SED falsch interpretiert. Die regierenden Kommunisten in der DDR schlossen aus der ganz überwiegenden Herkunft der Gesellschaft der DDR aus einer sozialen Schicht auf die Existenz einer Arbeiterklasse, wie sie den literarischen Verklärungen und agitatorischen Beschwörungen entsprach. Hierin, so scheint mir, ist besonders, aber nicht nur die alte Generation der DDR-Führung – Honecker war Jahrgang 1912 – ein Opfer ihrer eigenen Propaganda geworden. Aus den Arbeitern waren aus vielen Gründen Kleinbürger geworden, auch in der DDR.

Die SED hat ihre Irrtümer hinter sich. Die tonangebenden Kräfte Westdeutschlands aber stecken heute – beim Blick auf den Zustand der sogenannten inneren Einheit – mitten in einem Katzenjammer, den sie sich kaum eingestehen, dessen Kopfschmerz sie aber bevorzugt den Ostdeutschen übelnehmen. Nun könnte man sagen, angesichts wachsender Armut und anderer sozialer Nöte im Land ist es eher unwichtig, wie die Beziehungen zwischen Ost und West in Deutschland sich entwickeln. Auseinandergehen können die Westdeutschen und die Ostdeutschen nicht mehr. Was soll also das Theater? Der badische Winzer und der mecklenburgische Melker haben sich niemals so nahegestanden, geschweige denn waren sie je eins, wie es das national gesinnte Bildungsbürgertum seit dem vorigen Jahrhundert geglaubt hat und in nationalpolitischer Erziehung glauben machen wollte, und wie es zuletzt die westdeutschen Euphoriker in der Wendezeit 89/90, die von den LPG-Bauern in der DDR wenig wußten, erwartet haben.

Man kann es also durchaus begrüßen, wenn die Einsicht allgemein wird, daß die Natur des Einheitsdeutschen abstrakt ist. Im wirklichen Leben existiert dieses Wesen nicht. Genauer gesagt: Wenn es ins Leben tritt, sucht der vernünftige Mensch nach Möglichkeit besser das Weite, denn dann herrschen nationale Aufschwünge, die immer auch gefährlich werden können. Also kann man fragen, ob es womöglich das Beste an der viele enttäuschenden Entwicklung ist, daß das allgemeine Interesse im Land an der deutschen Vereinigung stetig abnimmt? Ich beantworte die Frage ohne Zögern mit Ja. Das Desinteressement bremst das Entstehen nationaler Frustrationen. Ja, das Schwinden des Interesses, das West an Ost und Ost an West nehmen, ist nicht das schlechteste an der Entwicklung der Wende in den letzten Jahren.

Warum dann nicht die Sache auf sich beruhen lassen? Die Vereinigung ist eine Sturzgeburt gewesen. Es ging alles mit übergroßer Eile vonstatten, damit es überhaupt nur ginge. Gut ist es bisher nicht gegangen, aber das Kind kann sich geradewachsen. Das wird allerdings schwierig bleiben. Die Folgen der Sturzgeburt werden

den Menschen in Ost und West noch lange zu schaffen machen. Manches wird sich biologisch lösen: Wir werden darüber hinsterben. Also warum nicht abwarten und schweigen?

Meine Antwort ist: Eine bestimmte Gesinnung und Methode belasten nicht nur den Vereinigungsprozeß, sondern wirken sich allgemein nachteilig auf die Zivilisation Deutschlands aus. Über die Gesinnung und Methode zu schweigen bedeutete nach meiner Sicht der Dinge, auch zu schweigen über den Verfall der politischen Gesittung und unsere offenkundige Gewöhnung an diesen Verfall. Und das – stillzuschweigen, wenn protestiert werden muß – wollten wir doch nie mehr tun nach der Selbstverpflichtung, die im vorwurfsvollen westdeutschen Rückblick auf Verhalten in der DDR gefaßt worden ist. Oder? Das ist ironisch gesagt – aber wie anders kann man der Selbstgerechtigkeit noch begegnen, die sich im Land ausgebreitet hat?

Ich will mich öffentlich wenden, und das nun bar jeder Ironie, gegen das »Gaucken«: gegen den üblich gewordenen Umgang mit den Stasi-Akten, die Pastor Gauck zielgerichtet verwaltet. Jetzt ist es heraus, und ich habe die Folgen zu tragen. Sich in einer so zentralen Angelegenheit gegen das Herrschende zu äußern ist in der DDR eine andere Sache gewesen. Der Auftritt von Christa Wolf auf dem berüchtigten 11. Plenum des Zentralkomitees der SED im Dezember 1965 stürzt mich in Zweifel, ob ich wie sie aufs Podium gegangen wäre, um gegen die erkennbare Richtung der Mächtigen und die sie begleitenden Zwischenrufe der Mitläufer meine abweichende Meinung vorzutragen. Die damalige Courage hat ihr allerdings nicht geholfen, als nach der Wende die Westmenschen ihre mitgebrachten moralischen Maßstäbe an die Ostmenschen anlegten.

Also nur keine Bange, wir haben die DDR überwunden. Freilich, einem jungen Berufsanfänger oder jemandem im mittleren Alter, der noch etwas werden will, würde ich dennoch abraten, sich mit Gauck und den Abnehmern seiner Ware anzulegen. Wenn sie weiterkommen wollen, schwimmen sie besser mit dem Strom. Ein bißchen DDR steckt in jedem System, und ich argwöhne, die Portion in unserem ist größer geworden. Übrigens trete ich nicht dafür ein, die Akten wegzuschließen. Denn die Büchse der

Pandora, einmal geöffnet, kann nicht wieder verschlossen werden. Von mir aus kann Gaucks Behörde so lang existieren, wie er es jüngst gefordert hat: »Die muß es noch dreißig bis vierzig Jahre geben.«

Ich rechne also damit, daß der Betrieb weitergeführt werden wird wie bisher. Ich erwarte von meinem Einspruch nichts als eine bestimmte Art Nachrede. (Ja, bildlich gesprochen habe ich bei Honecker auf dem Sofa gesessen.) Im Grunde melde ich mich in dieser Sache nur mir zuliebe zu Wort: Ich will mir nichts vorwerfen müssen, wenn das ruhige Gewissen so billig zu haben ist. Jedenfalls werde ich versuchen, meinen Einspruch gegen das Gaucken zu erläutern, wozu ich ein wenig aushole.

Seit Ende der siebziger Jahre konnte bei genauer Betrachtung eine systemübergreifende Bewegung in beiden deutschen Staaten erkannt werden. Hüben wie drüben gaben sich Minderheiten nicht mehr mit den Antworten zufrieden, die von den Regierenden vorgegeben waren und von den Mehrheiten der BRD und DDR hingenommen wurden, teils förmlich akzeptiert in Wahlen, teils stillschweigend. Die abweichenden Minderheiten waren vor allem in Fragen des Umweltschutzes und der Raketenrüstung engagiert.

Den Mehrheiten in beiden Staaten waren manche Positionen der Minderheiten, vor allem ökologische, höchst ungewohnt. So hielten sich die Mehrheiten, die für Vernünftiges oft etwas mehr Zeit brauchen, auf beiden Seiten ohne Nachhilfe von oben zurück. Gegenüber dem Ungewohnten waren sie hier wie dort eher mit den Regierenden eines Sinnes als mit den aufmüpfigen Frauen und Männern, von denen viele, nicht alle, jünger waren als die Regierenden und die Mehrheiten in BRD und DDR.

Die Minderheit im Osten versammelte sich in der Regel unter dem bergenden Dach von Seitenschiffen der evangelischen Kirche. Anders als in der BRD war in der DDR der Unsicherheitsfaktor im Verhalten der Obrigkeit erheblich, bedrohlich, beängstigend größer. Und eine halbwegs schützende Öffentlichkeit gab es nur indirekt – nicht zu Hause, sondern mit Hilfe von Korrespondenten im Westen. Die Obrigkeit der DDR versuchte, die Frauen und Männer, die sich in der opponierenden Minderheit engagierten, durch Schika-

nen, durch Einschüchterungen, durch Inhaftierungen zu verein-
zeln. Aus manchen Gründen, von denen nicht der letzte war, daß
die Entspannungspolitik die DDR zum Einhalten gewisser inter-
nationaler Regeln veranlaßte (die DDR war die größte DDR der
Welt, blieb aber kleiner als China) – aus manchen Gründen über-
wog schließlich das Verfügen von Abschiebung die Vollstreckung
langer Haft. Es gibt Schlimmeres über viele Staaten zu sagen, aber
dies ist schlimm genug.

Auch gab es fürchterliche, manchmal tragische Ausnahmen von
der ungewiß erkennbaren Regel des einigermaßen eingeschränk-
ten Risikos; Ausnahmen, die häufiger waren, wenn die Verfolgten
nicht den Schutz durch eigene Prominenz oder öffentliche
Aufmerksamkeit im Westen oder diskrete Fürsprache von westlicher Seite besaßen. Wer, der es selber nicht erlebt hat, will die
Angst ermessen, ob im eigenen Fall die Regel oder die Ausnahme
greifen würde; die Angst, die einherging mit dem Aufenthalt im
Gefängnis überhaupt, auch einem kurzen, unter den obwaltenden
Mängeln der Rechtsstaatlichkeit der DDR.

Aber wahr ist auch, daß Ingrid Köppe, nach der Wende unerbittli-
che Fragerin aus Bürgerrecht am Runden Tisch und später im
Bundestag, eines Tages gegen Ende der achtziger Jahre sich mit
einer Freundin den Nachstellungen eines Stasi-Aufpassers, der
ihnen im Automobil gefolgt war, dadurch entzog, daß sie und die
andere junge Frau zu einem nahen Nacktbadeplatz fuhren, sich
auszogen und sonnten. Am Abhang darüber stand verlegen der
Mann von der Firma Guck und Horch. Ingrid Köppe hat mir diese
Geschichte lachend erzählt. Diese meine Mitteilung schmälert
nicht mein Bewußtsein dessen, was beispielsweise Jürgen Fuchs im
DDR-Knast zu erdulden hatte. Aber das Bewußtsein davon hält
mich wiederum nicht ab, ihm das Wort vom »Auschwitz der
Seele«, gemünzt auf den Stasi-Unrat, als in jedem Falle unange-
messen zu verargen.

Dieser kurze, aber wohl nicht irrige Rückblick auf Minderheiten
und darauf, wie es ihnen ergehen kann, enthält im wesentlichen
alles, woraus nach meiner eigenen Erfahrung, meiner Kenntnis
und meinem Verständnis eine einigermaßen zutreffende Aufar-

beitung der letzten fünfzehn Jahre der Geschichte der DDR im offenen Gespräch hätte werden können: Gleichartige und unterschiedliche Entwicklungen in Ost und West – warum gleichartig und worin unterschiedlich. Der systemübergreifende Charakter von Mehrheiten, Regeln und Ausnahmen bei staatlichen Repressionen – verdeckt auch im westlichen System vorhanden.

Was für ein Gespräch hätte es werden können. Aber wenn ich die Wendezeit betrachte, so wäre es wohl für die breitere Öffentlichkeit wenig geeignet gewesen, weil historische Stunden eher eine schlichte Ausstattung im Geistigen brauchen, damit die Hochstimmung durch den Alltag kommt. Zweckmäßiger war es, statt eines gleichberechtigten Dialogs nach der Wende – welche verpaßte Chance für oral history – eine Urteilsfindung aus Akteneinsicht zu betreiben. Ich grüble bis heute, inwieweit zunächst von Staats wegen unbeabsichtigt ein Markt für vagabundierende Akten entstand, auf dem die potenten Medien der Sieger kauften und darin ohne Selbstzweifel eine aufklärerische Tat sahen, oder inwieweit eine raffinierte Manipulation der sogenannten Vergangenheitsbewältigung zu der Weichenstellung auf das tote Gleis von Gaucks Archiv führte: zu zirzensischen Spielen, die ablenken. Beides wird wohl zusammengekommen sein. Heute jedenfalls ist Gauck immer für eine nützliche Meldung zur richtigen Zeit gut.

Die größte Gefahr, die sich nach meiner Meinung aus der Reduzierung eines wesentlichen Teils der jüngsten Geschichte auf Stasi-Akten ergibt, ist, daß damit unsere ohnehin nicht hoch entwickelte Fähigkeit zur Kritik am eigenen westlichen System noch weiter verkümmert ist. Die Aufdeckung der Innereien eines Staates, die sein Zusammenbruch bloßgelegt hat, die Aktenbeschau der DDR, hat uns nicht zu erhöhtem Mißtrauen gegen staatliches Menschenwerk und seine modernen Machtmittel veranlaßt. Im Gegenteil hat der Sieg über die DDR zu einer moralischen Überhöhung der westlichen politischen Einrichtung vom Relativen bis ins Absolute geführt, obwohl diese Einrichtungen doch auch nur von gewöhnlichen Menschen betrieben werden, denen Machtsicherung ein höherer Zweck ist als Machtbeschneidung, wenn es um die eigene Macht geht.

Die DDR ist nicht so gewesen, wie sie von den Regierenden darge-stellt worden ist. Aber sie war auch nicht so oder nur in Teilen so, wie sie seit der Wende überwiegend beschrieben wird und aus Akten gedeutet. Weder hat es einen frühen, massenhaften Andrang zu Oppositionsgruppen gegeben noch hat die Mehrheit in der DDR ihr Leben in Furcht und Schrecken verbracht. Privates Glück wie privates Unglück konnten ihren Vorrang für die aller-meisten Menschen ungeachtet der Stasi-Präsenz behaupten. Aber in sechs Jahren Vergangenheitsbewältigung haben wir es dahin gebracht, daß eine westdeutsche Abiturientin schreibt: »Meiner Meinung nach hatten die Menschen damals überhaupt keine Privatsphäre.« So lösen neue Verfälschungen alte ab.

Wenn es Strafe sein soll, wie unsere Öffentlichkeit gewöhnlich mit Stasi-Mitarbeitern umgeht, dann sollten wir uns dessen ganz bewußt werden: Es ist eine Art zu strafen, die zum mittelalterlichen Pranger zurückführt. Zivilisatorische Fortschritte gelten in der Regel nichts mehr; nicht der Satz »Im Zweifel für den Angeklagten«; kein Datenschutz; die Anklageschrift – die Akte aus Gaucks Zauberberg – enthält praktisch schon das Urteil. Wenn es Strafe sein soll, dann wollen wir es auch so nennen. In welcher Gesellschaft leben wir, in der wir uns vor Stasi-Akten kaum retten können, aber die Art unse-res Umgangs mit ihnen nicht mutig diskutiert wird?

Ein wesentlicher Vorzug und Vorteil der Bundesrepublik gegenü-ber der DDR bestand darin, daß wir erstens eine Verwaltungs-gerichtsbarkeit besaßen, und zweitens den Hygienedienst unserer Medien: Vor dem einen konnten und können wir unsere Obrigkeit verklagen, von dem anderen gingen Warnungen vor Fehlent-wicklungen aus. Ist das noch immer so? Im Zusammenhang mit der Überprüfung von Lehrern und anderem Personal anhand von Stasi-Akten hat es zweifelhafte, ungerechte Prozeduren gegeben, an denen die Medien achtlos vorübergezogen sind.

Unlängst hat Sybille Tönnies, Professorin an einer westdeutschen Fachhochschule, mitgeteilt, daß ihr Doktorvater sie im Zusam-menhang mit dem sogenannten Radikalenerlaß denunziert habe und ihre Habilitation vereitelte. Frau Tönnies wollte sich damit wenden gegen die im vereinigten Deutschland vorherrschende

Meinung, nur die DDR habe dunkle Stellen besessen. Ich habe nicht gesehen, daß unsere Medien sich auf den Hinweis von Frau Tönnies eingelassen haben. Es hat in der BRD elftausend Berufsverbotsverfahren gegeben. Der Radikalenerlaß hat Karrieren beeinflußt, so, wie es auf der anderen Seite der Grenze Stasi-Beurteilungen getan haben.

Es hat manches in der DDR gegeben, das polytechnische Schulsystem beispielsweise, was es wert gewesen wäre, daraufhin geprüft zu werden, ob wir es ins vereinigte Land übernehmen sollten. Wir haben nichts dergleichen getan. Aber dennoch sind wir der DDR in einigem ähnlicher geworden. Ich habe immer gefunden, daß man das Maß an Freiheit in einer Gesellschaft zuverlässig daran ablesen kann, wie viele Lippenbekenntnisse zum Herrschenden oder wenigstens Vorherrschenden der einzelne ablegen muß, damit er nicht zu seinem Nachteil auffällig wird. Die BRD hat dabei immer gut abgeschnitten im Vergleich zur DDR. Ich argwöhne, daß heute mehr Lippenbekenntnisse zu leisten sind, wenn man nicht als Außenseiter links liegengelassen werden will.

Die Politiker des vereinigten Deutschlands erwarten, daß wir über alle Schwierigkeiten nicht das »große Glück der Einheit« vergessen. Dieser Appell ergeht immer dann, wenn die Politiker nicht mehr weiterwissen. Geradezu klassisch habe ich es jüngst an Guido Westerwelle studieren können. Ich habe gesehen, wie der liberale Generalsekretär in einer Talkshow in Bedrängnis geriet, um eine Antwort verlegen war, sich binnen anderthalb Minuten zweimal in seinen eigenen Widersprüchen verfing. Dann aber machte er seine Augen hinter der Brille ganz groß, richtete sie auf seinen Hauptkontrahenten, legte seine Stimme zunächst in Falten und straffte sie danach, begann also mit Tremolo und endete wie eine Trompete und sagte: »Wir wollen doch über all dem nicht das große Glück der Einheit vergessen.« Vorher war von der nun schon länger andauernden Massenarbeitslosigkeit die Rede gewesen. So geht es zu, wenn das Abstrakte das Konkrete besiegt.

2. November 1996

Deutschland
auf dem Flohmarkt

Anfang 1997 wies Gaus zum ersten Male auf »Hintzes Psychoterror«
hin: »Er wird sich noch gewaltig steigern.«

Einer, der es weiß, sagte mir dieser Tage, daß eine westdeutsche
Anwaltskanzlei bis heute aus der Vereinigung Deutschlands 161
Millionen Mark an Honoraren eingenommen hat. Einhundert-
undeinundsechzig Millionen Mark für juristische Beihilfe zur
Privatisierung und zum Ausschlachten von Industriebetrieben in
der einstigen DDR. Entgelt für anwaltliche Beratung bei der steu-
erlich hochbegünstigten Bildung neuen großen Eigentums von
Westdeutschen in Ostdeutschland. Honorar für das Etablieren der
Marktwirtschaft, deren Freiheit für Schwache und Starke natur-
gemäß unterschiedlich ist: Die Freiheit der einen ist mehr eine solche, der man ausgeliefert ist; die der anderen ist eher eine, die man
sich herausnehmen kann.
Die Vereinigung ist ein großes Geschäft für so manche deutsche
Patrioten gewesen, die dem politisch-wirtschaftlichen Komplex
der alten BRD angehören. Die erwähnte Anwaltskanzlei ist nur ein
Beispiel für viele, wenn auch in der Höhe des erzielten Honorars
etwas außerhalb des Üblichen. Ein Schnäppchen zu machen, ist ein
Lustgewinn für Hoch und Nieder, der sich demokratisch auf
Flohmärkten einstellt. Die Elite der Gesellschaft hechelt dieser
Lust gewöhnlich an anderen Orten nach. Jetzt konnte sie sich wie-
der einmal beim Rauschen des Mantels der Geschichte bereichern.
Das ist im Grunde die Regel, jedenfalls bei gewonnenen Kriegen,
heißen wie kalten.
Den Dotationen für die preußische Generalität nach den sogenannten Freiheitskriegen 1813/15 (manche der angeblich so selbstlos
dienenden Herren haben sich seinerzeit schriftlich beim König

beschwert, weil andere mehr Geld bekommen hatten) – diesen Dotationen entsprechen heutzutage jene staatlichen Subventionen, die zu Privatvermögen werden, auch wenn der allgemeine Nutzen aus ihnen gering blieb. Freilich ist die Demokratisierung der Gesellschaft seit 1815 fortgeschritten: Anders als die damaligen Prämien, die Generälen vorbehalten waren, können heute die Fördermittel für den Eigentumserwerb von ostdeutschen Produktionsmitteln oder, falls geboten, auch für deren Vernichtung von jedem unbescholtenen kleinen Lohnabhängigen beantragt werden, sofern er gewisse Voraussetzungen erfüllt. Er soll es nur einmal über seine Steuerberater, Wirtschaftsanwälte und Banken versuchen.

Ethische und moralische Unsicherheiten beim großen Beutezug hat es erkennbar keine gegeben. Jedenfalls ist bisher nichts dergleichen ins öffentliche Bewußtsein vorgedrungen. Wie sollte es auch? Beweist denn nicht nach herrschender Auffassung die Höhe des Unternehmergewinns gleichermaßen die Stärke des gesellschaftlichen Verantwortungsgefühls des Unternehmers? Natürlich gilt diese Gleichsetzung nur, solange die Wechsel des Unternehmers nicht platzen und er seine Bankschulden fristgerecht bedient. Andernfalls werden ethisch und moralisch andere Seiten aufgezogen.

Aufs Ganze gesehen jedoch, wenn Vereinigungsgewinne nicht gerichtsnotorisch werden, bestimmt ein gewisser Respekt vor Skrupellosigkeit, die erfolgreich ist, das Empfinden der Mehrheit der Deutschen. Die Nation macht sich sozusagen kein Gewissen aus den – gesetzlich geförderten – Schweinereien von Teilen ihrer Oberschicht.

Aber Volkes Stimmung ist bekanntlich unzuverlässig, wetterwendisch, launisch. Der kluge Parteisekretär baut vor. Angesichts von vier Millionen Arbeitslosen im Land, zu denen wohl noch ein paar hunderttausend dazukommen werden; in Erwartung einer Konjunkturbelebung, von der die sozial Schwachen so gut wie keinen Nutzen haben werden; an der Schwelle eines Jahres, in dem die Sorgen des Mittelstands vor dem Ruin und der gesellschaftlichen Deklassierung noch konkreter sein werden als im vergangenen Jahr – vor dieser Zukunft ist nicht auszuschließen, daß vermehrte

Kenntnisse von dem immensen materiellen Glück, das für manche mit der deutschen Einheit verbunden war, zu emotionalen Irritationen unter Benachteiligten führen werden. Und deren Folgen könnten den Regierenden außer Kontrolle geraten.

In dieser Lage mußte der Generalsekretär der CDU, Pastor Hintze, der Dorian Gray unter den Bonner Agitatoren, auf jeden Fall eine Kampagne des Antikommunismus beginnen. Der Anschluß professioneller Bürgerrechtler an seine Partei – professionelle Bürgerrechtler sind ehemalige aktive – kam nur gelegen. Der Versuch einer vorbeugenden Ablenkung der Stimmung im Land ins Irrationale war mit oder ohne Kohls neue Parteifreunde unaufschiebbar.

Hintzes Psychoterror hat gerade erst begonnen. Er wird sich noch gewaltig steigern. Mit der PDS hat die Kampagne nur insoweit zu tun, als vorerst noch ein real existierender Feind benötigt wird. Der Antisemitismus braucht keine Juden, wie sich bei dieser und jener Gelegenheit in den letzten Jahren gezeigt hat. So weit muß dieser Antikommunismus auch getrieben werden, damit er seinen politisch-psychologischen Effekt in der Gesellschaft voll erzielen kann: die Mobilisierung von Ängsten vor dem Bösen schlechthin; die Überwindung von Sachlichkeit durch Dämonenfurcht; die Ausgrenzung von Menschen – diesmal wegen ihrer Gesinnung. Der so geschaffene Feind ist austauschbar.

SPD und Grüne haben sich eine Debatte über ihre etwaige Koalitionsneigung zur PDS aufzwingen lassen. Dabei stellt sich diese Frage noch lange nicht. Vorher, unter anderem in der Reaktion auf Hintzes Kampagne, entscheidet sich, ob wir in Deutschland eine gewisse Höhe der politischen Zivilisation behaupten können oder ob wir in die Knie gehen vor dem, was gerade populär ist.

3. Januar 1997

Zwischen Erfurt
und Wörlitz

Zwischen dem 8. und 11. Januar 1997 diskutierten in Wörlitz die
Grünen, in Berlin die Sozialdemokraten, die CSU in Wildbad Kreuth
und die CDU in Windhagen bei Bonn auf Klausurtagungen den
Umgang mit der PDS. Als hätte man sich abgesprochen.
Zur selben Zeit, am 9. Januar, präsentierten namhafte Schriftsteller,
Künstler, Gewerkschafter, Kirchenleute und andere Prominente in Erfurt
und Berlin einen Aufruf zu einem Zusammenschluß, »Bündnis für
soziale Demokratie« genannt. Ihre »Erfurter Erklärung« verlangte
einen Macht- und Politikwechsel in Bonn unter Einschluß der PDS.
Sowohl die demokratischen Sozialisten wie auch die SPD wurden zu
selbstkritischer Auseinandersetzung aufgefordert.

Die Linie zwischen der kaum kaschierten Zustimmung großer
Teile des deutschen Bürgertums zur Ermordung von Rosa
Luxemburg und Karl Liebknecht seinerzeit im Januar 1919 und
den Stimmungen, aus denen heutzutage bei Bedarf Kampagnen
eines irrationalen Antikommunismus gespeist werden – ist diese
Linie kürzer oder länger, weniger oder stärker gebrochen als die
geistige Verbindung zwischen Josef Stalin und Lothar Bisky? Ich
kenne die herrschende Antwort: Eine der Linien, die rechte, so
höre ich, die gibt es gar nicht.
Der deutsche Klein- und Großbürger in seiner bundesrepublikanischen Gestalt nämlich hat keine politische Vergangenheit außer in
der Frankfurter Paulskirche 1848. Wer gelegentlich in dem und
jenem Sentiment und Ressentiment bürgerlicher Kreise auch
andere Herkünfte als rein parlamentarisch-demokratische erkennt
und auf sie hinweist, der ist gewiß kein rechter Deutscher.
Die andere Linie aber, die links verlaufende: Wem die Vorstellung
schwerfällt, daß Bisky Stalins Erbe ist, der muß nur den Namen des

Vorsitzenden der PDS durch den Namen Wagenknecht ersetzen, und es tritt klar zutage, wie bedroht unsere Verfassung ist. Stalin ohne Bart – aber immer noch kein Freund der Marktwirtschaft. Eine Neigung zu außerparlamentarischen Aktivitäten – Stalin unter dem Pseudonym der Frau Wagenknecht als ein Grüner. Die Forderung nach einem anderen Deutschland – Stalin läßt durch Sarah Kohls Zusage blühender Landschaften anmahnen.

Wie soll man sich ohne Sarkasmus behaupten gegen den Verzicht auf Realitätssinn und die Preisgabe jeder Verhältnismäßigkeit, die das Niveau der christdemokratisch bestimmten Debatte über politische Positionen in der PDS, konkrete wie abstrakte, aufs Dümmliche reduzieren: Manches spricht dafür, daß viele verunsicherte Deutsche aufgeschlossen sein werden für eine einschlägige Stimmungsdemokratie, die ihnen vom Konrad-Adenauer-Haus schnell zunehmend angeboten wird. Die im Land herrschende Malaise, verbunden mit der Ratlosigkeit der Politiker in wichtigen Sachfragen, kann binnen kurzem zu einer wechselseitigen Steigerung von Agitation und Gläubigkeit führen; nächste Stufe: Fanatismus.

Die Systemveränderung in der Bundesrepublik wird von keiner kommunistischen Plattform eingeleitet werden. Die Systemveränderung vollzieht sich faktisch schon seit Jahren von rechts her. Die gesteigerte Stimmungsdemokratie wäre dann der Überbau der neuen gesellschaftlichen Ordnung, deren wesentliche Kennzeichen am Ende sein werden: die weitere Überantwortung von unkontrollierbarer Macht an eine politisch-wirtschaftliche Elite und deren Experten; die faktische Aushöhlung des Parlamentarismus bei gleichzeitiger Pseudodemokratisierung durch Bürgeraktivitäten in Belanglosigkeiten; das Ersetzen von sozialen und anderen gesellschaftlichen Rechten der Unterschicht durch das Gewähren karitativer Barmherzigkeiten; das Entstehen neuer Privilegien, vor allem in der Bildung und Ausbildung, von denen auch der untere Mittelstand weithin ausgeschlossen sein wird.

Denkt eine Mehrheit unter den Sozialdemokraten und Grünen, ihre Parteien würden bei einer solchen Entwicklung auf der Siegerseite stehen? Freilich, die Sozialdemokraten in der alten Bundesrepublik waren jedesmal wieder überrascht, wenn sie –

mangels Kommunisten – in Wahlzeiten herhalten mußten als der altböse Feind. Dabei hatten sie sich doch so bemüht, nicht nur als Deutsche, sondern auch als bürgerlich anerkannt zu werden. Manches an der skizzierten Entwicklung ist unvermeidlich. Aber für das Bewahren wenigstens von Resten staatlich-gesellschaftlichen Schutzes der Schwachen vor dem Sozialdarwinismus der wahnwitzigen Privatisierungen, für das gelegentliche Korrigieren wachsender prinzipieller Benachteiligungen großer Gruppen ist es nicht bedeutungslos, ob die politischen Kräfte links von der Mitte sich die Frage ihres etwaigen Zusammenwirkens aus dem rechten Lager beantworten lassen wollen. Es hat sich für die Rechten immer bezahlt gemacht, das pluralistische System in ihrem Sinne hantierbar zu machen durch ausgrenzende Diffamierung linker Positionen. Davon waren auch die Grünen schon betroffen; von jenem Antikommunismus, der nicht unbedingt Kommunisten braucht.

Die Weimarer Republik ist weniger an den Kommunisten zugrunde gegangen als daran, daß das deutsche Bürgertum mehrheitlich von Anfang an die Loyalität verweigerte und später zu Hugenberg und Hitler überlief. Ein Verfassungsschutz hätte die Weimarer Republik nicht retten können, aber vielleicht kann er die große Koalition in Berlin absichern.

Die PDS muß zunächst einmal mit der deutschen Nachkriegsgeschichte ins Reine kommen? Wer muß das denn nicht in diesem Land? Die Reduzierung der komplexen Geschichte der deutschen Teilung auf die SED (und natürlich auf die Stasi) und damit auf die PDS als sogenannte Nachfolgepartei entspricht dem klassischen Beladen eines Sündenbocks: Damit kann man Politik machen, aber alle Fragen nach Moral, Gewissen, Tätern, Opfern und Mitläufern entläßt man auf diese Weise aus der eigenen Mitte und schickt sie in die Wüste.

Eine politisch linksgerichtete Gruppe von Theologen, Schriftstellern und Professoren hat sich dieser Manipulation entzogen und in einer »Erfurter Erklärung« die ungeteilte Linke zur Zusammenarbeit aufgerufen. Jede der genannten drei Parteien, SPD, Grüne und PDS, wird ihre Fähigkeit dazu beweisen müssen; jetzt in

Schwerin die PDS. Die »Erfurter Erklärung« entspringt, auch wenn sie es kaum in Deutsch fassen kann, einem strategischen Denken. Die »Wörlitzer Erklärung« der Bundestagsabgeordneten der Grünen atmet dagegen jene Taktik, die mehr und mehr zum Kern der Politik im Bonner Raumschiff führt.

Führt kein Weg von Wörlitz nach Erfurt?

17. Januar 1997

Viel Wind, wenig Substanz

Die Bundestagswahl am 27. September 1998 warf bereits ihre Schatten voraus. Im Unterschied zur Union, wo der Kanzler ganz gewiß der Spitzenkandidat sein sollte, hielten die Sozialdemokraten alles offen. Neben dem saarländischen Ministerpräsidenten und Parteichef Oskar Lafontaine war Gerhard Schröder, Regierungschef in Hannover, im Gespräch. Auch Gaus machte sich über die Qualität der potentiellen Bewerber seine Gedanken.

Oskar Lafontaine hat erkennbar mehr Verstand als Gerhard Schröder. Aber Schröder kann die Leute vergessen machen, daß er Sozialdemokrat ist. Kann es eine glücklichere Voraussetzung für einen Kanzlerkandidaten der SPD geben? Helmut Schmidt wird immer noch von Sozialdemokraten dafür verehrt, daß die Vorstände von Industrie und Banken schon seinerzeit mit ihm umgegangen sind, als gehöre er zu ihnen. Das ist der Übergang des sozialdemokratischen Traums – allen soll es besser gehen – in den amerikanischen. Einer kommt nach oben. Schröder ist der Enkel Schmidts, nicht der Willy Brandts.

Für einige Leute im Land mag es – bei über vier Millionen Arbeitslosen – das obszönste Photo des vorigen Jahres gewesen sein: Schröder im Frack in einer Loge auf dem Wiener Opernball. Andere – ich vermute: weit mehr als nur einige – haben in dem Bild wohl eher den Nachweis eines gelungenen Aufstiegs gesehen. Der niedersächsische Ministerpräsident kann darauf bauen, solange er sich angepaßt verhält: Einwände gegen seinen Ausflug zur Wiener Gala im VW-Firmenjet und andere Extratouren werden jene politisch-wirtschaftlichen Kräfte, die an einer langmütigen, braven Unterschicht interessiert sind, in ihren Medien als Sozialneid diffamieren lassen. Das können sie leicht tun, weil in der breiten Öffentlichkeit der gute Geschmack als Grund zum Anstoßnehmen eine unbekannte Größe geworden ist.

Gerhard Schröder hat sich für jene weithin tonangebenden Medien, die das Neoliberale, Antisozialdemokratische mit dem Boulevardmäßigen verbinden, in einer idealtypischen Weise entwickelt: viel Wind, wenig Substanz. So gut wie nie gibt es eine für die Unternehmer und ihre Bundesregierung wirklich lästige sachliche Äußerung Schröders, mit der man sich auseinandersetzen müßte. Aber geradezu regelmäßig liefert er in seinen Interviews Zitate für Kommentare über interne Konflikte in der SPD; oft schafft er so die Konflikte erst, zu denen er dann ein weiteres Interview geben kann. Ist ihm mit der Karriere etwas zu Kopf gestiegen, daß er so konsequent Disziplinlosigkeit mit unabhängigem Denken verwechselt? Dabei schont er die Öffentlichkeit intellektuell ebenso, wie Helmut Kohl es tut.

Schröders Medien werden ihn mit wachsendem Druck der SPD als Kanzlerkandidat aufzunötigen versuchen. Sollte er dann zum Bundeskanzler gewählt werden, so würde er Kohls Politik mehr oder weniger fortsetzen, eher mehr als weniger. Lohnt das den demokratischen Aufwand? Immerhin, Schröder könnte einen besseren Finanzminister haben als Kohl ihn in Waigel hat.

Oder behält Lafontaine die Nerven und genügend Einfluß auf die Partei; beschäftigt Schröder mit wirtschaftspolitischen Papieren für Innovationskongresse; kann abwarten, in welcher Verfassung sich Kohl im nächsten Frühjahr befindet (Biedenkopf ist durchaus weitsichtig); und hat bis dahin vorgeklärt, wer aus der SPD nicht nur gegen Kohl, sondern auch gegen Schröder mit einiger Aussicht auf Erfolg und mit der Gewißheit einer intelligenteren, zukunftsträchtigeren Politik antreten könnte? Oskar Lafontaine, Heide Simonis?

Es kann wohl sein, daß die Deutschen in ihrer Mehrheit bisher einen Mann wie Oskar Lafontaine nicht leiden können und auch nicht wählen wollen; einen Mann, der seit 1990 öfter als andere richtig gesehen hat, was sich entwickelt – aber dabei nicht wenigstens wie ein seriöser Oberlehrer erschien, noch dem gängigen Charme-Modell entsprach, sondern eher etwas undurchsichtig wirkte. Vor allem aber hat er, etwa im Blick auf die angeblich alsbald blühenden Landschaften im Osten, unnachgiebig Illusionen zerstört, wenn nichts mehr gebraucht wurde als Illusionen, falls man politisch gewinnen wollte. Für eine solche Einsicht und die Konsequenzen daraus war Lafontaine nicht skrupellos genug. (Kohl war übrigens damals auch nicht skrupellos, obwohl er es notfalls wohl gewesen wäre: Seinerzeit teilte er den Glauben an die Illusionen, die er erzeugte. Ist das wirklich beruhigender, als wenn er gelogen hätte? Eine Lüge könnte man aufdecken. Aber wie sichert man sich gegen mangelnde Vorstellungskraft der Politiker für die Folgen ihres Tuns und Lassens? Mir drückt der Euro aufs Gemüt.)

Zu den etwaigen Vorbehalten der Deutschen gegen den SPD-Vorsitzenden Lafontaine sind eine Erinnerung und ein Hinweis geltend zu machen. Die Erinnerung: Außerhalb von Willy Brandts Saarland – Berlin (West) – war der spätere Bundeskanzler zunächst auch nicht hoch angesehen. Die Einwände gegen ihn waren eher stärker als die gegen Lafontaine und gewiß bösartiger. Brandt, noch immer zur Erinnerung, war der erste Versuch der SPD, sich der Personalisierung der Politik, die aus den USA herüberkam, anzupassen. Aber erst ein programmatisches Profil, ein Sachkonzept des Kandidaten, das anfangs keineswegs mehrheitsfähig zu sein schien – die Ostpolitik – brachte Brandt ins Kanzleramt.

Der Hinweis: Die Demagogie wird noch gewaltig zunehmen im Land. Wer will, wer kann da mithalten unter den Vernüftigen? Auf das Risiko hin, ohnmächtig zu bleiben, werden sie in ihrer Notwehr programmatisch höher zielen müssen als bis zur bedingungslosen Verkaufsförderung des Transrapids durch Kohl und später vielleicht Schröder irgendwo auf der weiten Welt. Wo ist der Entwurf eines neuen Gesellschaftsvertrages, der beispielsweise die Industrie verpflichtet, Projektentwicklung aus Steuermitteln mit Ausbildungsgarantien zu honorieren?

Die sogenannte Globalisierung der wirtschaftlichen Verhältnisse hat bisher nur kapitalistische Antworten gefunden: Wirtschaftskrieg zwischen Regionen der Welt. Global ist bisher daran vor allem, daß die industrielle Ausbeutung der Schwachen jetzt auch möglich ist in Ländern, die früher nicht industrialisiert waren. Gibt es für die Sozialdemokraten und ihre Gewerkschaften in aller

Welt keinen Weg zu einer internationalen Solidarität, die den Zumutungen nicht nur in isolierten Kämpfen, sondern global entgegentritt? Ein Konzept, nicht ganz neu, aber derzeit verwaist, wartet auf seine zeitgemäße Formulierung. Und keine Bange, was immer Pastor Hintze behaupten mag – ein solches Konzept ginge über das verfassungstreue Sozialdemokratische nicht hinaus.

9. *Mai* 1997

Die Logik des Wahnsinns

Vor dem Hintergrund der Diskussion um Euro und Europäische Union, die unter deutscher Federführung zusammengeschmiedet werden soll, äußerte sich Gaus über die tatsächlichen Prozesse, die dadurch in Gang gesetzt würden. Eine Währungsunion ohne eine Sozialunion, ohne die Berücksichtigung der Interessen der »kleinen Leute«, dürfte den Grund noch schwankender machen, auf dem sich die europäischen Völker bereits bewegen.

Der Kapitalismus schickt sich an, die alte Bundesrepublik aus der Welt zu schaffen. Sage später keiner, er habe es nicht kommen sehen. Schon heute läßt sich erkennen, daß die Umwälzung, die jetzt vollzogen werden soll, der Wende von 1989 in Deutschland und Europa kaum nachstehen wird. Am Ende werden der alten BRD gerade solche Subjekte die Treue halten, auf die der Verfassungsschutz dann und wann ein Auge wirft. Die Unterzeichner der »Erfurter Erklärung«, die sich nicht scheuen, für ein demokratisches Lager einzutreten, das die PDS mit einschließt, werden sich als entschiedene Verteidiger des relativ bewährten Systems erweisen. Hingegen wird es um die Ecke gebracht worden sein mit einem Ruck, den hochmögende Verbandsherren und andere Honoratioren durchs Volk gehen lassen. Damit meine ich nicht eine Reform des Bundesrats, sondern die weitgehende Entkernung unseres Gemeinwesens bis auf die Fassade, ruckweise.

In Westeuropa, vor allem in Westdeutschland, hat es nach dem Zweiten Weltkrieg zum guten politischen Ton der Oberen gehört, den Kapitalismus möglichst nicht bei seinem Namen zu nennen: Kapitalismus. Er hatte seinen Ruf bei den Unteren in der ersten Hälfte dieses Jahrhunderts gründlich ruiniert. Nur in den USA sind die Vollstrecker seiner Interessen immer ungeniert beim unverhüllten Begriff geblieben. Derzeit wird, in Deutschland betonter als anderswo, von Globalisierung gesprochen, wenn man vom Kapitalismus und seinen Zwangsläufigkeiten schweigen will.

Man kann es auch so sagen: Der Spätkapitalismus strebt international zu seinen Anfängen zurück – der Frühkapitalismus, nicht gehemmt von sozialen Auflagen, soll sein Gesundbrunnen werden. Das bedeutet in Europa eine Kehrtwende im Verständnis von Humanität. Das soziale Gewissen der Gesellschaft wird sich nicht einmal mehr im moralischen und ethischen Vorsatz an den Lebensumständen der Schwachen orientieren, sondern ideologisch wie faktisch an der niedrigstmöglichen Alimentierung der Brauchbaren. Eine zweihundertjährige Emanzipationskultur endet in Arbeitsplätzen à l'américaine.

Eine intellektuelle Diskussion, die der Bedeutung dieses historischen Vorgangs angemessen wäre – einer Kulturrevolution, die sich nicht in der Entmachtung gewerkschaftlicher Solidarität erschöpft –, findet bisher so gut wie nicht statt. Nur Botho Strauß wirkt in manchen Textpassagen schon ganz durchdrungen von der Radikalisierung der herrschenden Lehre: Sein »Bocksgesang« ist eine gutheißende Einstimmung auf die Brutalität des sich verjüngenden Kapitalismus. Straußens Hingabe wird Schule machen.

Die Idee einer Emanzipation der Menschen von sozialen Abhängigkeiten und gesellschaftlichen Unterordnungen aus Geburt, Geschlecht, Rasse und anderen Versklavungsvorwänden hat schreckliche Irrtümer im Gefolge gehabt. Sinnwidrige Opfer wurden in ihrem Namen verlangt und gebracht; Verbrechen begangen. In ihrer kommunistischen Verfassung geriet ihr die Macht außer Kontrolle: Ideologisch erwartet wurde ein neuer Mensch, der mit der Macht vernünftig würde umzugehen wissen. Es darf nicht gelacht werden, dafür war der Preis zu hoch. In ihrer sozialdemokratischen Praktizierung verkam die Idee oft zum Opportunismus. Man darf sich grämen.

Aber haben wir eine bessere Idee für unsere politische Existenz, Lehren aus der Vergangenheit einbeziehend? Die Bedürfnisse des Großkapitals, das Monster beim Namen genannt, verlangen jetzt danach, daß die von den Abhängigen in den vergangenen hundert Jahren – auch über Leichen, die ihnen der Kapitalismus in den

Weg legte – errungenen relativen Sicherheiten und Freiheiten von sozialen Ängsten zurückgeschnitten und gegebenenfalls, wenn der Weltmarkt es so will, auch ganz abgeschafft werden. Gefordert werden Vorleistungen im Verzichten; Garantien für künftige Arbeit nicht gegeben.

Die Politik ist dem mehrheitlich willfährig. Auch wer unter den Politikern nicht aus Überzeugung ein Sympathisant des Großen Geldes ist, beugt sich dem Diktat einer schrankenlosen Produktivität mit dem höchsten Gewinn zum niedrigsten Lohn. Seit das globale Gleichgewicht mit der zweiten Welt untergegangen ist, verwandelt sich die sozusagen konstitutionelle Monarchie des Kapitals zurück in eine absolute. Hinter den Beweisführungen der Sachverständigen, daß alles so sein müsse, wie es sich nun anschickt, weltweit zu sein, steckt die Logik des Wahnsinns. Sie argumentiert: Kannibalen wissen, daß jüngere Menschen wohlschmeckender sind als ältere. Das ist nicht zu widerlegen. Also laßt uns Menschen verspeisen, möglichst junge.

Tatsächlich tendiert die arbeitsvernichtende Produktivität nach einiger Zeit zum Selbstzweck und schließlich zur Selbstzerstörung. Eine Zeitlang kann sie alte Käuferschichten, die wegen der Höhe ihres Arbeitsentgelts entbehrlich gemacht wurden, auf der weiten Welt gegen neue eintauschen. Aber eines Tages wird auch der chinesische Markt gesättigt sein und werden selbst seine Arbeitskräfte teuer werden. Und der afrikanische Markt ist dann höchstwahrscheinlich noch wenig brauchbar, weil in Afrika kein funktionierendes sozialistisches System erste emanzipatorische Voraussetzungen für die Machtübernahme des Kapitals geschaffen hat.

Derzeit muß in jeder nationalen und multinationalen Gesellschaft die Anpassung gründlich veränderter Produktionsbedingungen und Märkte an frei schweifende Kapitalien, gesellschaftliche Umstrukturierungen und an noch lange nicht neu geordnete internationale Verhältnisse konkret bewältigt werden. Das ist eine Aufgabe, die oft nur von Problem zu Problem, von Kompromiß zu Kompromiß, von Steuerschätzung zu Steueraufkommen vorläufig gelöst werden kann. Aber bei aller unvermeidlichen Flickschusterei kann Klarheit verlangt werden über den Leisten, über den der

Schuh gespannt wird. Auch in einer Politik, für die noch auf geraume Zeit Mittelfristigkeit schon als eine halbe Ewigkeit gelten wird, muß es eine erkennbare Prioritätensetzung aus Gesinnung geben und ein Bewußtsein von den langfristigen Folgen des politischen Handelns.

Die US-amerikanischen Sozialverhältnisse – einst vom Mittelstand geprägt, der heute nicht unwesentlich zerrieben wird – sind dem Großen Kapital am dienlichsten. Es ist agitatorisch gelungen, sie weithin zu einem Synonym für Demokratie werden zu lassen. Ungeschminkt lassen sie sich dahin definieren: Besitz, Auslese der Stärksten und ein bis zwei Billy Gates pro anderthalb Generationen. Es ist das Gegenteil einer in die Breite der Gesellschaft angelegten, für die Schwachen gedachten Emanzipationskultur.

Wer wie ich nach 1945 als Halbwüchsiger im Geiste der Amerikaner – dankbar – politisch zu denken begonnen hat, für den sind solche Schlußfolgerungen fast eine Art Vatermord. Er ist wohl die Voraussetzung, um unter der Herrschaft des Kapitals die Erinnerung an eine emanzipatorische Alternative, die ihre Globalisierung zu suchen hat, wachzuhalten. Aufs intellektuelle Wachhalten gemünzt nur eine nützliche Provokation von mehreren, die nötig sein werden: Die DDR gehört – trotz allem, was schon zu ihren Lebzeiten als bösartig an ihr zu erkennen war und seither noch an Erschrecken über sie hinzugekommen ist – zur Geschichte der europäischen Emanzipationskultur.

8. August 1997

Wer braucht die Wahl?

Wenn Wahlen etwas an den bestehenden Machtverhältnissen änderten, würden sie abgeschafft werden. Bei Gaus heißt es »Die Macht wohnt nicht in der Wahlurne«. Sein Kommentar zu Beginn des Wahljahres 1998 hat etwas Resignatives. Auch wenn – wie er prophezeit – die Union das Votum im September zu einer Richtungswahl hochstilisieren würde, wäre es keine. »Im Jahr 1969, beispielsweise, und noch stärker 1972 wußten die bundesrepublikanischen Wähler im Blick auf Willy Brandts Politik, wofür oder wogegen sie ihre Stimme abgaben. Heute erschöpft sich nach meinem Eindruck bei vielen Wählern aus der politischen Mitte der Wille zu Veränderung im Austausch von Kohl durch Schröder«, meinte er.

Könnten wir uns nicht die Bundestagswahl in diesem Jahr sparen? Außer Patentdemokraten, die tatsächlich glauben, alle vier Jahre entscheide das Volk an der Wahlurne über die Macht; und Berufspolitikern, die sich einer Verlängerung ihres Engagements oder womöglich eine Verbesserung ihrer jetzigen Position erhoffen; und Lobbyisten, die sehen wollen, wofür sie zahlen; und Nachwuchskräften, die hineindrängen in den politischen Betrieb – außer solchen Gläubigen und speziell Interessierten sind derzeit wohl viele, viele Wählerinnen und Wähler insgeheim geneigt, die Wahl für entbehrlich anzusehen. Was wird sie schon bringen? Viel Geschrei und wenig Wolle.

Davon jedenfalls scheint die Mehrheit im Land stärker überzeugt zu sein als von dem Wahlprogramm irgendeiner Partei. Aber natürlich würde es einen schlechten Eindruck machen, die Wahl ausfallen zu lassen. Wichtiger noch: Das System wüßte nicht mehr, wie es sich legitimieren sollte, wenn das Ritual entfiele.

Der ideell begründete und materiell wenigstens halbwegs gerecht – sozusagen nach sozialdemokratischen Maßstäben – erfüllte Gesellschaftsvertrag der demokratisch verfaßten Nation löst sich in dem Maße auf, in dem die Gesellschaft immer spürbarer in zwei geteilt wird: In eine extrem reiche und eine arme; mit einem Mittelstand dazwischen, der besorgt ist, er könnte alsbald auf die Verliererseite der Mauer geraten. Unter diesen Umständen sind Wahlen selbst als Ritual vonnöten, um aus ihrer Veranstaltung den Schein einer demokratischen Schicksalsgemeinschaft abzuleiten: auch und gerade dann, wenn, wie die Verhältnisse sind, sich aus dem Wahlergebnis nur zu einem geringen Teil ein gemeinsames Schicksal ergeben wird. Denn auch nach der Wahl wird man der Arbeitslosigkeit nicht durch Steuerflucht entgehen können.

Die Macht hat ihren Hauptwohnsitz nicht in den Wahlurnen. Aber die Wahl als solche wird staatspolitisch immer bedeutungsvoller. Als Höhepunkt des pluralistischen Systems zelebriert – man nähert sich dem Altar unter wechselseitigen Bewerfungen mit Schmutz –, muß der Wahlakt die Brüchigkeit des Gesellschaftsvertrages kaschieren. Was gibt es sonst als Bindemittel gegen die Auflösung der einen Gesellschaft? Die deutsche Elf bei der kommenden Fußballweltmeisterschaft, die Bundeswehr bei Hochwasser und nicht zuletzt die wachsende Abneigung – bei passender Gelegenheit auch Haß – gegen Fremdartiges. Welch ein Glück für Ruhe und Ordnung in den besseren Wohnvierteln, daß die Frustrationen sich völkisch und nicht sozial entladen.

So gesehen sind die Wahlen harmlos, was immer auch dem soge-nannten Souverän in den kommenden Monaten an Verblödung und Hetze zugemutet wird. Nach aller Erfahrung sind die rechten Parolen gewöhnlich bösartiger als die linken, die dafür langweili-ger sind. Was hält die SPD davon ab, so infam zu polemisieren wie die Union? Ihre sehnsüchtige Hoffnung – die sich im Ernstfall noch immer als eitel erwiesen hat –, auch als bürgerlich anerkannt zu werden? Oder eine Erinnerung an den Respekt vor Argu-menten, mit dem die Arbeiterbewegung einst groß geworden ist? Je nach Selbstbewußtsein wird es bei dem einen Sozialdemokraten eher dies und bei dem anderen eher jenes sein: Die SPD im ganzen hat hoffentlich nur ein Achselzucken dafür, daß der Wahlkampf noch vor Frühlingsanfang ein Niveau erreicht haben wird, auf dem ein linker Wahlsieg im Herbst wortwörtlich als der Untergang Deutschlands gilt. Gegebenenfalls werden Union und

SPD nach der Wahl dennoch miteinander koalieren. Warum denn auch nicht? Aus einer etwaigen Großen Koalition eine Gesinnungsfrage zu machen, bedeutet, den Parlamentarismus bis zur Entpolitisierung zu verklären. Angesichts bestimmter Schwierigkeiten kann die Lösungskompetenz eines Bündnisses aus beiden Volksparteien vorübergehend einen zwingenden Vorrang gegenüber der Frage haben, wie viele Sitze eine Opposition für ihre Funktionsfähigkeit im Parlament haben muß. Eher könnte man besorgt sein, daß eine in die Opposition gebannte CDU/CSU den braunen Sumpf bis in die Mitte der Gesellschaft sich ausbreiten läßt. (Das ist allerdings kein hinlänglicher Grund, sie nun dauernd regieren zu lassen.)

Das Ende aller Wirtschaft ist von Hundt und Henkel schon jetzt, zu Wahljahresbeginn, vorhergesagt worden, falls sich eine Wählermehrheit erdreisten sollte, für eine rot-grüne Koalition zu stimmen. Mich erinnert derlei an Methoden, mit denen die Ehrenwerte Gesellschaft das Wohlverhalten von Abhängigen sicherstellt. So wird Politik auf Nötigung reduziert, was freilich in diesem Falle nicht ernst zu nehmen ist. Die Drohung dieser Herrschaftsunktionäre hat keinerlei Bezug mehr zur Realität. Gerade eine etwaige Regierungspaarung aus Schröder und Fischer wäre gewiß zu manchem Zugeständnis an die große Wirtschaft bereit, um Nachweise von Dienstwilligkeit zu erbringen – die ihnen freilich niemals gedankt würden. Wie denn auch?

Nicht alle Wahlen wirken so unglaubwürdig in ihrem Anspruch, richtungsweisende Entscheidungen zum Inhalt zu haben, wie die diesjährige Bundestagswahl. Im Jahr 1969, beispielsweise, und noch stärker 1972 wußten die bundesrepublikanischen Wähler im Blick auf Willy Brandts Politik, wofür oder wogegen sie ihre Stimme abgaben. Heute erschöpft sich nach meinem Eindruck bei vielen Wählern aus der politischen Mitte der Wille zur Veränderung im Austausch von Kohl durch Schröder. Ich vermute, diese Wähler wollen so der waltenden Ratlosigkeit entgehen. Weil sie – bisher – kein anderes Angebot erhalten haben, soll wenigstens eine andere Direktion den jetzigen Stillstand prolongieren. Es mag sein, daß die Nachfrage in der Sache sich belebt, wenn das Angebot durch die Entscheidung über den sozialdemokratischen Kanzler-kandidaten konkret wird.

Kohl wird dem Land einen Lagerwahlkampf aufzwingen – und das ist nicht einmal das Schlechteste. Sozialdemokraten und Grüne werden so genötigt, sich mit der PDS zu arrangieren, wodurch der Umgang mit Kräften links von der SPD sich endlich der europäischen Normalität angleichen könnte.

2. Februar 1998

Wie hoch springt Schröder?

»Wie hoch muß Schröder springen?« fragte der »Spiegel« auf seiner Titelseite vom 16. Februar 1998, und auch Gaus fragte sich das, wenngleich rhetorisch nur, denn am 1. März hatte Niedersachsen gewählt und die SPD als erste durchs Ziel gehen lassen. Der strahlende Sieger wurde noch am Wahlabend von Bundesgeschäftsführer Müntefering als Kanzlerkandidat auf den Schild gehoben.

Wird Gerhard Schröder die Ära Kohl beenden? Ich denke, er wird sie, wenn er Erfolg hat, eher verlängern. Und die sogenannte neue Mitte, in der er seine Stimmen sucht, würde zunächst einmal hochzufrieden damit sein. Denn der sozialdemokratische Kandidat wird derzeit empor getragen vom Überdruß einer großen Wählermenge an der Person Kohl – und von der begründeten Erwartung, daß sich Schröders politische Radikalität in der Ablösung Helmut Kohls als Bundeskanzler erschöpfen wird. Wenn es Schröder so weit bringt und die Grünen ihn dann mehr oder weniger gewähren lassen, so wäre es ein Kanzlerwechsel innerhalb ein und derselben Ära.
Wer kann schon wissen, so wird unter Wählern geargwöhnt, wohin sich Lafontaine politisch-konzeptionell versteigen würde? Der Verdacht tut Lafontaine unrecht, wird zweckmäßig geschürt und ist inzwischen sehr stark. Oskar Lafontaine hat sich in den vergangenen Jahren mehr und mehr zum Enkel Willy Brandts ausgewachsen, gerade auch in seinen melancholischen Anwandlungen; in seinem Hang zu Ironie und Selbstironie, mit dem er einen Verfremdungseffekt bewirkt, der mit Nachhilfe bestimmter Medien politisch selbstzerstörerisch sein kann; in seiner Rücksichtslosigkeit, mit der er gelegentlich Gedanken öffentlich verfertigt; und dann und wann auch in seiner Rhetorik, von der er nicht immer weiß, wie weit sie ihn führt. Das Unbehagen vieler in der Gesellschaft vor einem solchen außergewöhnlichen Mann ist zu verstehen, spricht aber am wenigsten gegen den Mann.

Gerhard Schröder, ausgestattet mit anderen Talenten und Neigungen als der Parteivorsitzende der SPD, hat sich als Enkel Helmut Schmidts erkannt. Vor einiger Zeit hat er Schmidt zu einem langen Gedankenaustausch besucht. Um die gegenwärtige Gloriole um Schröders Haupt ist ein Spruchband geschlungen, auf dem steht: Alles soll neu werden, aber nichts anders.

Falls solche konzeptionelle Selbstbescheidung und Genügsamkeit nicht nur zur Kanzlermacht verhelfen, sondern auch einer Mehrheit im Land – unter absichtlichem Einschluß der Schwächsten und Bedürftigsten – für eine nennenswerte Zeit zum Segen gereichen, zum besseren Auskommen dienen könnten: Was sollte dann wohl dagegen einzuwenden sein? Die Menschen in ihren Sorgen und Ängsten und viele auch schon in wachsender Not haben einen Anspruch darauf, von konzeptionellen Sandkastenspielen verschont zu werden. Die grüne Bewegung ist einmal entstanden unter den Kindern der Besserverdienenden. Das Verständnis für die Lebensumstände, die Probleme und die Prioritäten von Unterschichten war ihr nicht eingeboren. Noch heute scheint manche grüne Idee in diesem Sinne herkunftsspezifisch zu sein: ein Wohlstandsphänomen. Derlei pragmatisch und programmatisch abzuwehren, wirkt manchmal auf eine billige Weise populär. Aber es kann auch, gelegentlich sogar gleichzeitig, die Erfüllung einer sozialen, gesellschaftspolitischen Fürsorgepflicht sein. So weit, so gut, Bundeskanzler Schröder: aber nicht genug.

Die Zukunft verlangt mehr, als in Schröders Programm bisher für sie vorgesehen ist. Andere Akzente als Kohl sie hat setzen lassen, selbst eine höhere Gerechtigkeit beim Verteilen von Lasten und Erträgen in der Gesellschaft würden die Entmündigung der staatlichen Politik durch angebliche Naturgesetze der globalisierten Marktwirtschaft noch nicht beenden. Heute ist die Politik ausgeliefert an die Despotie der Märkte, die Zügellosigkeit des Finanzkapitals und den Wahnsinn von Produktivitätssteigerungen gegen die Interessen der Mehrheit der Menschen. Unter solchen Experten, deren Verstand nicht von ihrer Abhängigkeit begrenzt wird, gibt es inzwischen genügend Einsicht in die Notwendigkeit, bestimmte – neue, sogar erweiterte – internationale Reglementierungen, auch gemeinsame

Beschränkungen der Wirtschaft möglichst weltweit zu vereinbaren. Widerstand ist zu leisten gegen den ökonomischen Darwinismus. Vorschläge dafür sind gemacht worden. Es ist sachlich geboten, daß sie jetzt Eingang finden in künftige Regierungsplanungen.

Die nationalen Bündnisse für – veränderte – Arbeit müssen zu einer neuen, hauptsächlich gewerkschaftlich orientierten Internationale zusammenfinden, die die regionalen Kampfbündnisse von Regierungen, Konzernherren und gezähmten Vertretern der Abhängigen im Weltkrieg der Wirtschaft zu überwinden trachtet. Ist Schröder ein Politiker mit dem Mut zum Ungewohnten? Was jetzt verlangt wird, ist noch schwieriger als es Brandts erste Schritte in eine vernünftige, zukunftsträchtige Ostpolitik hinein waren. Aber immerhin mußte er dafür über seinen Westberliner Schatten springen.

Wie wird der Kandidat sich verhalten, wenn ihm seine Medien nicht mehr wohlgeneigt sind, falls er etwa höher zielen sollte als auf die Ablösung Kohls? Schon seine Erläuterungen des anspruchslosen Wahlprogramms, die er wird geben müssen, werden ihn Freunde kosten in Vorständen und Aufsichtsräten. Bisher konnte er sich auf die einen stützen, auf die Manager mit den Privatflugzeugen, wenn er die anderen, die aus der Partei, auf die nachgeordneten Plätze verwies. Nun hat er durch seinen Machtwillen, der zur Kraft des Faktischen wurde, die Verfassungswirklichkeit der Republik verändert – ob er schließlich Kanzler wird oder nicht: Die Partei war sein Schemel, damit er Vorwahlen in New Hampshire, das hierzulande Niedersachsen heißt, abhalten konnte.

Die Grünen sollten sich teuer machen, wenn es im Herbst ans Koalieren geht. Was Schröder nicht bringt, werden sie beisteuern müssen; und es dürfen nicht nur ökologische, sondern müssen auch makroökonomische Faktoren in ihren Forderungen weit vorne stehen. Für falsche Kompromisse, nur weil Schröder und Fischer ihre Gelegenheit nutzen wollen, ist die Zeitverschwendung bis zum wirklichen Ende der Ära Kohl zu kostspielig. Das würde dann besser überbrückt durch eine große Koalition, geführt von Schäuble und Lafontaine oder Scharping.

6. März 1998

Das Mündel als Vormund

Im Westen nichts Neues, im Osten schon.

Meinen wir es mehrheitlich mit der Demokratie womöglich gar nicht so ernst, wie Reinhard Höppner sie jetzt genommen hat? Wohin soll das führen? Will das ostdeutsche Mündel der Vormund sein? Nach der westdeutschen Regel der demokratischen Praxis ist die politische Mitwirkung des Wahlvolks – Souverän, wie es heißt – mit der ersten Hochrechnung der bis dahin ausgezählten Stimmen beendet. Von da an kehrt die Macht, die einen Wahltag lang außer Kontrolle war, in die Hände der Parteien zurück. An die Art, wie sie mit ihr umgehen, sind wir längst gewöhnt; freilich im Westen mehr als im Osten.

Ist also der Ostendümmer? Oder haben wir uns mit seinem Anschluß an die Bundesrepublik ein politisches Verhaltensmuster ins Haus geholt, in dem unberechenbar sich mischen: listiger Trotz schon von früher her, notfalls verstohlen, aber immer zäh; noch Gläubigkeit, wo westliche Landsleute schon lange abgestumpft sind; aufmucken, weil man für das letzte Aufmucken 89/90 so hoch gelobt wurde; und ein Gefühl des Verlorenseins, das von der westdeutschen Mehrheit nicht einmal respektiert wird?

Ministerpräsident Höppner von Sachsen-Anhalt hat sich auch noch nach der Wahl an das Wahlergebnis gehalten: Er hat, mit dem Verlagen einer gemeinsamen Front aller gegen die DVU als einem stützenden Argument, sich nicht bereit gefunden, aus bundespolitischer Taktik zu verleugnen, was er vier Jahre getan hat und was von den Wählern im Land bestätigt worden war. So hat er sich der Perversion entzogen, die Wahlverliererin CDU zur partiellen Siegerin zu machen, indem er sie an den Kabinettstisch bat. Nichts gegen Pragmatismus – aber Höppner hat ihm eine Grenze gegen den Opportunismus gezogen, die von landläufigen Politikern, vor allem westdeutschen, kaum noch wahrgenommen wird.

Ich vermute, daß Reinhard Höppner politisch viel professioneller ist, als ihm die tonangebenden Stimmer in Westdeutschland in den jüngst vergangenen Tagen zugestehen wollten. Höppner ist als ein Widerspruchsgeist aus der DDR gerühmt worden, solange er gegen keine BRD-Normen verstieß. Aus dieser wechselhaften Erfahrung hat er wohl einiges gelernt über Ähnlichkeiten und sogar Verwandtes in beiden deutschen Nachkriegssystemen. Er hat nicht als ein naiver Laienpolitiker die vorherrschenden westdeutschen Erwartungen einer Anpassung ans Übliche enttäuscht, sondern er hat als ein in DDR-Zeiten gebrannter Mann gehandelt, für den das Wahren von Selbstachtung eine Notwenigkeit ist – was freilich heute, wie er weiß, nicht unbedingt einfacher zu bewerkstelligen ist als früher.

In der kleinen ostdeutschen Elite, die zur gesamtdeutschen Politik zugelassen ist, ohne schon dafür in westdeutschen Gewohnheiten untergegangen zu sein, ist die Frage der Selbstachtung von ähnlicher Bedeutung wie unter besserverdienenden Freien Demokraten der Einkommensteuertarif. Hätte sich der Magdeburger Sozialdemokrat der Bonner Gängelung anbequemt, so hätten viele Ostdeutsche, aber nicht nur sie, das sichere Empfinden gehabt, daß zu den schwerwiegenden Fehlern des Vereinigungsprozesses nun einer hinzugefügt wurde, der unmittelbar die Mündigkeit betroffen hätte, die mit der Wende erreicht werden sollte.

An Gerhard Schröder rächt sich nun, er ist nicht schuldlos daran, daß die SPD in ihrer großen westdeutschen Mehrheit die undifferenzierte Rückschau auf die DDR, wie sie die CDU/CSU zur Staatsräson des vereinigten Deutschlands erhoben hat, stillschweigend oder sogar zustimmend akzeptierte. Die Mitläuferei der Sozialdemokraten bei der agitatorischen Reduzierung der vielschichtigen DDR-Wirklichkeit seit der Wende aufs Ideologische, auf ökonomische Mängel und Folgeerscheinungen des Kalten Krieges – die Mitläuferei der Sozialdemokraten bei dieser Geschichtsklitterung hat erheblich dazu begetragen, daß der SPD jede vernünftige Bündnispolitik nach links hin verwehrt ist und also Höppner als ein Wegbereiter von Deutschlands Untergang diffamiert werden kann, ohne daß alle Welt darüber lacht. Denn links von der SPD hausen nach altem deutschen Volksglauben, der in Westdeutschland gehegt und gepflegt wird, nur bösartige Dämonen. Schröder hat dem nicht widersprochen. Er ist angepaßter ans Herrschende als Höppner. Fanatischen Brauchtumspflegern gelingt es von Zeit zu Zeit sogar, auch die Sozialdemokraten selber als Feinde des Vaterlandes und einer profitablen Wirtschaft zu dämonisieren. Derlei vergeht dann wieder bis zum nächsten Mal. Aber es sorgt doch als eine regelmäßige historische Erfahrung unter Sozialdemokraten dafür, daß die SPD noch mehrheitlich Berührungsängste vor der PDS haben wird, wenn die CDU/CSU sich längst programmatisch der DVU weithin angeglichen hat. Und falls es einmal ganz eng wird, dann nehmen die Unionisten jede Stimme, auch solche von weit rechts außen. Non olet.

Eine solche Unterstellung ist zu dreist? Man muß nur alt genug sein, um sich zu erinnern, daß die Union bei der Wahl des Bundespräsidenten im März 1969 – Heinemann, SPD, gegen Schröder, auch gerhard, aber eindeutig CDU – keine Scheu hatte, die rechtsradikalen Stimmen in der Bundesversammlung, die damals von der NPD kamen, für ihren Kandidaten mitzuzählen. Es hat ihn nichts genützt, weil seinerzeit die FDP ihren Wechsel zu Brandts SPD vorbereitete und also Gustav Heinemann wählte. Aber bis in den dritten Wahlgang hoffte die CDU auf ihr Staatsoberhaupt, das faktisch seinen Frieden mit Rechtsaußen geschlossen gehabt hätte, weil es mit Hilfe von dort erhoben worden wäre. Gegenüber links aber kultiviert die demokratische Mitte im Bedarfsfall eine Irrationalität, wie sie sonst nur gegenüber Ausländern, die erkennbar keine Touristen sind, heimisch ist in Deutschland. On Rechtsaußen davon profitiert, daß von rechts noch niemals die Eigentumsfrage gestellt worden ist, außer im Blick auf jüdisches Eigentum?

Hat der sozialdemokratische Kanzlerkandidat ein Mitspracherecht in der Mitte, kann und will er sie inhaltlich beeinflussen, verändern, oder läuft er ihr nur nach? Anpassung ist ein Menschenrecht der Schwachen; Politiker aber verlieren durch sie schon binnen kurzem an Überzeugungskraft.

Aus: Freitag 21/98, 15. Mai 1998

Unglückliche Entwicklungen gehen schnell, aber dauern lange

Im Januar 1998 erschien bei edition ost der erste Band von fünf geplanten Büchern mit Interviews »Zur Person«, die Günter Gaus im Ostdeutschen Rundfunk Brandenburg (ORB) führte.

Die öffentliche Vorstellung im Ribbeckhaus in Berlin-Mitte sollte allerdings anders laufen als üblich – Günter Gaus, der Interviewer, sonst nur als Hinterkopf auf dem Bildschirm erkennbar, sollte diesmal selber »Zur Person« befragt werden. Diese Aufgabe übernahm die ostdeutsche Schriftstellerin Daniela Dahn – in eben jenem Buch von Gaus befragt.

Der Einladung, dem öffentlichen Rollentausch beizuwohnen, folgten an die dreihundert Menschen, die Mehrheit mußte stehen. Es wurden zwei spannende Stunden.

Herr Gaus, ich weiß, wenn Sie sich auf Gesprächspartner vorbereiten, daß Sie als erstes in das Munzinger-Archiv schauen, weil dort das Wichtigste zusammengefaßt steht. Ich habe das deshalb auch gemacht. Nach der Aufzählung der zahlreichen Auszeichnungen, die Sie bekommen haben, und dem Hinweis, daß Sie verheiratet sind und eine Tochter haben, steht da – irgendwie einsam und dadurch sehr wichtig, der Satz: »Er ist Reiter.« Ist diese Gewichtung berechtigt?

Ich habe es nicht so formuliert, aber als ich es zum ersten Mal gelesen habe, hat es mir gefallen, weil ich in der Tat seit vielen, vielen Jahren mit großer Leidenschaft diesem Sport huldige. Es ist für mich eine wunderbare Sache. Ich habe viel Hohn und Spott deswegen erleiden müssen, weil es bei mir nicht erwartet wird.

Ich habe den inzwischen verstorbenen Chefredakteur des »Stern« Henri Nannen einmal geärgert. Als ich Chefredakteur des »Spiegel« war, hatte die Personalienredaktion eine Personalie gemacht, die ich nicht gelesen hatte. Die las ich erst im Blatt, nachdem mich Nannen wütend angerufen hatte. Wir hatten geschrieben, Nannen habe sich bei irgendeiner Veranstaltung in Bonn einen Frack leihen müssen, weil er seinen im Hamburg vergessen gehabt hätte. Nun legte Nannen großen Wert darauf, mir zu erklären, daß das alles erstunken und erlogen sei (was es wahrscheinlich auch war.): Er habe nie einen Frack besessen. Ein paar Wochen später las ich im »Stern« eine Personalie über Günter Gaus, der gesagt haben sollte (was ich wirklich nicht gesagt habe): Die Pferde seien ihm lieber als Redakteure, denn Pferde reagierten auf Schenkeldruck.

Ich kann das als Reiterin bestätigen, auch Ihre Freude für den Sport. Deshalb eine Zusatzfrage als Reiterin: Ist es der Geschwindigkeitsrausch, der Sie so begeistert?

Jedenfalls ist das Reiten jene Stelle, wo bei mir das Lindenblatt hingefallen zu sein scheint und ich in Versuchung geführt werden kann, sentimental zu werden. Da muß ich aufpassen, daß ich dem nicht nachgebe... Wenn Sie selber reiten, dann wissen Sie – ich bin ein Geländereiter –, wenn das Pferd so warm geritten ist und es fängt an zu riechen... Es gibt einige, aber wenige Gerüche auf der Welt, die ansprechender sind... Ich höre lieber auf.

Ich schließe daraus aber doch, daß die Geschwindigkeit Ihnen nicht unangenehm ist.

Nein, nein, nein.

In einer etwas scharfen Kurve komme ich jetzt darauf, daß es aber durchaus auch Geschwindigkeiten gibt, die Ihnen unangenehm sind. Eine davon war die Geschwindigkeit, mit der die Einheit kam. Sie gehörten zu den ganz frühen, wenn nicht überhaupt zu den allerersten Kritikern. In einer überfüllten Veranstaltung Anfang Dezember 1989 warnten Sie im Französischen Dom in Berlin vor einem zu schnellen Tempo. Sie forderten eine Konföderation auf Sachgebieten und lehnten eine Sturzgeburt ab. Heute sagen Sie: Die Vereinigung ist mißglückt.

Gab es überhaupt eine Chance, daß es anders hätte laufen können? Nicht, daß es nicht politische Alternativen gegeben hätte.Aber ist es in der Geschichte nicht immer so gewesen: Wenn eine starke und eine schwache Partei sich vereinen, wird die starke immer stärker und die schwache immer schwächer, weil Lobbyinteressen im Hintergrund so stark sind, daß es gar keinen anderen Weg gibt?

Es ist wahrscheinlich richtig. Aber es waren ja nicht so eindeutig eine starke und eine schwache Partei. Es gehörte zu der Ostpartei seinerzeit noch die Sowjetunion. Und wenn die vier Mächte – die in dem Falle sogar mal wieder vier Mächte waren – ihr Interesse weiterhin darin gesehen hätten, den Status quo in Europa zu erhalten, dann wäre es keineswegs so gekommen, daß eine schwache Seite, nämlich die DDR, und eine starke Seite, nämlich die BRD, die Sache unter sich alleine hätten ausmachen können. Nur dadurch ist es zu dieser Sturzgeburt gekommen.

Wen kann man heute hauptsächlich dafür verantwortlich machen? Natürlich kann man sagen: Gorbatschow hatte an Kohl übergeben, die Bonner Regierungskoalition hat diese Chance genutzt. Aber immerhin hatte ja die SPD die Mehrheit im Bundesrat. Und wenn ich heute Stimmen von der SPD höre: Wir haben ja Verschiedenes gefordert, etwa keine Rückgabe vor Entschädigung, aber wir konnten uns leider nicht durchsetzen –, dann muß ich wieder darauf verweisen, daß die SPD mächtig war in diesem Prozeß. Sie selbst werfen ja der SPD schwere politische und moralische Fehler vor. Nicht nur im Einigungsprozeß, auch in ihrer Art, die PDS auszugrenzen...

Ich glaube, ein einfaches Mitglied an der Basis – Sie sind SPD-Mitglied – hätte bei solcher Parteikritik schon ein Ausschlußverfahren bekommen?

Ich bin wirklich einfaches Mitglied an der Basis. So schnell ist es mit dem Ausschließen nicht.

Na, ich habe da schon erstaunliche Fälle gehört.

Die SPD hat im Grunde das getan, was Kohl auch getan hat: Sie ist das Opfer einer überparteilichen Propaganda geworden. Ich glaube, daß man sagen kann (vielleicht ist das historische Gerechtigkeit): So wie Honecker und andere in der DDR Opfer ihrer eigenen Propaganda geworden sind, so ist es nach meinem Verständnis auch den Westdeutschen mehrheitlich ergangen. Nicht nur den Parteien, nicht nur der CDU und der FDP und den Grünen und der SPD, auch den Nichtparteimitgliedern. Sie haben wirklich gedacht, es würde bald blühende Gärten geben. Ich glaube nicht, daß da gelogen wurde, sondern da hat man sich selber getäuscht.

Ich halte das für keinen Freispruch. Mir ist jemand, der lügt und den man beim Lügen ertappt, lieber als jemand, der an seine eigene Propaganda glaubt. Der ist viel gefährlicher. Und ich glaube, daß die SPD mit wenigen Ausnahmen – zu denen übrigens Lafontaine gehört hat – darin nur der CDU gefolgt ist. Auch ein wenig wegen dem schlechten Gewissen, daß sie sich eingelassen hatte auf einen pragmatischen Umgang mit der DDR. Von daher hatte sie vielleicht das Bedürfnis, sich päpstlicher als der Papst zu gerieren.

Aber wirklich entscheidend war – nach meinem Verständnis von handelnden und behandelten Menschen –, daß sie wirklich gedacht haben: Wenn das Regime beseitigt sei, dann seien vierzig Jahre weg. Das Regime und die vierzig Jahre seien eins, dann gäbe es keine Vergangenheit der Leute mehr, dann seien das Einheitsdeutsche (die es zum Glück nie gegeben hat und niemals geben wird, weil der Unterschied zwischen den Mecklenburgern und den Südbadenern immer vorhanden sein wird. Das gehört zu den großen Vorteilen der Deutschen, daß sie so einheitlich nicht gemacht werden können).

Die SPD hat es geglaubt, und sie ist leider – und das ist nichts, wovon ich sie freisprechen möchte, das hat sich nicht gegeben – in meinen Augen noch immer so: Sie lebt in der großen Selbstgefährdung, sich populistisch zu verhalten, den Leuten nach dem Munde zu reden, statt zu führen.

Die SPD nur als Opfer, kein bißchen als Täter?
Das paßt nicht in Ihre sonstige Argumentation.

Ich habe gerade zum Schluß gesagt, daß sie nicht freigesprochen wird, sondern daß sie populistisch ist, daß sie den Leuten nach dem Munde redet, sich anpaßt. Insofern ist sie ganz bestimmt auch Täter. Täter auch durch Unterlassung.

Lassen Sie es mich an einem Beispiel sagen: Als Willy Brandt die Anerkennung der Oder-Neiße-Linie durch die Bundesrepublik zum politischen Programm der SPD gemacht hat in seiner Koalitionsregierung mit der FDP, da war das am Anfang keineswegs mehrheitsfähig unter der westdeutschen Bevölkerung. Das traf auf viel Widerspruch, da fanden Leute, daß ein Ausverkauf stattfinde. Das heißt: Wenn Willy Brandt sich in dem Fall opportunistisch verhalten hätte, dann hätte er das nicht getan.

Ich will diesen Vergleich mit Absicht so ziehen, obwohl er hinkt: Es ist heute nicht populär bei der Mehrheit der Leute in Deutschland, zu sagen: Links von der SPD gibt es immer noch etwas, mit dem man einfach leben muß, und zwar nicht durch Ausgrenzung. Die PDS und die SPD machen nicht den Versuch, eine Position mehrheitsfähig zu machen – wie seinerzeit bei der Oder-Neiße-Grenze. Man kann ja die Position für falsch halten – ich halte sie wie bei der Oder-Neiße-Grenze in jedem Fall für richtig –, aber man sollte es versuchen, sie mehrheitsfähig zu machen. Das ist das, was ich meine, wenn ich sage, daß Parteien führen sollten.

Zur Person Günter Gaus: Sie sind 1929 in Braunschweig geboren, Ihre
Eltern waren kleine Kaufleute, genauer gesagt Gemüsehändler mit eher
bäuerlichem als kleinbürgerlichem Hintergrund. Vermute ich richtig, daß
Sie aus dieser Kindheit, aus diesem Einfluß eine sehr bemerkenswerte
Sensibilität für die kleinen Leute, für Schwache mitbekommen haben,
und gleichzeitig auch den Willen, später kein Schwacher sein zu wollen?

Zuviel Ehre in der Frage. Ich komme in der Tat aus kleinbürgerlichen Verhältnissen und habe – auch als ich durch eigene Entwicklung in andere Schichten und andere Berufskreise, auch andere

Bildungskreise, hineinkam – all die Jahre Familienbindungen gehabt, habe gewußt, was den sogenannten kleinen Leuten zugemutet wird, daß sie es sind, die zahlen müssen, mehr als andere. Und auch, warum sie zahlen müssen.

Ich habe aber auch gesehen, daß kleine Leute stark gefährdet sind, falschen Leuten nachzulaufen.

Was ich übrigens gerne sagen will: Ich bin politisch auf das Beste erzogen worden durch meine Eltern, die durchaus in der Gefahr hätten sein können, Nazis zu werden, die es durch einen glücklichen Fall wirklich nicht waren. Das heißt, ich habe von seiten meines Vaters – meine Mutte war da zurückhaltender –, den Vorzug gehabt, daß ich nicht in einer Naziumgebung aufwachsen mußte. Es gab Nazis in meiner Familie – und ich glaube, ich war selber einer als Vierzehnjähriger –, aber meine Eltern waren es nicht. Und das war sehr wohltuend.

Ich idealisiere hoffentlich die kleinen Leute nicht – ich will nur, daß man nicht denkt, daß unsere Kategorien von Freiheit und gesellschaftlichen Bedürfnissen als die alleingeltenden und gültigen behandelt werden, wozu wir derzeit sehr neigen, sondern daß auch die Maßstäbe, der sogenannten kleinen Leute – mit Zuneigung und ohne Hochmut gesagt – anerkannt werden. Kleine Leute legen andere Maßstäbe an Freiheit an, als Intellektuelle und Schriftsteller und Bildungsbürger es tun. Ich möchte, daß wir diesen Unterschied nicht aus dem Auge verlieren. Das gibt mir eine gewisse und andauernde Nähe.

Ich sage aber auch: Wenn die sogenannten kleinen Leute anfangen verrückt zu spielen, sobald »die Nation eines Sinnes wird« von hoch bis nieder, dann muß man das Weite suchen, dann muß man sehen, daß man möglichst schnell ins Ausland kommt.

Wir werden auf die Maßstäbe der kleinen Leute noch zurückkommen. Zunächst möchte ich unbedingt daran erinnern, daß Sie einen Begriff geprägt haben, der ein Klassiker geworden ist, nämlich: die Gnade der späten Geburt. Sie mußten – konkret auf Sie bezogen – nicht mehr in den Krieg. Hat die Gnade soweit gereicht, daß Sie sich sogar vor der Hitlerjugend und ähnlichem drücken konnten?

Nein, daß hätte ich auch nicht gewollt.

Zunächst jedoch danke ich Ihnen, daß Sie klarstellen, die Gnade der späten Geburt entstammt nicht dem Wortschatz von Helmut Kohl. Das werden Sie als eine von mir sehr geschätzte Journalistin und Schriftstellerin, Frau Dahn, verstehen: Wenn man durch den Umgang mit Wörtern sein Geld verdient und es schafft, daß eine Metapher weltberühmt wird, diese aber überall mit einem falschen Vater vorgesetzt bekommt, dann ist das sehr erbitternd. Ich kann zum Glück belegen, daß die Methapher von mir stammt – sie steht in zwei Veröffentlichungen von mir aus dem Jahr 1983. Kohl ist im Januar 1984 nach Israel gefahren und brauchte eine gute Rede. Da haben seine Redenschreiber »die Gnade der späten Geburt« gefunden und ihm in den Mund gelegt. Nun kaut er es wieder und wieder und wieder. Ich habe es anders verstanden, als er es gebraucht hat. Für ihn ist es offenbar so ein Persilschein gewesen, um sich freizusprechen. Für mich – ich stamme aus einer sehr protestantisch-lutherisch geprägten Bauernfamilie – war es tatsächlich so, wie es Luther in die Welt gebracht: daß man Gnade nicht verdienen kann. Wäre ich zehn Jahre früher geboren worden, könnte ich nicht die Hand für mich ins Feuer legen, ob ich sauber geblieben wäre. Ich kann nicht sagen: Ich wäre Widerstandskämpfer geworden. Das kann ich mir doch nicht anmaßen. Insofern ist die späte Geburt eine Gnade gewesen.

Ob ich mich hätte drücken können? Ich habe von meinem Vater sehr selten Prügel bekommen. Ich habe eigentlich nur ein einziges Mal Prügel bekommen – als ich seine Frau, die er sehr geliebt hat, meine Mutter, durch eine Mutprobe sehr erschreckte. Ich war sechs oder sieben. Da hat er mir den Po verhauen, und als er das getan hatte, sind wir losgegangen, und er hat mir einen Roller gekauft. Und einmal habe ich eine Ohrfeige bekommen, als wir unterwegs waren von einer Bahnstation in das Dorf, wo meine väterliche Familie herstammt. Mit der ganzen Dummheit eines Zwölfjährigen dozierte ich, daß mit Hitler und den Nazis sich für einfache Leute Chancen eröffnet hätten. Das hat mein Vater sich eine Zeitlang angehört, dann blieb er stehen, sagte kein Wort und gab mir eine Ohrfeige. Danach ging er weiter.

Er hatte nichts erklärt – aber ich hatte viel begriffen.

Ich war Hilterjunge, ich war Pimpf, ich war ziemlich mitgenommen, als die Deutschen den Krieg verloren hatten, weil ich mir das wirklich nicht vorstellen konnte.

Die Generation, zu der ich gehöre, hat seinerzeit – jedenfalls kann ich das für mich sagen – eine merkwürdige Mischung produziert in ihrer Mentalität und charakterlichen Ausbildung. Einerseits waren wir – jedenfalls für mich gilt es – sehr frühreif wegen dem, was von uns erwartet wurde und was über uns kam. Wir waren in jeder Weise überfordert durch das, was man Dreizehn-, Vierzehn-, Fünfzehnjährigen abverlangte. Von daher ergab sich eine gewisse Frühreife. Andererseits waren wir von einer unsäglichen Naivität. Ich halte diese Mischung inzwischen nachträglich für einen großen Vorzug. Die Frühreife hat mich aufgeschlossen gemacht, und es hat die Naivität mich aufgeschlossen gehalten für Sachen, die mir eigentlich nicht gemäß waren. Ich denke noch heute: Das muß ich auch kennenlernen.

Sie haben mir eine Geschichte erzählt über etwas, was Ihnen nicht gemäß war: Als sie in München Geschichte und Germanistik studierten, haben Sie Philosophievorlesungen gehört bei einem katholischen Pater – als bewußt evangelisch geprägter Student. Diese Vorlesungen haben Sie so beeindruckt, daß Sie eine Zeitlang überlegt haben, ob Sie nicht zum katholischen Glauben übertreten sollten. Sind Sie ein potentieller Konvertit?

Nein. Hat sich gezeigt: das nicht. Aber ich habe seinerzeit wirklich überlegt. Ich bin nicht nur in seine Vorlesungen gegangen, sondern auch in seine Gottesdienste. Er predigte alle vierzehn Tage in der Ursula-Kirche in München-Schwabing, wo ich mein Studentenzimmer hatte.

Ich hatte offenbar ein Bedürfnis nach mehr als meiner eigenen Individualität, ein Bedürfnis nach einem gewissen Aufgehobensein in einer über das Individuum hinausreichenden Gemeinschaft. Ich weiß nicht, was mir passiert wäre, wenn ich nicht in der westlichen, sondern in der sowjetischen Besatzungszone aufgewachsen wäre –

da hätte ich möglicherweise auch Wärme gesucht. Jedenfalls bin ich nicht konvertiert, ich bin über die Absicht niemals hinausgekommen.

Ich habe es nicht nur aufs Katholische bezogen, habe es mehr gemeint als die Fähigkeit, bisher Gedachtes in Frage zu stellen und sich anderem Gedankengut zu öffnen.

Wenn Sie es so meinen, dann hoffe ich, daß ich dazu fähig bin. Es ist ein bißchen schwer für mich, Frau Dahn, weil: In meinem Alter fängt man ja schon mal an, sich zu erinnern, so gut man es kann.
Ich sehe mehr Kontinuität als Brüche in meiner geistigen Entwicklung nach 1945. Das würde dagegen sprechen. Aber ich will mir auch nicht nachsagen lassen, daß ich nicht aufgeschlossen oder tolerant wäre für Unvertrautes. Genauer kann ich das nicht sagen, sonst wäre es durch Vereinfachung verfälscht.

Bevor Sie Chefredakteuer des »Spiegel« wurden, hatten Sie eine ganze Reihe wichtiger journalistischer Etappen hinter sich, unter anderem bei der »Süddeutschen Zeitung«. Beim ZDF haben Sie von 1963 bis 1966 die Interview-Reihe »Zur Person« kreiert, eine neue Form des Fernsehinterviews, Sie schrieben Ihre ersten Bücher, eines mit dem Untertitel: Hat die SPD kapituliert? Anzunehmen, Ihre sehr kritische Außenseiterposition wäre erst in den letzten Jahren entstanden, wäre also ein Fehler. Sie waren von 1969 bis 1973 Chefredakteur des »Spiegel«. Die meisten hier im Saal konnten ihn damals nicht lesen – heute können wir ihn alle lesen, die meisten lesen ihn dennoch nicht. Was unterscheidet den Gaus'schen »Spiegel« von dem heutigen?

Die Umstände sind anders. Er ist sicherlich nicht schlecht, aber er ist anders. Die Leser sind anders geworden. Es ist nicht zu leugnen, daß Zeitungmachen heute vom Fernsehen mehr beeinflußt wird, als das zu meiner Zeit als Chefredakteur des »Spiegel« der Fall war. Das, was man Infotainment nennt – die Kapitulation vor der Unlust der Leser, sich anzustrengen, um etwas zu erfahren –, gab es nicht. Früher war man durchaus der Meinung, daß man sich anstrengen müsse, wenn man etwas Neues erfahren wollte. Wenn man alles in appetitlichen kleinen Happen serviert, dann geht ein Teil der Information verloren. Dies ist, glaube ich, das Problem aller Medien, es ist das Problem unserer Gesellschaft.

Ich glaube nicht, daß wir klüger geworden sind in den letzten zwanzig Jahren – wir sind zerstreuter. Zerstreuung ist ein Synonym für Unterhaltung. Die Unterhaltung ist zweckmäßig, weil sie uns zerstreut und insofern auch ablenkt. Gerechterweise muß ich sagen, der »Spiegel« tut sein Mögliches.

Für mich, für die Redaktion war es seinerzeit schwierig. Der »Spiegel« war großgeworden als ein Oppositionsblatt, und die Parteien, die immer in der Opposition gewesen waren, befanden sich jetzt in der Regierung. Wir mußten erst lernen, daß wir jetzt die Sachen, die die machten und die wir immer gutgeheißen hatten, nicht deswegen, weil sie jetzt in der Regierung waren, plötzlich schlecht fanden. Das war nicht ganz einfach. Aber im ganzen gesehen war es für die Redaktion leichter, das Blatt zu machen, als dies heute ist. Nicht nur, weil es jetzt Konkurrenz gibt, sondern auch, weil Zerstreuung das Gesetz ist, unter dem die Medien arbeiten.

Ist der »Spiegel« verdaulicher, braver geworden, als er zu Ihrer Zeit war?

Ich will ihn bestimmt nicht qualifizieren, aber leichter verdaulich, glaube ich, ist er.

Als Sie Chefredakteur waren, bekamen Sie das Angebot, Ständiger Vertreter in der DDR zu werden. Das war eine Idee von Willy Brandt. Sie ist schon 1972 an Sie herangetragen worden. Es waren damals politisch etwas angespannte Zeiten. Guillaume wurde enttarnt und es dauerte bis zum Sommer 1974, bis Sie tatsächlich akkreditiert wurden. Mit welchem Bild sind Sie damals in die DDR gegangen? Ich nehme mal die Perspektive heutiger junger Leute, die die DDR nur aus heutiger Sicht und Geschichtsschreibung kennen. Nach deren Vorstellung: Haben Sie sich warm angezogen bei dem Gedanken, von der Demokratie in die Diktatur zu gehen, in das Reich des Bösen? Ich unterstelle, daß Ihr

DDR-Bild auch damals differenzierter war. Aber in welchen Punkten mußten Sie es im Laufe der Jahre dennoch korrigieren?

Der Zufall hat es gewollt, daß weder meine Frau noch ich Verwandte in der DDR hatten, das heißt, wir waren niemals zu einem Verwandtenbesuch in die DDR gereist. Was vielleicht sogar einen Vorteil darstellte für das, was ich tun sollte. Denn wenn Verwandte kommen – das ist in jedem System so, aber hier war es natürlich ganz besonders so –, redet man dem Besucher gern ein bißchen nach dem Munde. Man darf da nie so richtig was zum Nennwert nehmen.

Diese Gefahr hatte für uns nicht bestanden. Ich war und bin unverändert der Meinung, daß die Vertragspolitik – die Willy Brandt und Walter Scheel angefangen hatten, die von Egon Bahr weithin entworfen worden war, und an deren Umsetzung ich in sehr bescheidenem Umfange mitgewirkt habe, aber doch so, daß es mir eine große Genugtuung ist und bleibt – eine der damaligen politischen Situation angemessene Politik war, die den Menschen bekömmlich war. Den Menschen auf beiden Seiten. Aber ich war eigentlich ohne ein klares DDR-Bild. Ich habe gedacht: Die DDR ist die eine Möglichkeit, die nach dem Krieg sich eröffnet hatte. Ich hatte einen ziemlichen Respekt vor Widerstandskämpfern, und da gab es unter den Kommunisten eine ganze Menge. Aber ich war nicht vorgeprägt in einer bestimmten Erwartungshaltung. Ich kam mit einer ungeheuren Neugier hierher.

Stimmt es, daß es zunächst nicht gerade Ihr Wille war hierherzugehen, und daß Sie erst später sagten: Die Jahre in der DDR waren die wichtigste Zeit meines Lebens?

Ganz so kann man es, glaube ich, nicht sagen. Ich wollte es machen, weil es keiner vor mir gemacht hatte. Über diesen Acker war noch niemand gegangen. Ich war der erste Ständige Vertreter. Wenn es vorher schon einen gegeben hätte, wäre ich vielleicht in dem angenehm ausgestatteten Hafen des »Spiegel«-Chefredakteurs geblieben. So stark war mein Engagement für diese Sache zunächst nicht.

Meine Frau und ich sind damals wahnsinnig viel umhergefahren – das konnten wir ja im Gegensatz zu den DDR-Bürgern, die das nicht so leicht konnten. Wir kriegten ein Hotelzimmer – andere kriegten das nicht ohne weiteres. Ich kann nichts dafür, daß wir so priviligiert waren. Was ich zu meinem Gunsten sagen kann, ist: Wir haben nie vergessen, wie priviligiert ich bin. Wir sind viel umhergefahren, und die Mitarbeiter der Vertretung – ich war gesegnet mit wunderbaren erstklassigen Mitarbeitern – machten dasselbe, vielleicht von mir ein bißchen veranlaßt. Und es gab eine Sitte: Montags erzählten wir uns, wo wir am Wochenende gewesen waren, wo es eine ordentliche Wirtschaft gab, wo man ein bißchen was Besseres zu essen kriegte als woanders. Nach sechs Monaten waren meine Frau und ich soweit, daß wir uns anguckten und fragten: Hast du auch das Gefühl, daß der Nebel sich lichtet? Dann haben wir sehr konsequent versucht, möglichst viele Menschen in diesem Land kennenzulernen. Ich war sehr angetan – ich kann das nicht anders sagen – von viel Leistung, viel Differenzierungs-vermögen zwischen dem, was einem an dem System nicht gefiel und dem, was man meinte, hinnehmen zu müssen und vielleicht ändern zu können oder aber auf sich beruhen zu lassen. Ich habe Mitläufer getroffen, viele Mitläufer getroffen, viel mehr Mitläufer glücklicherweise als Opfer.

Wenn ich dem Abteilungsleiter Bundesrepublik im Außenmini-sterium der DDR gegenübersaß, habe ich gedacht: Das ist nun jemand aus meiner Generation. Ich konnte verstehen, daß der mißtrauisch war. Wir hatten während der Zeit des Kalten Krieges, bevor wir mit der Vertragspolitik anfingen, genau wie die DDR immer gesagt: Na wartet, wenn wir erst kommen, dann werdet ihr schon sehen, was sein wird! Dann werdet ihr eure Ämter los! (Das ist ja nun wahr geworden, es war also nicht gelogen.) Ich verstand ihn und habe es als Erfolg für beide Seiten angesehen – heute ist es üblich, es so zu nennen, ich neige dazu nicht, aber ich habe gemeint: da hätte ich meiner Nation was Gutes getan –, wenn ich den soweit gebracht hatte, daß er mir Vertrauen entgegenbrachte bei Lösung von Sachproblemen. Das war doch nicht immer so gewesen.

Das beharrliche Bohren von Brettern stellte sich zu meiner Überraschung als eine Leidenschaft von mir heraus.

Sie haben in dieser Zeit 17 Abkommen ausgehandelt.

Ja. Das hat viele konkrete Erleichterungen für die Menschen in Ost und West gebracht. Kenner nennen die Autobahn Berlin-Hamburg nur die Gaus'sche Autobahn.

Sie haben sich für die Interessen der DDR derart engagiert, was, ich glaube, manchmal nicht nach dem Geschmack Ihres obersten Dienstherren war. Es war ja nicht mehr Willy Brandt, sondern inzwischen der Ihnen nicht ganz so genehme Helmut Schmidt, dem Sie etwas zu weit gingen. War das ein Konflikt, wenn Sie sich als Journalist, der es gewohnt war, nur seine eigene Meinung zu sagen, nunmehr diplomatisch verhalten mußten?

Da muß ich Sie enttäuschen. Eigentlich müßte es ein Konflikt gewesen sein, aber das war für mich keiner. Sie wissen, daß Bismarck von Leuten wie Ihnen und mir – Journalisten – gesagt hat: Journalisten haben ihren Beruf verfehlt. Und ich hatte ihn plötzlich gefunden. Ich war vorher Journalist gewesen, und Bismarck sagte: Journalisten haben keinen Beruf, sie haben ihn verfehlt. Nun hatte ich plötzlich einen. Ich war mit großer Leidenschaft Diplomat. Und das mit dem Mundhalten fiel mir überhaupt nicht schwer.

Schwer fiel mir etwas anderes: Auf der einen Seite des Grabens stehen die Merker, also die, die aufschreiben und darüber berichten, analysieren und sagen: So ist es, das ist der Vorgang, und das sind die Aussichten – meistens wissen sie alles besser als die auf der anderen Seite des Graben, wo die Täter stehen. Es fiel mir schwer, mich abzufinden mit den vielen ungelösten Dingen, die noch blieben, wenn man etwas gelöst hatte. Als Journalist kann man doch – wenn man sich anstrengt, denkfähig genug ist – ein Problem so zu Ende denken, daß es hinterher wenigstens auf dem Papier glatt aufgegangen ist. Dies ist dem Täter, dies ist in der Politik nicht möglich. Diese der Sache innewohnende, unvermeidliche, unaufhebbare Vorläufigkeit von Vorgängen – die Tatsache, daß Politik eigentlich niemals einen Punkt kennt, sondern immer nur Kommata und danach geht es immer wieder weiter und weiter – ist mir zu akzeptieren schwergefallen. Aber der Beruf selber – im Gegenteil.

Stört es Sie, wenn jemand wie Klaus Bölling, Ihr Nachfolger im Amt, Ihnen heute vorwirft, Sie hätten damals die falschen Freunde gehabt, die falschen Schriftsteller besucht, also nicht die Bürgerrechtler, die heute hoch im Range stehen?

Ich will nicht sagen, daß es mir ganz egal sei, wenn mir übel nachgeredet wird. Aber nach einem gewissen Training fällt es einem leichter.

Sie erwähnten die Mitläufer in der DDR. Sie hatten ja den Vorzug, beide Systeme nicht hintereinander wie wir, sondern gleichzeitig vergleichen zu können. Sie sprechen oft vom Menschenrecht auf Anpassung. Was meinen Sie: Wo, in welchem System, ist dieser Anpassungsdruck stärker?

Ich glaube, daß dies in der Sache nicht zu vergleichen ist – wohl aber in der Qualität. Ich kann es nicht nachwiegen und nachmessen, und ich würde mich nicht bereitfinden zu sagen: Die Anpassung in unserem jetzt gemeinsamen pluralistischen System ist systemgemäß geringer. Es hängt davon ab, unter welchen Umständen Sie sich befinden. Ich bin in einem Alter und in einer materiellen Position, wo der Druck, die Abhängigkeit sehr klein ist. Ich genieße das, vergesse aber auch nicht, daß ich in dem System bin. Der Anpassungsdruck am Arbeitsplatz – sofern man noch Arbeit hat – ist meiner Ansicht nach heutzutage größer, als er früher in der DDR gewesen ist. Bei Intelligenzberufen habe ich immer den Eindruck gehabt, daß da der Unterschied nicht so groß ist. Die meisten reden ihrem Vorgesetzten gern zum Munde – und zwar unabhängig vom System. Das System kann verstärken oder schwächen. Aber so zu tun, als hätten wir nun das anpassungsbefreite System entwickelt, das ist Unsinn.

In Ihrem Buch »Wo Deutschland liegt«, das Sie 1983 hauptsächlich über
Ihre DDR-Zeit geschrieben haben, prägten Sie einen weiteren klassi-
schen Begriff: die Nischengesellschaft. Sie besagt – ich verkürze jetzt –,
daß entgegen dem Klischee von der DDR, wo das Politische angeblich das
gesamte Leben bis in den letzten Winkel beherrscht, es durchaus Nischen
des privaten Glücks gebe, in die man sich zurückziehen könne. Dort war
man unerreichbar für staatlichen Druck. Worin unterscheiden sich die
West- von den Ost-Nischen, die wir nach dem Beitritt durchaus auch
beobachten, nämlich insofern, daß wir merken, in dieser Gesellschaft tref-
fen sich eigentlich auch immer nur Gleichgesinnte und kommunizieren
miteinander, was ein Abkapseln von anderen ist. Nach meiner
Beobachtung war die Ost-Nische von politischem Druck weniger erreich-
bar, als es die West-Nische hinsichtlich des ökonomischen Drucks ist.

Das gilt sicherlich für die heutige Zeit und die aktuellen Wirt-
schaftsbedingungen. Ich habe das mit der Nische seinerzeit entwickelt, weil ich den Hauptlesern des Buches, also den Westdeutschen, mitteilen wollte: Das Leben in der DDR ist nicht durch
und durch politisiert.
In die DDR ist es als Taschenbuchausgabe mitgebracht worden
durch die vielen Rentner. In den evangelischen Pfarrhäusern, die
ich noch besuchte, als meine Dienstzeit vorbei war, kam mir oft der
Pfarrer mit dem Buch in der Hand entgegen und sagte: Signieren
Sie es bitte. Ich glaube, Stolpe hat damals viele Exemplare im
Westen gekauft und eingeführt...
Mir war daran gelegen, den Westdeutschen zu sagen: Es ist das
Leben in der DDR nicht durch und durch politisch. Was ja nach
meinem Verständnis schrecklicherweise zu den Unglücken des
Vereinigungsvorganges, zu den Fehlern des Vereinigungsvorgangs
gehört: Wir haben das Differenzierungsvermögen verloren, das
wir mal mit Blick auf die DDR gewonnen hatten. Ich glaube, große
Zeiten sind dadurch gekennzeichnet, daß das geistige Meublement
sehr primitiv ist.
Wir glauben tatsächlich wieder, in der DDR sei 48 Stunden am
Tag alles politisch gewesen. Wenn das so gewesen wäre, das sage
ich ganz im Ernst, dann wäre ich nicht sechseinhalb Jahre auf

Posten geblieben. Das hätte ich nicht ausgehalten, das hätte ich so schrecklich gefunden.

Glücklicherweise war es so, daß es privates Glück und privates Unglück gab, und das wollte ich den Westdeutschen klar machen. Es hat dann – interessant – ein Mißverständnis gegeben. Ich habe das öfter nachgelesen, und es liegt nicht an der Formulierung im Buch. Die Westdeutschen haben mehrheitlich diese Stelle so verstanden: Glücklicherweise gibt es dort eine Nische. Heute glauben sie es wieder nicht, aus heutiger Sicht war wieder alles ganz politisch. Aber damals haben sie gesagt: Gott sei Dank haben die eine Nische, und haben nicht begriffen, daß sie auch in einer Nische sitzen. Ich wollte sagen: Es ist der bevorzugte Aufenthaltsort aller Menschen in allen Systemen. Die Nische kann vielerlei sein – das kann ein Freundeskreis sein, das kann die Familie sein, das kann das Hauskonzert sein, alles, alles Mögliche kann das sein. Aber in jedem System. In Schwierigkeiten kam (und kommt) man, wenn man den Kopf aus der Nische heraussteckte, wenn man sich einmischte.

Der Unterschied zwischen der Nische im pluralistischen System und der Nische im entschwundenen DDR-System scheint mir neben vielem anderen darin zu bestehen: Die Ostdeutschen wußten von ihrer Nische und zogen sich in sie auch bewußt zurück. Dadurch gewannen sie auch einen Abstands- und einen Freiheitsraum. Sie wußten ziemlich genau, hatte ich den Eindruck, wieviel an Anpassung sie leisten mußten, nur damit man sie in der Nische unbehelligt ließ.

Ist der Grad des Schutzes in der Nische auch ein Gradmesser für Freiheit?

Ich will gerne meine Definition von Freiheit sagen: Freiheit ist umso größer, je weniger Geßlerhüte man grüßen muß, damit man in Ruhe gelassen wird. In der DDR mußte man ein paar Geßlerhüte mehr grüßen als in unserem pluralistischen System, aber es war nicht so, daß man in der DDR von Geßlerhüten umstellt gewesen wäre. Es war ein bewußter Vorgang, in die Nische zu gehen und zu wissen: Wenn ich mich aus der Nische herausbegebe,

begebe ich mich in einen weniger geschützten Raum, dann brauche ich einen anderen Schutzraum. Die Kirche konnte das zum Teil sein. Das konnte zum Teil auch die SED sein, in der ja doch auf bestimmten Ebenen und in bestimmten Kreisen – was ja dann schon wieder beinahe Nische war – anderes geredet wurde, als wir das heute glauben sollen.

Die Westler im pluralistischen System hingegen fühlen sich schon fürchterlich politisiert, wenn sie alle vier Jahre zu Wahl gehen.

Ihr Buch über die Westler folgte drei Jahre später: »*Die Welt der Westdeutschen*«. *Ich würde das im Fach Deutsche Einheit zur Pflichtlektüre erheben.*

Wann sind Sie soweit, daß Sie das verfügen können?

Ich fürchte, da müssten Sie zuviel Geduld haben... Es ist unverändert aktuell, es ist wirklich atemberaubend... Sie greifen darin sehr vieles auf, was mir einleuchtet. Unter anderem charakterisieren Sie die westlichen Intellektuellen als Leute, die es eigentlich nicht gewohnt sind, in größeren gesellschaftlichen Zusammenhängen zu denken. Sie sagen: Die Schwelle grundsätzlicher Systemkritik ist für sie schier unüberwindlich. Ich höre und sehe Sie mitunter bedenklich nah an dieser Schwelle?

Ich hoffe, daß ich fähig bin zur Kritik am eigenen System.

Grundsätzliche?

Grundsätzliche, das hoffe ich doch sehr. Mich beunruhigt am Vereinigungsvorgang, daß die sehr geringe Fähigkeit zur Selbstkritik, zur grundsätzlichen Kritik am System, noch weiter vermindert worden ist. Anstatt aus den Grauslichkeiten, dem Schwachsinn, den Idiotien, die sich aus den Akten der Stasi ablesen lassen, zu schließen, daß solche Idiotien und Schweinereien in jedem Staate möglich sind – jeder Staat ist anfällig dafür, in Sünde zu fallen – statt also nun zu sagen: Was wir da sehen, müßte uns mißtrauischer machen gegenüber unserem Staat, neigen wir mehrheitlich jedoch dazu zu sagen: Wir sind so viel besser als die anderen. Und dabei verflüchtigt sich das bißchen Mißtrauen. Das macht mir Sorge.

Warum ist das so?

Ich glaube, es gibt erstens Ermüdungserscheinungen bei Leuten meines Alters. Zweitens gibt es ja auch einen Generationswechsel, da werden dann auch Metaphern ausgetauscht. Für Ihre Generation und für die Generation meiner Tochter ist vielfach die Bürgerrechtseinstellung vorrangig vor der sozialen Einstellung. Von daher ergeben sich Verständnisschwierigkeiten zwischen den Generationen, die es zu jeder Zeit gegeben hat. Es gibt immer einen Generationskonflikt, wenn die Kinder erwachsen werden und sich von den Eltern abnabeln. Aber in dieser Zeit, in der wir leben, wo es zwar Nischen gibt, aber keine Privatheit mehr, sind auch alle Generationskonflikte pseudopolitisiert. So gibt es kaum noch eine Gesprächsbasis mit grünen Fundis, die überall Mitläufer sehen und gar nicht merken, daß sie selber welche sind oder jederzeit werden könnten, und die deswegen auch sagen: Die soziale Komponente, die du Elterngeneration mir als so vorrangig hinstellst, die kann ich so vorrangig nicht sehen. (Was wohl daran liegt, daß sie Wohlstandskinder sind, die im Wohlstand sozialisiert, erwachsen und politisch wurden, soweit sie politisch sind.) Die haben andere Maßstäbe. Das trägt – außer daß das Alter das Seine tut – auch zur Ermüdung bei und daß man sich nicht mehr so richtig versteht.
Es ist für mich ein seltenes Glück, wenn ich jemanden aus Ihrer Generation treffe, mit dem ich zwar nicht übereinstimme, das wäre ja langweilig, aber mit dem ich noch mit demselben Vokabular kommunizieren kann, mit dem ich dieselben Wertmaßstäben teile. Die Regel ist es nicht. Das möchte ich zur Entlastung der Intellektuellen im pluralistischen System vorbringen.

In einem Punkt in Ihrem Buch »Die Welt der Westdeutschen« haben Sie sich geirrt, und ich will Ihnen dieses Zitat nicht ersparen: »Einmal angenommen, nur so in den Tag geträumt, die BRD und die DDR würden vereinigt, nicht nur die DDR, auch die Welt der Westdeutschen würde radikal verändert.«

Das ist aber kein Irrtum.

Der kommt jetzt noch: »Eine deutsche Nation ohne Linke, die bundesdeutsche Abweichung von europäischer Normalität, gäbe es nicht länger. Das schwarze Bayern erhielte ein Gegengewicht in einem roten Sachsen. Die erwachsene Bevölkerung der DDR hat mehrheitlich ein linkes Gesellschaftsbild.« Haben wir Ostdeutschen Sie auch enttäuscht?

Nein. Vielleicht mit dem roten Sachsen, da ist Ihre Häme in Ordnung, das ist wahr. Aber lassen Sie uns das mal abwarten...
Ich bin mir nicht so sicher, ob ich mich in dem linken Gesellschaftsbild getäuscht habe. Ich habe immer, zu meiner Überraschung, festgestellt, daß selbst Leute, die mit dem System sehr wenig im Sinn hatten, ein linkeres Gesellschaftsbild hatten als etwa Jungsozialisten aus der Bundesrepublik. Sie sind anders aufgewachsen, hatten andere Wertmaßstäbe. Selbst wenn man im Widerspruch dazu ist, sind es zunächst mal Vorgaben, die man bekommt. Man kann jetzt sagen: schrecklich indoktriniert. Indoktriniert wird man in jedem System auf unterschiedliche Weise. Retten kann uns nur die Einsicht, daß der Unterschied, der vom System kommt, erst sehr viel später beginnt, als wir zur Entlastung unseres eigenen Systems dem gegnerischen System immer in die Schuhe schieben. Bis zu einem sehr späten Punkt verhalten sich die Menschen so anständig und so unanständig, wie sich Menschen zu verhalten pflegen in jedwedem System. Erst von einem bestimmten Punkt an gibt es den Unterschied, der vom System gemacht wird. Das ist ein ganz wichtiger Punkt, und der Unterschied, solange er zu unserem Gunsten ist, soll mir wohl gefallen und möge so bleiben. Aber im ganzen ist es doch so, daß auch Leute, die mit dem System nichts im Sinn hatten, eine andere Einstellung

zu Eigentumsfragen hatten. Sie hatten eine andere Einstellung – mindestens haben sie sie gehabt – zum Vorgesetzten.

Meine Bemerkung im Buch »Wo Deutschland liegt«, die ich zweimal an anderer Stelle später wiederholt habe, daß nämlich die Teilung Deutschlands nicht nur eine politisch-staatliche sei, sondern daß Deutschland auch sozial geteilt sei, ist völlig untergegangen. Dieser Umstand ist aber ein ganz wichtiger Punkt. Ich habe natürlich Reste der bürgerlichen Oberschicht in der DDR kennengelernt, das waren zum Teil hochinteressante, spannende Leute. Aber die Oberschicht als solche war 1945 vor der Roten Armee über die Elbe geflohen. Die Eigentums- und Bildungspolitik der SED hat Großbauern, große Teile des Akademikerstandes und das Bürgertum folgen lassen. Das heißt, die spätere Auffächerung der DDR-Gesellschaft hat sich aus einer großen Einschichtigkeit ergeben. Die soziale Teilung Deutschlands, die seinerzeit von mir, als ich das hier studierte, erkannt und aufgeschrieben wurde, ist praktisch nie ins Bewußtsein der Westdeutschen, vielleicht nicht einmal ins Bewußtsein der Ostdeutschen gesunken. Die Folgen sind noch spürbar, wenn man es einmal erkannt hat. Das ist etwas, was, glaube ich, noch lange, lange nachwirken wird, und was nicht durch die Wahlerfolge der CDU in Sachsen aus der Welt geschafft wurde.

Sie haben in einem Essay über Helmut Schmidt, das hauptsächlich über die Unterschiede zwischen ihm und Ihnen und Unverträglichkeiten handelt, aber am Anfang auch einige Gemeinsamkeiten formuliert, durchaus darauf hingewiesen, daß man beiden etwas Eitelkeit nachsagt, daß beide einen gewissen Hang zur Dominanz haben – das steht doch aber eigentlich im Widerspruch zu der Leidenschaft, mit der Sie die Reihe »Zur Person« machen, in der Sie sich ganz in den Dienst der Biographie des anderen stellen und Ihre Fragen dem unterordnen, so könnte es zumindest scheinen. Man kann natürlich auch sagen, dieser Mensch da in diesem elektronischen Stuhl ist Ihnen letzten Ende doch sehr ausgeliefert, er muß sich auch Ihren Fragen unterordnen. Worin liegt der Reiz dieser Situation?

Ich befriedige meine Neugier. Ich bin unheilbar neugierig und sehr froh darüber. Ich bin einfach neugierig, und deswegen frage ich. Das kann manchmal zur Besessenheit werden.

Aber wirklich eitle Menschen sind nicht so neugierig.

Ich bin schon eitel.

Dann will ich gern erwähnen, daß Sie auch Herausgeber des »Freitag« sind.

Wenn alle, die hier sitzen, Abonnenten des »Freitag« wären, ging's dem Blatt besser.

Darauf wollte ich indirekt kommen.

Das muß man direkt sagen.

Sie sagen immer, daß man der Mehrheit nicht die Bedürfnisse von Minderheiten aufdrängen soll. Aber grämt es Sie nicht doch manchmal, daß eine größere Mehrheit nicht merkt, daß der »Freitag« die einzige gute linke Wochenzeitschrift in diesem Lande ist?

Das grämt mich. Also ernsthaft gesprochen, ich finde, daß es ein gutes Blatt ist, und ich bin der Redaktion dankbar, daß ich da Mitherausgeber sein kann, und es macht mir Spaß. Ich kenne alle Abonnenten persönlich, jetzt kommt der Scherz: Ich sehe hier eine Menge Leute, die ich nicht kenne.

Ich will noch einmal auf einen Begriff aus Ihrem Buch »Die Welt der Westdeutschen« zurückkommen, weil der so oft auftritt, daß er eine zentrale Rolle bei Ihnen spielen muß, nämlich der Begriff vom totalitären Antikommunismus, den Sie den Westdeutschen bescheinigen. Woher kommt bei Ihnen persönlich diese große Toleranz gegenüber kommunistischem Ideengut, kommunistischer Utopie, auch wenn Sie selber immer betonen, daß Sie gefeit sind dagegen, Kommunist zu sein? Sie sagen der

Grundfehler des Kommunismus ist, daß der Kommunismus von den Menschen mehr verlangt als sie geben können. Kann man nicht den Eigennutz mit der Grundidee verbinden?

Jetzt sind Sie schon wieder auf der Suche nach dem neuen Menschen.

Nach einem dritten Weg vielleicht.

Also, wenn Sie meine Toleranz da rühmen, und das will ich Ihnen danken, dann muß ich sagen: Ich glaube, der Hauptgrund, daß ich zu dieser Toleranz fähig bin, liegt darin, daß ich in der Tat weiß – das muß man ganz ernst nehmen –, ich kann nicht Kommunist werden, weil ich nicht imstande bin, an den neuen Menschen zu glauben. Ich kann ganz getrost wirklich das sehen, was am Kommunismus wirklich notwendig ist, um aus dem, was wir jetzt haben, etwas anderes vielleicht zu machen. Ich kann das tun, ohne daß ich Angst haben muß, ich käme in Versuchungen, denen ich erliegen könnte, weil ich durch diese Unfähigkeit, an den neuen Menschen zu glauben, gesichert bin. Diese Sicherheit ist eine Voraussetzung für das, was Sie mir an Toleranz zumessen, und wofür ich dankbar bin. Die Fähigkeit zu dieser Toleranz macht mich unfähig, totalitär zu denken. Ich muß immerzu relativieren. Es kann sein, daß ich auch mal zu viel und zu weit relativiere, aber so wie der dogmatische Kommunismus die Fähigkeit zum Relativieren nicht hatte, weil er sich sonst aufgegeben hätte, so gibt es eine Art des Antikommunistischen, die dem dogmatischen Kommunismus ganz nahe verwandt ist, weil sie auch eine totalitäre Geisteshaltung ist. Das ist etwas, wo ich sage: Schön, die einen sind zur Regierung gelangt und haben schlimme Sachen gemacht. Ich weiß nicht, ob man nun nicht auch sagen sollte, die anderen sind auch zur Regierung gelangt und haben schlimme Sachen gemacht im Dritten Reich. Weiter will ich keine Vergleiche ziehen. Aber das Totalitäre als Geisteshaltung ist mir nicht möglich, das setzt mich instand, über den Kommunismus nachzudenken ohne Schaum vor dem Mund und ohne eine Gänsehaut. Und wenn mir jetzt einer sagt: Du kannst das leicht tun, du hast nicht in der DDR gelebt – dann hat der recht. Aber ich habe auch recht. Ich habe auch recht, wenn ich sage, das ist nicht die letzte Beweisführung. Ich treffe Menschen, die sind durch das System so verletzt worden, daß ich argumentativ entwaffnet davorstehe. Das gibt es. Aber das setzt mich doch nicht außer Pflicht, auch über das nachzudenken, was unser System angeht, das ebenfalls Verletzungen zufügt. Das ist etwas, wo ich sagen muß: Darauf halte ich mir nicht viel zugute. Das ergibt sich, glaube ich, aus meiner Mentalität

Ihre Lust zu relativieren, macht vor dem Heldentum von Ikarus nicht halt. Sie sagen, der eigentliche Held wäre eigentlich Dädalus. Ist das nicht eine Nummer zu klein?

Das ist, glaube ich, eine Besinnungs- und Bildungsmetapher meines Lebens. Mich und meine Generation im Westen – freigesetzt vom Dogmatismus, nicht in Versuchung geführt durch das geschlossene Weltbild, das in der DDR angeboten wurde, das ja doch verführerisch war – hat diese Freiheit ohne Dogma dazu gebracht zu sagen: Wir sollten dieses abendländische Idol von Ikarus, der zu hoch steigt beim Fliegen, so daß die Sonne das Wachs seiner Flügel zum Schmelzen bringt und ihn abstürzen läßt, durch Dädalus ersetzen, der das Fliegen erfunden hat. Nicht sein Sohn – er hat es erfunden.

Natürlich besteht Gefahr, daß Leute wie ich, sozialisiert auf diese Weise, wie ich es nach dem Kriege im Westen wurde, leicht opportunistisch werden können. Die Grenze zwischen Pragmatismus und Opportunismus ist fließend. Aber im ganzen erklärt mich dieser Appell »Laßt uns Dädalus an die Stelle von Ikarus setzen« mehr als jede andere Chiffre. Dädalus ist das sozialdemokratische Prinzip...

Es ist im Grunde die Reduktion der Utopie auf das Machbare. Aber die Frage ist: Was ist machbar? Ist dieser Kapitalismus durch Reparaturen hinzukriegen, gibt es einen Kapitalismus mit menschlichem Antlitz?

Es hat ihn doch gegeben, solange er sich nicht so gerierte, wie er es jetzt tut. Man muß sagen, daß der Sozialdemokratismus der alten Bundesrepublik ja nicht nur von der SPD betrieben worden ist, sondern auch von der CDU/CSU. Sozialdemokratismus ist nicht parteigebunden. Die Vorstellung von sozialer Marktwirtschaft hat – solange der materielle Vorrat reichte – ein System zustande gebracht mit großen Freiheitsräumen, die geschaffen worden sind durch materielle Sicherstellung, nicht Unabhängigkeit. Soweit ging auch sie nicht.

Gilt das aber nicht nur für solche Zeiten?

Ja, das gilt nur für solche Zeiten. Nun muß ich Ihnen jedoch auch sagen, was mich vom kommunistischen System ferngehalten, abgehalten hat: Es hat immer Opfer verlangt, damit es in der Zukunft besser sein sollte. Das habe ich mit großem Unbehagen, mit Ablehnung aufgenommen. Ich finde: Die Politik soll nicht für das Morgen, sondern jetzt etwas tun für die kleinen Leute, von denen wir gesprochen haben, für die Schwachen, für die Hinfälligen, für die Erbarmungswürdigen. Und wenn das vierzig Jahre lang funktionierte, dann ist das doch eine ganze lange Zeit.

Daß es jetzt nicht mehr funktioniert, darüber sind wir uns doch offenbar einig. Ich sehe, daß es immer weniger funktioniert, und ich glaube in der Tat, daß die Allheilkraft dieses Systems zu einem Ende kommt.

Ich trete jetzt aus meiner Rolle heraus, indem ich eine kommentierende Bemerkung mache, was dem Interviewer eigentlich nicht erlaubt ist.

Ich würde Ihnen zustimmen, wenn Sie sagen: Die kommunistische Revolution hat Opfer einkalkuliert. Das ist wahr. Die andere Seite gibt das nicht zu – sie macht sie einfach. Die Inquisition, die Eroberung Amerikas, die beiden Weltkriege, der Golfkrieg – das wurde alles nicht von Kommunisten initiiert. Wieviele Opfer rechtfertigt der vermeintliche Fortschritt – eine zentrale Frage der Geschichte, auch der Kunst.

Zurück in die Rolle: Burkhard Hirsch (FDP) antwortete in Ihrer Reihe »Zur Person« auf die Frage, woran die Weimarer Republik zerfallen sei:

durch das Unverständnis der bürgerlichen Mitte für Demokratie. Das
scheint mir richtig, aber auch wieder nicht die ganze Wahrheit. Ist da
nicht vergessen, daß eine wesentliche Ursache auch die sozialen
Spannungen und die Weltwirtschaftskrise waren? Wie belastbar ist
Demokratie durch starke soziale Ungleichheiten?

Ich bin Ihrer Meinung, daß Burkhard Hirsch dies in seiner
Antwort vergißt. Ich stimme Ihnen darin zu, daß das – auch nach
meinem Verständnis – ein sehr wesentlicher Faktor für den Nie-
dergang der Weimarer Republik war. Ich weiß nicht, wie lange ein
Gesellschaftsvertrag sich am Leben halten kann in einer Gesellschaft, die zweigeteilt ist, soweit zweigeteilt, daß es in Wahrheit
zwei Gesellschaften sind: eine relativ kleine Gesellschaft, wo
Wohlhabenheit bis Reichtum versammelt ist, und eine sehr, sehr
viel größere mit wirklicher Armut. Sie können die Entwicklung in
diese Richtung in den USA im frühen Stadium erkennen. Wie
lange ein Gesellschaftsvertrag für eine Nation hält, die zwei
Gesellschaften in sich vereint, haben wir noch nicht erprobt. Viel
hängt davon ab, wieviel Ersatz angeboten werden kann für den
brüchig gewordenen Gesellschaftsvertrag. Wenn Sie durch
Amerika reisen, sehen Sie: Vor den armseligsten Häusern wehen
die größten amerikanischen Flaggen. Mit Komponenten wie
Nationalismus und Vaterlandspflichten erfüllen kann das Auflösen
eines Gesellschaftsvertrags lange Zeit – ich weiß nicht wie lange –
überdeckt werden. Fremdenfeindlichkeit bis Fremdenhaß ist ebenfalls etwas, was Kitt sein kann, der an diese Stelle tritt. Wenn die
Entwicklung so weiter geht, werden wir mit Gefährlichem, ins
Autoritäre, Rassistische und Faschistische Drängende zu rechnen
haben – nicht mit braunen Hemden und so was, wer denkt denn an
solche Wiederholungen. Ich hoffe, daß dies erst passiert, wenn ich
tot bin. Sicher kann ich nicht sein. Es wird innerhalb der nächsten
fünfzig Jahre passieren. Und wie lange es andauert, weiß ich auch
nicht.
Zu den Dingen, die ich in solchen Fällen gern loswerde, Frau
Dahn, gehört die Wendung: Unglückliche Entwicklungen gehen
schnell, aber dauern lange.

Darüber werden wir noch eine Weile nachdenken müssen. Mich über-
rascht etwas die Zeitangabe von fünfzig Jahren. Ich wollte fragen: Sehen
Sie nicht schon heute die Demokratie gefährdet?

Tue ich. Aber ich denke, daß die Formen sich noch eine Zeitlang
halten werden. Und vielleicht werden die Formen überhaupt erhalten. Ich glaube nicht, daß man mit Wiederholungen rechnen
muß. Faschistische Umstürze wie in Spanien, in Italien und
Deutschland, auch in Frankreich gab es Ansätze dafür, werden sich
nicht zutragen. In dem Sinne wird sich die Geschichte nicht wiederholen. Aber unter den uns bekannten demokratischen Formen
vergrößert sich die Macht kaum noch zu kontrollierender wirt-
schaftlicher und politischer Gruppen. Die Politik bringt einerseits
eine Pseudodemokratisierung mit sich – immer mehr Wähler-
initiativen über immer weniger wichtige Sachen schießen ins
Kraut; das ist etwas, was einen sehr schönen Fuß macht, sehr kleidsam ist. Aber andererseits kommt kaum noch einer hinein in diesen
closed shop von Berufspolitikern, Wirtschaftskonzernen und deren
Verwaltern, Managern und deren politischen wie wirtschaftlichen
Experten. Das ist natürlich nicht gerade das Urbild von Demokratie.
Ich stimme Ihnen zu: Solange die Formen des Pluralismus erhalten
bleiben, merkt man nicht unbedingt, daß der Pluralismus nicht
mehr sehr plural ist.

Nach meinem Eindruck sieht man hier im Ostteil des Landes Begriffe
wie Demokratie und Freiheit, die die obersten Heiligtümer der westlichen
Gesellschaft sind, etwas genauer und schärfer an.

Eigentum.

Eigentum gehört natürlich auch dazu. Erhard hat einmal gesagt: Nur
Eigentum gewährleistet Freiheit. Das ist sicher ein Teil der Wahrheit.
Haben Sie Verständnis dafür, wenn es im Osten auch umgekehrt empfun-
den wird, nämlich daß Eigentum neue Zwänge mit sich bringt – den
Zwang etwa, sich systemkonform zu verhalten. Wenn ich viel Geld ver-

diene, muß ich auch viel ausgeben, sonst kann ich keine Steuern absetzen;
wenn ich eine Immobilie habe, empfiehlt es sich, darauf eine Hypothek zu
nehmen und mit der Hypothek zu arbeiten; wenn ich das nicht tue, muß
ich mich vor mir selber und vor meiner Erbengemeinschaft rechtfertigen,
weil ich keine Ahnung von der Vermehrung des Geldes habe undsoweiter.
Haben Sie Verständnis dafür, daß das im Osten eine stärker empfundene
und nicht unbedingt positive Erfahrung ist?

Das ist ganz sicherlich so. Die Frage ist nur: Ist damit schon alles
gesagt? Der Punkt ist doch: Wenn durch zumutbare Anstrengungen die Menschen soviel Eigentum erwerben könnten, daß
ihre Sicherstellung gegeben ist, dann ist das für mich ein brauchba-
res politisches Konzept. Unbrauchbar wird es dann, wenn die
Eigentumsentwicklung, die Struktur des Eigentums, die Struktur
der Eigentumsentwicklung – und das heißt auch die Zahl der
Arbeitslosen – so ist, daß die Behauptung »Wenn du Eigentum
erwirbst, erwirbst du auch Freiheit« in sich verlogen ist und falsch.
Es ist Lug und Trug, wenn Sie nicht Eigentum in dem Maße
erwerben können, um dadurch in Grenzen freigesetzt zu werden.
Solange man genug Eigentumserwerbsmöglichkeiten hat, finde ich
es nicht unbillig zu sagen: Erwirb es dir. Aber das System bietet sie
nicht.

Sie arbeiten zur Zeit an einem Roman über das Älterwerden. Ist das
nicht etwas verfrüht?

Irgendwann muß man anfangen, wenn man fertigwerden will.

Ehe man sich nicht mehr erinnert?

Das ist vielleicht noch ein bißchen verfrüht.

Erlauben Sie mir eine letzte Frage. Sie haben als einen Vorzug des Älter-
werdens bezeichnet, daß man ein größeres Verständnis für die Unlogik des
Lebens bekäme, die darin liege, daß man immer stärker begreife, es gibt
nicht den neuen Menschen, es gibt nicht den Fortschritt, wider besseren

Wissens werde dennoch immer wieder versucht, Gerechtigkeit in diese Welt zu bringen. Sie nennen es Unlogik. Camus hat es einmal das Absurde genannt. Das ist Sysiphos, der den Stein immer wieder hochrollt, obwohl er weiß, er wird wieder zurückrollen, und dennoch sagt Camus: dieses Rebellische, dieses Neinsagen ist eine ganz wesentliche Dimension des Menschseins. Werden Sie ein ewiger Rebell bleiben?

Ich nenne mich mit zunehmendem Alter einen nichtpraktizierenden Anarchisten.

21. Januar 1998

Die Mehrheit der vorliegenden Texte wurden veröffentlicht in der Wochenzeitschrift »Freitag«, deren Mitherausgeber Günter Gaus ist. »Der Entwurf einer ungehaltenen Rede zum 3. Oktober 1991« erschien in »ad libitum. Sammlung Zerstreuung Nr. 24« (Verlag Volk und Welt Berlin, 1992) und »Wir müssen aus dem Sumpf auf festen Boden« wurde publiziert unter der Zeile »Zur Sache: Deutschland« in der Monatszeitschrift »neue deutsche literatur« 3/92 (Aufbau Verlag, Berlin und Weimar, 1992).

Peter Joachim Lapp

**Ausverkauf.
Das Ende der
DDR-Parteien**

edition ost

**Peter Joachim Lapp:
Ausverkauf. Das Ende der
DDR-Parteien**
Vorwort: Lothar de Maizière
240 S., mit Dokumenten
DM 24.80
ISBN 3-932180-58-5

Lapp, 20 Jahre Journalist
des Deutschlandfunk,
10 Jahre Lehrbeauftragter
an der Universität zu Köln,
ist ein intimer Kenner der
DDR und ihres politischen
Systems.

1989/90 haben sich die
DDR-Parteien aufgelöst,
umbenannt oder – was die
Regel war – mit den Bonner
Parteien vereinigt.
Im wesentlichen handelte
es sich um eine Über-
nahme der Parteikasse,
der Immobilien und der
Mitgliedschaft.
Das wurde kaum öffentlich
thematisiert. Lapp tut dies
so umfassend wie keiner
vor ihm. Wie er selbst sagt:
»Die Arbeit ist unterm
Strich eine Hommage an
die Blockpartei-Mitglieder
und einige ihrer Funktio-
näre, die – bei ungünstiger
Ausgangslage – in den
Vereinigungsverhandlungen
mit den ›Bonnern‹ die
besten Bedingungen für
den Zusammenschluß her-
ausholen wollten; als das
nicht gelang, haben sie vielfach Konsequenzen gezo-
gen (oder ziehen müssen).«

edition ost

Karl Schirdewan:
Ein Jahrhundert Leben
Erinnerungen und Visionen
334 S., Schutzumschlag
DM 39.80
ISBN 3-929161-34-6

Wenige Wochen vor Erscheinen seiner Memoiren starb Karl Schirdewan im Alter von 91 Jahren in Potsdam. Die Presse nahm bundesweit davon Notiz: Schirdewan war eines der prominentesten Opfer des Stalinismus in der DDR. Er stürzte aus dem Politbüro bis hinab in ein Archiv, nachdem er kurz zuvor noch in Moskau als möglicher Nachfolger Ulbrichts in Erwägung gezogen war. Aber nicht das allein macht seine nunmehr nachgelassenen Aufzeichnungen so interessant. Schirdewan bietet einen Rückblick auf ein ganzes Jahrhundert und Einblick in die Biographie eines von Schicksalsschlägen schwer gezeichneten, aber nie gebrochenen Mannes. Er machte die Bekanntschaft bedeutender Persönlichkeiten – und wurde dadurch selbst zu einer wichtigen Person der Zeitgeschichte.

edition ost

Seit Jahren interviewt Günter Gaus Persönlichkeiten der deutschen Zeitgeschichte. Seine 45-Minuten-Gespräche »Zur Person« unterscheiden sich von vergleichbaren Fernsehgesprächen erheblich. Zum einen versucht der Hamburger Publizist, seinen westdeutschen Landsleuten auch Unbekannte vorzustellen, zum anderen läßt er die Befragten nachdenken und ausreden, zum dritten provoziert Gaus mit seinen insistierenden, keineswegs aufdringlichen Fragen Antworten, die den Charakter und die Denkungsart seines Gegenübers deutlich werden lassen.

Band 1: Gespräche mit Schriftstellern
Jurek Becker, Daniela Dahn, Walter Jens, Hermann Kant, Helga Königsdorf und Christa Wolf
128 S., DM 19.80
ISBN 3-932180-20-8

Band 2: Gespräche mit Ministerpräsidenten
Reinhard Höppner, Oskar Lafontaine, Johannes Rau, Heide Simonis, Bernhard Vogel, Wolfgang Clement
165 S., DM 19.80
ISBN 3-932180-21-6

Band 3: Gespräche mit bildenden und darstellenden Künstlern
Kurt Böwe, Albert Hetterle, Dieter Hildebrandt, Thomas Langhoff, Kurt Maetzig, Wolfgang Mattheuer, Gisela Oechelhäuser, Claus Peymann, Willi Sitte
180 S., DM 19.80
ISBN 3-932180-60-7

edition ost